mtb

Sarah Heine

Feels like Love

Roman

mtb

Die Originalausgabe erschien 2017 als *Das Leben zwischen Jetzt und Hier*
unter dem Pseudonym Cara Mattea bei books2read.

1. Auflage 2021
Überarbeitete Neuausgabe

Gesetzt aus der Stempel Garamond
von GGP Media GmbH, Pößneck
Druck und Bindung von GGP Media GmbH, Pößneck
Printed in Germany
ISBN 978-3-7457-0162-3
www.mira-taschenbuch.de

PLAYLIST

Feels – Anna of the North
Habits of My Heart – Jaymes Young
3. Stock – AnnenMayKantereit
Watch – Billie Eilish
Without Me – Halsey
Whole Heart – Gryffin & Bipolar Sunshine
Something Just Like This – The Chainsmokers
Youth – Shawn Mendes & Khalid
Dusk Till Dawn – ZAYN & Sia
Footprints – Sia
Silence – Marshmello & Khalid
In the Dark – Camila Cabello
Here We Are – LOWES
Everything of My Heart – Parov Stelar
Never Be the Same – Camila Cabello
Your Soul – RHODES
Green Light – Lorde

PROLOG

Er trinkt in dieser Winternacht schon wieder.

Ich konnte es bereits riechen, als ich vor Stunden die steilen Treppen in mein Zimmer hochgeschlichen bin, wie immer darum bemüht, möglichst leise zu sein. Draußen segeln die Schneeflocken lautlos gegen meine Fensterscheibe. Ich kann sie sehen, obwohl ich kein Licht gemacht habe, der blasse Schein des Mondes genügt, und ich versuche, es ihnen gleichzutun. Lautlos zu sein, zu fallen und zu schweben. Ich schließe die Augen und schrecke doch jedes Mal wieder auf, wenn seine Stimme von unten lauter wird, er erst schreit und später brüllt.

Ich liege mit geschlossenen Augen im Bett, bete stumm, dass er nicht auf die Idee kommt, nach oben zu gehen, und versuche zu verschwinden, in meiner eigenen kleinen Unendlichkeit. Doch heute klappt es nicht. Heute ist seine Stimme aggressiver und die Stille tückischer, ihre Schreie panischer und ihr Weinen verzweifelter. Heute knallen Türen, und heute splittert Glas.

Der Schnee tanzt noch immer vor meinem Fenster, als ich die Augen öffne und etwas Warmes meine Wangen hinunterlaufen fühle. Ich klettere aus dem Bett und lege die Hand an die Türklinke, als ihr Schrei an meine Ohren dringt, markerschütternd. In diesem Moment realisiere ich die Bedeutung dieses Wortes zum ersten Mal.

Ich ignoriere die Worte meiner Geschwister, die mir immer und immer wieder eingetrichtert haben, nicht hinunterzugehen, wenn Mama und Papa streiten.

Das Telefon steht nicht in der Station auf der Kommode im Flur. Was soll ich tun: es im Wohnzimmer suchen oder gleich nach nebenan zu den Nachbarn gehen, um Hilfe zu holen?

Wie lange ich dort stehe, weiß ich nicht, überlege hin und her und will mir die Ohren zuhalten, um besser denken zu können. Der Messerblock auf der Küchentheke. Er erscheint auf einmal so deutlich vor meinem inneren Auge, dass mir schlecht wird. Ohne nachzudenken, laufe ich in die Küche.

Sie kauert in der Ecke vor den Einbauschränken, heulend, das Gesicht vor Todesangst verzerrt und er über ihr. Wie ein Wahnsinniger prügelt er auf sie ein. Mein Herz, das eben noch so wild gehämmert hat, setzt plötzlich für zwei Schläge aus.

»Hör auf!«

Dass die vor Panik vibrierende Stimme zu mir gehört, begreife ich erst, als sich meine Beine wie von selbst in Bewegung setzen. Er ist stärker als ich, das weiß ich nur zu gut, doch in diesem Augenblick spielt es keine Rolle.

Ich will ihn packen, ihn von ihr wegziehen, doch er nimmt mich gar nicht wahr, schlägt weiter zu, wie im Rausch, denn das ist er ja auch, im Rausch, und als sich unsere Blicke doch treffen, geht plötzlich alles ganz schnell.

Zuerst schaffe ich es, auf den Beinen zu bleiben, will zurückschlagen, aber ich bemerke die leere Bierflasche, nach der er greift, zu spät.

Schon wieder splittert Glas, schon wieder schreit sie, doch diesmal weiter entfernt, in diesem ohrenbetäubenden Moment, in dem ich falle, fliege, zur Schneeflocke werde. Ich entferne mich, von all dem Lärm, dem Streit und diesem Albtraum.

Lautloser als erwartet, so viel schwereloser.

EINS

Emilia

»Dass jemand so schnell ein WG-Zimmer in Berlin findet, habe ich wirklich noch nie erlebt.« Phil schüttelt ungläubig den Kopf, während die U-Bahn mit einem Ruck wieder anfährt.

»Noch ist es keine Zusage.« Ich betrachte den Bahnsteig durch die Fensterscheibe voller kleiner Brandenburger Tore. Weiße Silhouetten, auf dem Kopf stehend, seitlich oder richtig herum. Ich bin also tatsächlich hier. In der Hauptstadt. Es ist verrückt.

»Ach, das wird, das wird«, meint mein bester Freund. »So wie ich das gerade verstanden habe, ist das Zimmer noch nicht bei WG-gesucht gelistet. Wenn wir die Ersten sind und alles passt, hast du bestimmt Glück.«

»Eigentlich habe ich mich darauf eingestellt, mindestens die ersten zwei Wochen im Hostel zu verbringen.« Ich schaue wieder zu Phil.

»Du meinst, auf meiner Couch«, sagt er sofort. »Ansonsten wäre ich ernsthaft beleidigt.«

Ich lache. »Oder das. Aber nein, wirklich, ich dachte nicht, dass ich noch am Tag meiner Ankunft eine Besichtigung habe. Besonders nicht so kurz vor Semesterbeginn, wenn vermutlich erst recht alle Wohnungen vergriffen sind.«

»Na ja, das macht in Berlin eigentlich auch keinen Unterschied.« Phil zuckt mit den Schultern. »Es ist das ganze Jahr über zum Verzweifeln. Aber wem sag ich das, München dürfte ja kaum besser gewesen sein.«

Ich schüttele leicht den Kopf.

Der Wohnungsmarkt war zwar wirklich nicht besser, aber

dafür alles andere. Meine WG, das Medizinstudium an der LMU, und wenn ich nur gekonnt hätte, wäre ich einfach dortgeblieben. Als ich vor zwei Jahren nur einen Teilstudienplatz bis zum ersten Staatsexamen in München erhalten habe, war mir bewusst, dass ich womöglich im Laufe meines Studiums noch einmal umziehen müsste. Doch was das wirklich bedeutet, habe ich erst verstanden, als ich vor wenigen Tagen den Zulassungsbescheid der Charité in den Händen gehalten habe.

Mit einem Mal ging alles Schlag auf Schlag, und auch wenn ich mit Phil und meinem Bruder Johannes gleich zwei Menschen habe, auf die ich mich in der neuen Stadt blind verlassen kann, fühlt sich der Umzug nach purer Überforderung an.

Es gleicht einem Wunder, dass Phils Bruder vor wenigen Minuten einen gewissen Leonardo am Telefon hatte, der ihm berichtete, eine Freundin von ihm habe kurzfristig ein Zimmer zu vergeben. Obwohl die offiziellen Besichtigungen erst morgen früh anlaufen, sei sie schon heute dazu bereit, mich einen Blick in die WG in Prenzlauer Berg werfen zu lassen. Phil jedenfalls ist felsenfest davon überzeugt, dass ich noch heute den Mietvertrag unterschreiben werde.

Wir verlassen die U2 am Senefelderplatz und steigen aus den U-Bahn-Katakomben nach oben. Die Nachmittagssonne steht bereits tiefer am makellos blauen Septemberhimmel. Ich erhasche einen Blick auf die von historischen Hausfassaden gesäumten Alleen, weiter hinten ragt der Fernsehturm über die Dächer. Geschäftsmenschen hetzen an Eltern mit Kinderwagen und Grüppchen von jungen Leuten vorbei und scheinen überhaupt keinen Blick mehr dafür zu haben, wie schön dieses Viertel ist. Die Blätter der vereinzelten Bäume haben sich der Jahreszeit angepasst und sind leicht orangerot verfärbt. Während wir an den kleinen Lokalen entlanggehen, ertappe ich mich dabei, wie ich bereits nach einem potenziellen neuen Lieblingscafé Ausschau halte.

»Prenzlauer Berg ist ganz nett, oder?« Phil schaut mich erwartungsvoll an.

»Zugegebenermaßen, ja.«

»Und du als Schwäbin passt hier ja sowieso gut hin.«

Ich stoße missbilligend die Luft aus. »Sagst gerade du.«

Tatsächlich sind wir beide gemeinsam in Süddeutschland zur Schule gegangen. Während ich nach dem Abitur direkt mit meinem Medizinstudium in München begonnen hatte, hat Phil erst einmal auf eigene Faust die südliche Erdhalbkugel erkundet und studiert nun im zweiten Semester an der Humboldt-Universität Kunst und Geschichte auf Lehramt. Schon während unserer Schulzeit war ich davon überzeugt, dass er eines Tages Lehrer werden würde. Ich kenne niemanden, der besser mit Kindern kann als er.

»Mila?«

Ich schrecke aus meinen Gedanken und bemerke erst jetzt, dass Phil vor einem der Häuser stehen geblieben ist.

»Das hier müsste es sein.«

Ich schirme meine Augen mit der flachen Hand ab, um etwas erkennen zu können. »Sieht voll schön aus.«

Phil nickt. »Altbau ist immer top«, murmelt er, während er ebenfalls die helle Fassade des Jugendstilhauses betrachtet. Am Eingang überfliegt er die Dutzenden Klingelschilder und drückt schließlich eines davon.

»Sie heißt Ivana?«, versichere ich mich und sehe ihn nicken. Eine kleine Ewigkeit lang tut sich nichts, Phil hebt bereits die Hand, um erneut zu klingeln, dann endlich ertönt ein leises Knacken in der Freisprechanlage, und ich höre zum ersten Mal ihre Stimme.

»Ja?« Ivana klingt deutlich genervt, und ich kann mich erst nach kurzem Zögern zu einer Antwort durchringen.

»Hi, hier ist Emilia. Ich komme wegen des WG-Zimmers«, beginne ich und höre noch im gleichen Moment das Summen des Türöffners.

»Dritter Stock rechts.«

Phil drückt einen Flügel der mächtigen Holztür auf und sieht mich auffordernd an. Ich schlucke mein Unbehagen hinunter und folge ihm in den Hausflur, hinter mir fällt die schwere Eingangstür mit einem dumpfen Knall ins Schloss, unsere Schritte hallen als einziges Geräusch im kühlen Flur wider. Eine breite Wendeltreppe mit schmiedeeisernem Geländer führt nach oben, einen Fahrstuhl gibt es nicht. Im dritten Stock steht eine der Wohnungstüren sperrangelweit auf, von Ivana jedoch keine Spur. Phil, der einen Schritt vor mir geht, lässt seine Fingerknöchel geräuschvoll gegen das Holz pochen und zögert einen Augenblick.

»Komm rein, bin gleich da«, tönt es von drinnen. Phil sieht mich auffordernd an und lässt mir den Vortritt. Beim Eintreten knarzen die alten Dielen leise unter meinen Sohlen. An der kleinen Garderobe hängen zahlreiche Jacken, auf dem Fußboden darunter stapeln sich die Schuhe.

Ich hebe den Blick, als Ivana durch eine der geöffneten Türen auf uns zukommt. Ihre blassblauen Augen kleben für einen Moment geradezu an Phil, dann sieht sie mich an.

»Du bist Emilia?« Ihre Stimme ist glasklar und kühl.

»Genau, oder einfach Mila.« Das Lächeln, das ich daraufhin versuche, scheint an ihrem makellosen Gesicht geradezu abzuprallen.

Sie nickt nur und verschränkt die Arme vor der Brust. Ich bemerke genau, wie sie mich mustert. »Ivana, hi.«

Ich weiß im ersten Moment nicht, was ich darauf antworten soll, und bin froh, als Ivana ihre Aufmerksamkeit Phil widmet.

»Du musst Sam sein?«, vermutet sie.

»Fast richtig. Ich bin Phil, Sams Bruder. Leo und er haben vorhin telefoniert.«

Ivana hebt kurz die Augenbrauen. »Verstehe.« Die dunkelblonden glatten Haare reichen ihr bis kurz über die Schultern, sie ist blass und trägt kein sichtbares Make-up. Ihre Haut wirkt trotzdem so glatt wie eine Maske. Obwohl sie kaum größer ist als ich, hat sie etwas Einschüchterndes an sich. Sie trägt einen schwarzen Kapuzenpulli, der ihr mindestens zwei Nummern zu groß ist und sie fast zu verschlucken scheint.

»Das ist das freie Zimmer.« Mit einem Kopfnicken deutet sie nach rechts und vergräbt die schmalen Hände in den Taschen ihres Sweatshirts, während ich den Raum betrete. »Fünfzehn Quadratmeter, was du hier an Möbeln siehst, bleibt drin.«

Ich nicke leicht, nehme aus den Augenwinkeln wahr, wie Phil mir folgt und Ivana sich mit einer Schulter gegen den Türrahmen lehnt. Sonnenstrahlen fallen durch die zwei großen Fenster und werfen Muster an die weißen Wände. Ich erkenne ein Bett, einen einfachen Schreibtisch samt Stuhl und gleich mehrere leere Regale und Kommoden einer schwedischen Möbelhauskette.

»Voll schön.« Ich drehe mich um und sehe, wie sich Ivanas Mundwinkel zum ersten Mal seit unserem Kennenlernen ansatzweise nach oben bewegen.

»Cool. Ich zeig euch den Rest.«

Phil und ich wechseln einen kurzen Blick, ich kann mein breites Grinsen kaum vor ihm verstecken und muss zugeben, dass diese Wohnung mit ihren hohen Stuckdecken, hellen Räumen und dem typischen Altbaucharme schon ziemlich genau meinen Geschmack trifft. Ivana lässt uns einen Blick ins Bad werfen, klein und verwinkelt, Fenster nicht vorhanden, dafür hat es eine Badewanne und Platz für eine Waschmaschine. Lediglich ein Gemeinschaftszimmer fehlt, doch die zusammengewürfelte Küche ist so geräumig, dass ein Tisch samt Sitzecke für drei Personen hineinpasst. An die Küche grenzt zu meiner Begeisterung ein winziger Balkon, auf den mit Müh und Not zwei Gartenstühle passen.

»So, mehr gibt's nicht zu sehen.« Mit diesen Worten beendet Ivana die Besichtigung, als ich die Balkontür wieder schließe und mich zu ihr und Phil geselle. »Wär die Wohnung was für dich?« Dass sie so direkt fragt, macht mir klar, wie dringend sie einen Mitbewohner sucht. Oder wie wenig Lust sie auf einen Besichtigungs-Marathon hat.

Ich zögere einen kurzen Augenblick, dabei weiß ich längst, dass ich mich in diese Wohnung verliebt habe. Ich schicke ein stummes Stoßgebet gen Himmel, bevor ich die entscheidende Frage stelle: »Wie viel willst du denn für das Zimmer?«

Ich mache mich schon auf eine Zahl bereit, die meinen Traum vom Berliner WG-Leben wieder platzen lässt. Doch der Betrag, den Ivana nun nennt, klingt relativ akzeptabel. Mein Blick geht wie automatisch zu Phil, der mit dem Rücken gegen die Küchenfronten gelehnt steht und mir nun zunickt.

»Klingt nach einem vernünftigen Preis, vor allem in der Gegend«, meint er.

»Ab wann könnte ich denn einziehen?«, hake ich vorsichtig nach.

»So schnell wie möglich. Ich habe nicht damit gerechnet, dass meine alte Mitbewohnerin auszieht, und allein kann ich die Miete nicht zahlen. Bis Monatsende muss ich jemanden gefunden haben, sonst wird es eng.« Ivana verstummt, ihr abwartender Blick macht mir klar, dass es nun nur noch an mir liegt, und obwohl ich solche Entscheidungen am liebsten stundenlang aus allen möglichen Blickwinkeln beleuchte, weiß ich, dass ich nun spontaner entscheiden muss als sonst. Ich nicke, noch bevor ich es so richtig beschlossen habe. »Ich würde gern einziehen.«

Ivana sieht mich den Bruchteil einer Sekunde weiter an und streckt mir dann die Hand entgegen.

»Okay, dann Hand drauf.«

*

Zwei ganze Tage vergehen, ehe ich zum ersten Mal komplett allein in Berlin unterwegs bin. Es ist Montag, Phil musste zur Arbeit, er jobbt neben der Uni in einem Museum, und für mich ist heute Bürokratie angesagt. Nach einem nervenaufreibenden Besuch beim Bürgeramt mache ich mich auf den Weg Richtung Mitte. Auf dem Campus der Humboldt-Universität befindet sich das Referat für Studienangelegenheiten, wo ich meinen Studierendenausweis und das Semesterticket ausgehändigt bekomme.

Als ich das Büro eine kleine Ewigkeit später verlasse, ist es bereits früher Nachmittag. Der frische Nordostwind fegt mir die Haare aus dem Gesicht, ich ziehe fröstelnd die Schultern zusammen und vergrabe die Nase in meinem Schal. Die milden Spätsommertage dieses Jahres scheinen seit heute endgültig gezählt zu sein.

Mit einer Handbewegung fische ich mein Handy aus der Jackentasche und muss schmunzeln, als ich die Nachricht auf dem Display sehe: *Schreib mir, wenn du da bist. Ich versuche dann, kurz Pause zu machen.*

Noch während ich auf den Eingang der Charité zusteuere, drücke ich auf das Anrufsymbol und hebe das Handy ans Ohr. Innerlich zähle ich meine Schritte, lausche dem Freizeichen und will schon fast wieder auflegen, als er endlich rangeht.

»Faber.«

Ich muss sofort grinsen, als ich seine leicht gestresste Stimme höre. »Ja, hier auch«, antworte ich bloß und atme leise auf, als ich endlich den warmen Eingangsbereich der Klinik erreiche.

»Mila, hey! Wo bist du?«

»Eben unten reingekommen, ich hab deine Nachricht gelesen. Schaffst du es, oder ist die Notaufnahme voll?«

»Gerade geht's. Treffen wir uns in der Cafeteria?«

»Gerne.«

»Findest du da hin?«

Ich muss mich beherrschen, nicht die Augen zu verdrehen, schließlich habe ich das Schild, das mir den Weg dorthin zeigt, längst entdeckt. »Sicher, Jojo.« Ich höre meinen Bruder leise lachen.

»Dann bis gleich.« Er lässt mir keine Zeit für eine Antwort, ich versenke mein Handy wieder in meiner Jackentasche. Einmal nur möchte ich ihn nicht völlig gestresst und unter Zeitdruck erleben. Bereits auf den endlosen Fluren bis zur Cafeteria lasse ich meinen Blick über das bunte Durcheinander aus Besuchern, Patienten, Pflegern und Ärzten wandern. Ich nehme an einem der langen weißen Tische Platz. Als ich Richtung Tür sehe und Jojo erkenne, muss ich lächeln. Ich stehe auf, während er auf mich zukommt. Einen Moment später liege ich schon in den Armen meines großen Bruders.

»Du hast es gefunden, Respekt«, werde ich von Jojo begrüßt, und ich höre die Prise Ironie sofort aus seiner vertrauten Stimme heraus.

»Ich hab dich auch vermisst«, entgegne ich und lasse mich noch einmal von ihm drücken.

»Schön, dass du da bist. Ich hätte dich spätestens heute Abend besucht«, meint er nun ernster.

»Du glaubst doch selbst nicht, dass du einmal pünktlich aus der Klinik kommst.«

»Als Studentin ist man doch lange wach …«

Er zupft den weißen Kittel zurecht, den er über der blauen Klinikkleidung trägt. Seine Kitteltaschen sind vollgestopft mit Stethoskop und Checklisten, an der Brusttasche ist das Namensschild befestigt, das seine Position verrät: *Dr. med. Johannes Faber – Klinik für Anästhesiologie und Intensivmedizin.* Bevor ich etwas erwidern kann, sieht Jojo Richtung Essensausgabe und dann wieder zu mir.

»Kaffee?«

Ich nicke.

»Immer noch mit Milch und zu viel Zucker?«

Mein Lachen scheint ihm Antwort genug zu sein. Es dauert nicht lang, bis Jojo mir gegenüber Platz nimmt und zwei Tassen vor uns auf dem Tisch abstellt.

»Danke. Was bekommst du von …«

»Mila …« Er verdreht nur die Augen und nimmt seine Tasse. »Ich bitte dich. Und jetzt sag schon, wie geht's dir? Hat der Umzug gut geklappt? Ich bin übrigens immer noch beleidigt, dass du bei Phil wohnst und nicht bei uns.«

Ich muss schmunzeln. »Ich weiß, Jojo. Ich soll dich von ihm grüßen.«

Er grummelt etwas Unverständliches, bevor er einen Schluck aus seiner Tasse nimmt. Natürlich kennt mein großer Bruder Phil von früher, als wir alle auf das gleiche Gymnasium in unserem Heimatort gegangen sind. Jojo war einige Klassen über uns, doch Phil war oft genug bei uns zu Hause. Im Grunde ist es erstaunlich, dass wir nun, so viele Jahre später, alle in Berlin gelandet sind.

Still beobachte ich, wie Jojo unauffällig auf sein Telefon linst, es dann aber wieder in der Tasche seines Kittels verschwinden lässt.

»Ist schon okay, wenn du losmusst.«

Sein Blick geht wie ertappt zu mir. Es dauert einen Moment, ehe er den Kopf schüttelt. »Nein, alles gut. Ich habe eigentlich noch keine richtige Pause gemacht.« Er lehnt sich auf seinem Stuhl zurück. »Heute war es mal wieder so richtig stressig.«

»Ich will dich nur nicht aufhalten, wenn du noch …«

»Tust du nicht. Erzähl mir lieber, was die WG-Suche macht.«

Während ich ihm von der Wohnungsbesichtigung bei Ivana berichte, kann ich selbst kaum glauben, dass das alles wirklich geschehen ist. Auch nach den ersten Tagen in der Stadt fühlt es sich nicht so an, als würde ich tatsächlich hier wohnen. Eher so, als wäre ich nur zu Besuch und könnte in ein paar Tagen wieder nach München zurückkehren. Wie gern ich das tun würde, denn eigentlich wollte ich nie nach Berlin. Was genau meinen Bruder so an unserer Hauptstadt fasziniert, dass er für seine erste Stelle als Assistenzarzt hierhergezogen ist, habe ich nie so ganz verstanden. Laut, schnell und hektisch, viel zu schmutzig und unpersönlich, das ist Berlin. Die Stadt, die nie schläft und stärker pulsiert, als es jedes menschliche Herz je könnte.

Sicher, München ist auch nicht gerade ein Dorf, aber irgendwie eine Spur entspannter. Vielleicht fühle ich mich im Süden auch einfach wohler. Ja, wenn ich es mir hätte aussuchen können, wäre ich dort geblieben, und dennoch muss ich mich glücklich schätzen, überhaupt weiter studieren zu dürfen. Als ich damals den

Teilstudienplatz bis zum ersten Staatsexamen in München bekam, war mir gar nicht wirklich klar, was das später bedeuten würde. Ich war überglücklich, mit meinem zwar guten, aber eben doch wieder nicht sehr guten Abitur sofort einen Studienplatz bekommen zu haben, und hätte nie im Leben abgelehnt. Vor knappen drei Monaten dann der Schock, als klar war, dass ich an der LMU aufgrund mangelnder Plätze nicht für das fünfte Semester zugelassen werden würde. Was macht man also mit einem angefangenen Medizinstudium? Hinschmeißen? Niemals … Dafür war es schon viel zu lange mein Traum, Ärztin zu sein und wie mein großer Bruder Leben zu retten. Also habe ich die letzten Wochen dazu genutzt, unzählige Bewerbungen zu schreiben, während meine anderen Kommilitonen das bestandene Physikum gefeiert haben. Vor einer Woche dann endlich die unfassbare Erleichterung in Form einer vorläufigen Immatrikulationsbescheinigung aus Berlin. Und jetzt bin ich hier.

»Ich glaube ja, dass nichts ohne Grund passiert«, erklärt Jojo, als wir auf meinen Studienortswechsel zu sprechen kommen. »Das Schicksal wollte, dass wir uns jetzt wieder öfter sehen.«

»Vermutlich hast du recht.« Gedankenverloren rühre ich mit dem Kaffeelöffel in meiner Tasse herum und seufze leise.

»Und was ich hier so von den Studenten höre, muss die Ausbildung echt klasse sein. Die haben viel mehr Praxisbezug als wir damals.«

»Unterrichtest du auch schon?«

Jojo nickt. »Ich mache manchmal Teachings für die Studierenden im Blockpraktikum. Das müsste auch demnächst bei dir dran sein.«

»Verrückt.« Ich muss lächeln. Jojo als Lehrer … Erklären konnte er schon immer gut. »Wie geht's Louisa? Und der Kleinen?«

Das Lächeln, das sich augenblicklich auf Jojos Gesicht ausbreitet, packt mich sofort. »Hervorragend, allen beiden. Wir waren vorgestern beim Ultraschall. Warte, ich kann dir Bilder zeigen.«

Jojos Grinsen wird noch eine Spur breiter. Er fischt sein Handy wieder heraus und hält mir kurz darauf das Foto eines Ultraschallbildes unter die Nase. »Sechzehnte Woche.«

»Das ist so toll, Jojo«, murmele ich, während ich wie gebannt auf das Handydisplay starre. Ich erkenne tatsächlich die Umrisse eines kleinen zusammengekugelten Körpers und das vergleichsweise große Köpfchen. »Habt ihr inzwischen einen Namen?«

Er schüttelt den Kopf, während er das Handy zurück in seine Tasche wandern lässt. »Ein paar Ideen, aber entschieden haben wir uns noch nicht. Ist ja auch noch ein bisschen Zeit.«

Ich nicke. »Mama und Papa wollen nächstes Wochenende vielleicht nach Berlin kommen.«

»Wirklich? Haben sie keine Gäste?«

»Doch, aber Oma und Opa würden die paar Tage für sie einspringen. Mama meinte, dass sie dich und Lou schon lange wieder besuchen wollten und jetzt, wo ich hier bin, sogar doppelten Grund hätten, vorbeizuschauen. Sie wollte dich anrufen, bestimmt hat sie dich nur noch nicht erreicht.«

»Ich habe mich schon ewig nicht mehr bei ihnen gemeldet.« Jojo seufzt schuldbewusst und fährt sich mit der Hand durch die dunklen Haare. »Irgendwie war so viel los, ich bin mit den zusätzlichen Notarzteinsätzen ziemlich ausgelastet, und Lou macht momentan ein Interview nach dem anderen, bevor sie in den Mutterschutz geht. Geht's ihnen gut? Hat Mama was erzählt?«

»Ja, ist alles gut. Das Hotel läuft, sie haben vor Kurzem die Sanierungen komplett abgeschlossen und einen neuen Koch eingestellt. Letzte Woche war jemand von der Klassifizierung da, sie haben tatsächlich die fünf Sterne geknackt.«

»Echt? Oh krass, ich bekomme ja gar nichts mehr mit. Ich muss Mama gleich heute Abend …« Jojos Satz wird von einem unüberhörbaren Klingeln abgeschnitten. Er greift beinahe reflexartig in die Tasche seines Kittels. »Oh Mann«, murmelt er, wirft mir einen kurzen entschuldigenden Blick zu und nimmt den Anruf dann an. »Ja, Faber.« Sekundenlang ist er still, nickt mehrmals und trommelt abwesend mit den Fingerspitzen auf der weißen Tischplatte herum. »Okay, ja, ich bin gleich da. Holt ihr wen aus der Neuro dazu? Kathrin hat Dienst, glaube ich. Und schickt mir ein Rea-Team hoch. Gut, Ciao.«

»Das hört sich nicht gut an …«, vermute ich, und Jojo seufzt.

»Nicht wirklich, nein. Wir kriegen ein Polytrauma rein, Motorradunfall, der Heli landet in zehn Minuten. Sorry, ich muss …«

»Du musst dich nicht entschuldigen, das ist dein Job«, falle ich ihm ins Wort und sehe ihn daraufhin leicht lächeln.

»Das ist der Vorteil, wenn man eine kleine Schwester hat, die das Gleiche macht wie man selbst.«

»Ich denke, jeder würde das verstehen.«

Er lacht kurz auf und zuckt mit den Schultern. Die Stuhlbeine kratzen mit einem unangenehmen Geräusch übers Laminat, während er aufsteht.

»Du willst nicht wissen, wie oft Lou und ich in letzter Zeit aneinandergeraten, wenn ich an freien Wochenenden doch für jemanden einspringen muss.« Für den Bruchteil einer Sekunde sieht er mich an, und mir wird klar, dass da jemand ziemlichen Redebedarf hat. Jojo und Louisa führen eine perfekte Ehe, doch mein Bruder kann mir nicht weismachen, dass es selbst in ihrem Alltag nicht manchmal kriselt.

»Ich rufe dich die Tage an, dann treffen wir uns in Ruhe«, schlage ich vor und sehe Jojo nicken. »Und jetzt ab mit dir. Geh Leben retten.«

Sein Grinsen wirkt bedrückt, aber ehrlich. Er hebt leicht die Hand zum Abschied und ist bereits zwei, drei Schritte zur Tür gegangen.

»Ich gebe mein Bestes.«

ZWEI

Emilia

Dass ich müde bin, wäre die Untertreibung des Jahrhunderts, als ich an diesem Mittwochabend von der Uni nach Hause fahre. Es regnet, ich habe keinen Regenschirm dabei und bin nur Sekunden nachdem ich aus den U-Bahn-Katakomben nach oben gelaufen bin klatschnass. Von hier aus sind es keine drei Minuten bis zur WG, doch als ich mit klammen Fingern meinen Schlüssel aus der Tasche fische, zittere ich vor Kälte am ganzen Körper. Hätte ich nur eine richtige Jacke angezogen.

Meine nassen Haare kleben mir im Gesicht, während ich die mächtige Eingangstür aufdrücke und einen Moment später endlich im Trockenen bin. Dumpf hallen meine schweren Schritte im leeren Treppenhaus, ich quäle mich die Stufen hoch ins dritte Obergeschoss und atme erst auf, als die Wohnungstür hinter mir ins Schloss gefallen ist.

Mehrere Sekunden lang bleibe ich reglos im Flur stehen und lausche in die Stille. Die Lichter sind aus, ich höre kein Geräusch, Ivanas Zimmertür ist geschlossen, so wie eigentlich immer, doch ein kurzer Blick zur Garderobe genügt, um festzustellen, dass meine Mitbewohnerin nicht zu Hause ist. Der riesige schwarze Mantel, den sie immer und überall trägt, hängt nicht am Haken. Auf den zweiten Blick registriere ich, dass auch ihre dunkelroten Docs nicht an ihrem Platz an der Wand stehen. Ob ich froh sein soll, dass sie noch unterwegs ist, weiß ich nicht.

Erschöpft schließe ich für einen Moment die Augen, während ich mir die Schuhe von den Füßen streife. Die Dielen knarzen leise unter meinen feuchten Socken, als ich zu meinem Zimmer gehe und die Tür hinter mir schließe. Meine Tasche lasse ich achtlos neben dem Schreibtisch zu Boden fallen, und obwohl ich vor ein paar Minuten nichts anderes wollte, als aus meinen nassen Sachen zu kommen, habe ich nun absolut keine Motivation mehr, mich umzuziehen.

Als seltsame Mischung aus Grau- und Dunkelblautönen fällt das letzte Tageslicht durch die Fenster. Es ist bereits nach sieben, beinahe dunkel draußen, und trotzdem mache ich kein Licht. Die seltsam bedrückte Atmosphäre in meinem Zimmer passt gerade ausgezeichnet zu meiner Stimmung. Ich stelle mich ans Fenster, lehne die Stirn gegen die Glasscheibe und betrachte die vorbeifliegenden Lichter der Autoscheinwerfer dort unten auf der Straße, dann schließe ich erneut die Augen. *Scheiße, echt …* Was für ein bescheuerter Tag. In einer bescheuerten Woche, in einer bescheuerten Stadt, in der ich nie leben wollte. Zweiter Tag in der Klinik, und ich habe nichts Besseres zu tun, als beim Blutabnehmen umzukippen. Und das auch noch vor der Oberärztin der Onkologie, der ich seit heute mit zwei Kommilitoninnen über die Schulter schauen darf. Peinlicher geht's nicht. Der abwertende Kommentar der Oberärztin hallt noch immer in meinem Gedächtnis: *mal wieder eine von der Sorte »Ärztin werden wollen, aber kein Blut sehen können«. Augen auf bei der Berufswahl!*

Dabei kann ich Blut sehen. Ich habe nie auch nur ein Problem damit gehabt – und jetzt das. Vielleicht hätte ich besser doch etwas gefrühstückt heute Morgen und nicht mit leerem Magen zur Visite erscheinen sollen.

Schwerfällig öffne ich die Augen, hebe den Kopf und beschließe, mir nun doch lieber etwas Trockenes anzuziehen, bevor ich mich erkälte und direkt in der ersten Woche auf der neuen Station krankmelden muss.

Eine Gänsehaut huscht über meinen Körper, als ich meinen Pulli über den Kopf ziehe und kurz darauf nur in Unterwäsche vor meinem Kleiderschrank stehe. Ich schlüpfe in Leggins und ein graublaues Sweatshirt, binde meine immer noch nassen Haare zu einem unordentlichen Knoten hoch und lasse mich schließlich auf das Bett sinken. Heute werde ich sowieso niemandem mehr unter die Augen treten, also ist es komplett egal, wie ich aussehe. Ivana wird auch heute wieder heimkommen und sich in ihrem Zimmer verschanzen, ohne ein Wort mehr als unbedingt nötig mit mir zu sprechen. Seit zehn Tagen wohnen wir nun zusammen, wobei ich mich größtenteils so fühle, als würde ich hier allein leben. Sie ist so selten zu Hause, dass ich sie kaum zu Gesicht bekomme. Morgens, wenn ich zur Uni muss, schläft sie noch, ihre Vorlesungen beginnen anscheinend erst später, und bis heute weiß ich nicht genau, was sie eigentlich studiert. Irgendwas mit Mode an der Universität der Künste, das hab ich von ihr erfahren, als wir uns vor ein paar Tagen zufällig in der Küche begegnet sind. Auf ein längeres Gespräch mit mir wollte sie sich offenbar nicht einlassen, musste natürlich sofort wieder weiter zur Arbeit. Zusammen mit Freunden, die mit ihr studieren, hat sie ein kleines Modelabel irgendwo in Kreuzberg.

Gut, wir sind nur Mitbewohnerinnen, keine Freundinnen. Vielleicht bin ich nach meiner Zeit mit Mary in München, wo wir alles andere als eine Zweck-WG hatten, auch einfach mit den falschen Erwartungen an diese Sache hier herangegangen. Mehrere Male habe ich versucht, ein Gespräch mit Ivana zu beginnen, doch ihre Antworten waren so knapp und abweisend, dass ich mir letztendlich einfach nur noch blöd vorkam, weiter etwas über sie herausfinden zu wollen. Interessante Küchengespräche, wie ich sie mit Mary hatte, scheinen absolut nicht Ivanas Ding zu sein. Kein einziges Mal haben wir bisher zusammen gegessen oder einfach nur gequatscht. Vielleicht sollte ich Ivana fragen, ob ich irgendetwas falsch gemacht oder etwas Blödes gesagt habe. Jedenfalls trägt ihr Desinteresse nicht gerade dazu bei, dass ich mich wohler in Berlin fühle. Im Gegenteil, ich komme mir mit einem Mal so einsam vor wie noch nie zuvor.

Es war eine Scheißidee, hierherzuziehen. Ich hätte in München bleiben sollen, ein Freisemester nehmen können und hätte dann sicher einen Platz für den klinischen Studienabschnitt an der LMU erhalten. Mary und ich hätten weiter in unserer absolut harmonischen WG gewohnt, und alles wäre gut. Stattdessen hocke ich jetzt hier, habe eine Mitbewohnerin, die mich hasst, und Freunde, die keine Zeit für mich haben.

Das alles wäre nicht einmal so schlimm, hätte ich wenigstens unter meinen neuen Kommilitonen erste Kontakte knüpfen können. Doch auch das stellte sich bei der Einführungsveranstaltung fürs fünfte Semester schwieriger heraus als gedacht. Ich bin tatsächlich die Einzige, die neu in den Jahrgang gekommen ist, und nach vier Semestern haben sich unter meinen neuen Mitstudenten bereits feste Cliquen gebildet. Natürlich habe ich mit dem einen oder anderen bereits ein paar Worte gewechselt, doch da ich mich selbst nicht als die extrovertierteste Person dieser Erde beschreiben würde, ist es mir bisher eher schwergefallen, Anschluss zu finden.

Müde lasse ich mich zurücksinken und betrachte die Decke. Meine Schreibtischlampe taucht den Raum nun doch in warmes Licht, und ich zwinge mich, mit dem Nachdenken aufzuhören. Jetzt gedanklich in Selbstmitleid zu baden bringt mich kein Stück weiter. Immerhin habe ich ein Dach über dem Kopf und zwei Menschen, zu denen ich im Notfall jederzeit kommen könnte. Mit Jojo wollte ich mich die Tage sowieso noch mal treffen, und vielleicht findet auch Phil am Wochenende ein wenig Zeit für mich.

Ich halte den Atem an, als ich meine, ein Geräusch aus dem Flur gehört zu haben, lausche konzentriert in die Stille und nehme dann tatsächlich leise Schritte von draußen wahr. Das muss Ivana sein.

Erst habe ich absolut keine Lust, ihr gegenüberzustehen und mich ihren genervten Blicken zu stellen, doch dann zwinge ich mich, solche Gedanken in den hintersten Winkel meines Hirns zu verbannen. So werde ich noch in hundert Jahren keine neuen Freunde gefunden haben.

Mit diesem Vorsatz erhebe ich mich von meinem Bett. Mein Magen rumort lautstark und erinnert mich daran, dass ich seit dem Brötchen nach dem unangenehmen Vorfall heute Morgen in der Klinik nichts mehr gegessen habe. Ich trete in den Flur. In der Küche ist Licht, und ich bewege mich auf die offene Tür zu. Natürlich erwarte ich Ivana und erschrecke mich beinahe zu Tode, als ich einen Augenblick später einem fremden Typen gegenüberstehe.

Er lehnt mit dem Rücken gegen die Küchenzeile, hält den Kopf etwas gesenkt und hat den Blick auf das Handy in seiner Hand gerichtet. Erst als ich mit einem verunsicherten Schritt nach hinten zurückweiche und dabei schmerzhaft mit der Seite gegen den Türrahmen knalle, bemerkt er mich.

Ich weiß nicht, wie viele Sekunden vergehen, ehe mir klar wird, dass ich ihn völlig hemmungslos anstarre, und trotzdem kann ich den Blick nicht abwenden. Tiefbraune Augen halten mich fest. Ich bringe kein Wort über die Lippen.

»Hi.«

Ein simples, leicht verwirrtes Hi seinerseits, mehr ist es nicht, und doch genügt es, um das Herz in meiner Brust schneller hämmern zu lassen.

»Ich, ähm …«, beginne ich und vergesse im gleichen Moment, was ich sagen wollte.

»Du musst die neue Mitbewohnerin sein?« Seine Stimme klingt ruhig und gelassen, fast eine Spur belustigt, und seine dunklen Augen lassen mich noch immer nicht los.

Ich schaffe tatsächlich ein Nicken. »Die bin ich.« Ich zwinge mich zu atmen. »Und du bist?«

»Leo. Ein Freund von Ivana. Ich dachte, sie ist hier«, erklärt er, und ich nicke erneut.

»Ach so.«

Als dieser Leo mich weiter schweigend, fast ein wenig erwartungsvoll ansieht, fällt auch bei mir der Groschen. Ich habe mich nicht vorgestellt. »Ich bin Mila. Also Emilia. Aber sag einfach Mila.«

Oh Gott. Peinlich, peinlich. Ob er das leicht angespannte Vibrieren in meiner Stimme herausgehört hat, weiß ich nicht. Falls ja, lässt er es mich nicht spüren. Ein feines Lächeln umspielt seine Lippen, während er den Kopf etwas schieflegt.

»Hi Emilia-Mila.«

»Hi.« Meine Stimme klingt atemlos, und ich verfluche mich stumm dafür.

»Leonardo-Leo, wenn du es genau wissen willst. Aber sag einfach Leo.«

»Okay.« Ich schlucke. Unangenehm … Was tut er hier überhaupt, und warum bin ich so nervös?

Leo steckt sein Handy weg, und etwas daran macht mich irgendwie glücklich.

Er ist groß, mindestens einen Kopf größer als ich, eher mehr. Seine dunkelbraunen, leicht lockigen Haare waren wohl irgendwann mal eine Frisur und hängen ihm als herausgewachsener Undercut in die Stirn. Beinahe so, als hätte er meinen Gedanken gehört, hebt er nun die Hand und streicht sich eine Strähne aus dem Gesicht. Eine Handbewegung, die er ebenso perfektioniert draufzuhaben scheint wie alle Männer, die ich kenne. Markantes Kinn, deutlich erkennbare Wangen- und Kieferknochen, eine etwas zu große, aber gerade Nase. Und Augen, wie eine Mischung aus allen dunkelbraunen Zartbittertönen, nur noch intensiver.

»Hat Vana irgendwas gesagt? Wo sie hin ist, wann sie wiederkommt?« Seine angenehm tiefe, leicht raue Stimme reißt mich zurück in die Gegenwart. Ich schüttele rasch den Kopf und ziehe beide Arme schützend unter meine Brust, als Leo mich noch immer ansieht.

»Keine Ahnung, ich hab sie heute noch nicht gesehen.«

»Hm, komisch … Im Atelier war sie auch nicht.« Kurz noch scheint Leo nachzudenken, dann zuckt er leichtfertig mit den Schultern. »Na ja, irgendwann wird sie schon wieder heimkommen.«

»Wie bist du überhaupt …?«

»Ich habe einen Schlüssel«, erklärt er, als wäre es das Normalste der Welt, nach Lust und Laune in fremde Wohnungen zu spazieren. »Entschuldige bitte, falls ich dich erschreckt habe.«

»Keine Sorge, wie ein gefährlicher Einbrecher siehst du nicht gerade aus«, meine ich, obwohl er mit seiner Vermutung gar nicht mal so danebenlag.

»Dafür bist du aber ganz schön zusammengezuckt.« Er schmunzelt.

»Allzu oft passiert es eben nicht, dass ich in die Küche komme und dort einen wildfremden Typen vorfinde.«

»Ich entschuldige mich vielmals.«

Ich muss lächeln. Das leichte Grinsen auf seinen Lippen wird noch eine Spur breiter, als sich mein Magen in diesem Moment deutlich hörbar zu Wort meldet. Reflexartig ziehe ich die Arme enger um meinen Körper, doch Leo ist das Geräusch natürlich nicht entgangen.

»Hunger?«

Ertappt nicke ich. »Bin eben erst aus der Uni gekommen.«

»So spät? Krass …«

Mein Herz pocht stärker, als ich mit wenigen Schritten die Küche durchquere und dabei ziemlich nah an ihm vorbeigehen muss. Obwohl Ivana nicht hier ist, macht er keinerlei Anstalten zu gehen, und irgendwo ganz tief in meiner Brust freut es mich, dass er noch bleibt, obwohl er dazu eigentlich keinen Grund hat.

Der Regen prasselt von draußen gegen das Glas der Balkontür, übertönt die Stille, die sich plötzlich über uns gelegt hat. Ich öffne den Kühlschrank und werde das Gefühl nicht los, Leos Blick in meinem Rücken zu spüren. Tatsächlich höre ich ihn nun leise auflachen und bekomme eine Gänsehaut.

»Typisch, Vana …«

Ich verstehe erst, was er meint, als ich mich auf den Anblick konzentriere, der sich mir bietet. In unserem Kühlschrank herrscht gähnende Leere. Ich sichte mehrere Wasserflaschen,

Milch, Eier, eine Salatgurke und eine Packung Margarine. *Ja richtig, einkaufen gehen wollte ich heute eigentlich auch noch …* Ernüchtert lasse ich die Kühlschranktür wieder zufallen und komme zu dem Schluss, dass es für mich wohl auch heute wieder Müsli zu Abend geben wird.

»Pfannkuchen?«

Ertappt drehe ich den Kopf in Leos Richtung. »Hm?«

»Magst du welche?«

Ich nicke reflexartig auf seinen fragenden Blick.

»Sehr schön.« Er geht bereits an mir vorbei und öffnet die Kühlschranktür.

»Du musst nicht …«, beginne ich, doch komme nicht weit.

Er wirft mir einen kurzen Blick über die Schulter zu. »Ich weiß.«

»Leo …«

Die Zeit scheint für einen winzigen Augenblick stillzustehen, nachdem ich zum ersten Mal seinen Namen gesagt habe und er mich, mit der Milchpackung in der einen und zwei Eiern in der anderen Hand, ansieht.

»Ich habe gerade überwältigend große Lust, welche für dich zu machen.« Unbeirrt stellt er die Zutaten auf der Arbeitsplatte ab und hebt den Blick erst wieder, als von mir immer noch keine Antwort kommt. »Also, wenn das okay ist.«

»Fragst du mich das gerade wirklich?«

Er zuckt nur lächelnd mit den Schultern und wartet, bis ich ihm antworte.

»Du bist verrückt, und ja, es wäre sehr okay.«

»Puh, ein Glück.« Er lächelt dieses viel zu schöne Lächeln und dreht sich wieder weg, öffnet eine der Schranktüren, die ich noch nie weiter beachtet habe, und befördert eine Packung Mehl ans Tageslicht.

»Pfannen sind da unten, glaube ich«, meine ich, um nicht völlig unnütz herumzustehen, und deute zu einer der Schubladen neben dem Backofen.

Leo nickt bloß. »Ich weiß, ich koche hier nicht zum ersten Mal, also alles gut.«

Aus irgendeinem Fach hat er plötzlich eine große Schüssel gezaubert. Als er bemerkt, dass ich noch immer mitten im Raum stehe, hält er inne. »Setz dich, ich kenne mich vermutlich besser in dieser Küche aus als du.« Seine Stimme klingt gelassen und trotzdem so bestimmt, dass ich mich nicht traue, zu widersprechen, sondern kommentarlos auf einen der Stühle am Tisch sinke.

Stumm beobachte ich, wie er die Zutaten für den Teig in die Schüssel gibt.

Ich will gerade fragen, ob ich nach einer Küchenwaage suchen soll, als er bereits das Wort ergreift. »Dich stresst irgendwas.«

Überrascht sehe ich ihn an.

»Du könntest mir verraten, was es ist.« Mit der Schüssel im Arm dreht er sich zu mir.

»Es ist nichts«, beginne ich vage. Leo wartet einen Augenblick, dann hebt er auffordernd die Augenbrauen.

»Du müsstest schon etwas genauer erklären, was du unter *nichts* verstehst, damit ich helfen kann.«

Ich muss lächeln, obwohl mir danach nicht gerade zumute ist. Als Leo es bemerkt, schmunzelt er ebenfalls. Dann seufze ich leise. »Irgendwie ist zurzeit alles ein bisschen viel. Der Umzug, ich musste die Uni wechseln. Jetzt bin ich hier, und eigentlich ist alles gut, aber … keine Ahnung.«

»Was studierst du denn?«

»Medizin«, sage ich, und es ist wie immer, wenn ich jemandem davon erzähle. Leo mustert mich beeindruckt, und ich mache mich auf einen der üblichen Sprüche gefasst. *Oh wow. Das ist ganz schön lernintensiv, oder? Hattest du ein Einser-Abi? Also ich könnte das ja nie.* Aber es kommt keiner. Im Gegenteil.

»Ich mache also einer Beinahe-Ärztin Pfannkuchen. Verrückt.«

Mein Bauch wird warm, und erneut zupft das Lächeln an meinen Mundwinkeln. »*Beinahe* ist relativ«, murmele ich.

»Und keine Sorge, Berlin ist am Anfang immer ein bisschen ruppig zu dir«, fährt er fort. »Okay, vielleicht nicht nur am Anfang. Sondern immer. Aber du gewöhnst dich dran.«

»Ist das so?«

»Absolut. Ich kannte kaum jemanden hier, Uni habe ich mir irgendwie auch ganz anders vorgestellt, als sie dann war, und ich hatte die erste Zeit ziemliches Heimweh.«

Dass er so ehrlich ist, überrascht mich. Irgendwie macht es ihn ziemlich sympathisch, dass er das mit dem Heimweh einfach so zugibt.

»Aber nach drei, vier Wochen hatte sich alles eingespielt, und mittlerweile will ich auf keinen Fall mehr weg.«

»Du bist also auch nicht von hier?«

Leo schüttelt den Kopf. »Aus einem Ort in der Nähe von Stuttgart.«

»Wirklich? Das hört man aber gar nicht raus.«

»Wenn ich nüchtern bin und mir Mühe gebe, nicht, nein. Und du?«

»Vom Bodensee.«

»Oh, schön. Quasi um die Ecke also.«

»Du sagst es.«

Ich ziehe ein Bein an die Brust und stelle die Ferse auf der Kante meines Stuhls ab. Während Leo den Gasherd einschaltet und schließlich die erste Portion Pfannkuchenteig in die Pfanne gibt, lege ich meine Wange auf meinem angewinkelten Knie ab. Seine Schulterblätter zeichnen sich unter seinem dunklen Shirt ab. Ich kann nicht anders, als seine sehnigen Arme anzustarren, als er die gusseiserne Pfanne vom Herd hebt.

Ich halte für einen kurzen Moment die Luft an, als er den Pfannkuchen zum Wenden wenige Zentimeter durch die Luft fliegen lässt und ohne jegliche Mühe wieder auffängt.

»Möchtest du nicht zufällig auch hier einziehen? Diese WG braucht dringend jemanden, der kochen kann.«

Er dreht sich zu mir, lacht leise und stützt sich mit den Handflächen an der Kante der Küchenplatte ab, während er sich dagegenlehnt. »Liebend gerne. Nur, wo soll ich schlafen?«, fragt er lachend.

Bei Ivana ...? Ich bin kurz davor, es zu sagen, doch verkneife mir die Worte. *Ein Freund von Ivana.* Das hat er vorhin gesagt. Aber Bester-Freund-Freund? Gelegentlich-Sex-Freund? Richtiger-Freund-Freund? Ich habe keinen blassen Schimmer, aber eigentlich wüsste ich auch nicht, was es mich angeht.

»Machst du das beruflich?«, frage ich, weil mir nichts Besseres einfällt, und deute zum Herd.

»Kochen? Nein, nein. Nur für mich und Freunde. Und Beinahe-Ärztinnen.« Er lächelt wieder, und es ist viel zu schön. Es ist mein Glück, dass Leo sich erneut den Pfannkuchen widmet. Obwohl zwischen unseren Sätzen immer wieder kleine Pausen entstehen, ist es nicht im Geringsten unangenehm. Mit den richtigen Menschen, das habe ich in den letzten Jahren gelernt, kann man auch schweigen, ohne dass es seltsam ist. Und mit Leo ist es nicht seltsam. Es ist schön, in dieser Chaosküche mit fettigem Pfannkuchenduft und warmem Licht, während draußen die Hauptstadt im Herbstregen ertrinkt.

»Studierst du auch?«, frage ich irgendwann.

Er nickt, ohne mich anzusehen. »Ja, Modedesign an der UdK.«

»Oh, wow ...«, entfährt es mir, und im Grunde bin ich kein bisschen besser als die ganzen Oh-wow-Menschen, wegen denen ich so oft die Augen verdrehen muss. »Zusammen mit Ivana?«

»Genau.«

»Arbeitest du auch mit ihr in diesem Klamottenlabel?«

»Du meinst Kiezkind? Ja, das haben wir mit ein paar Freunden auf die Beine gestellt.« Jetzt leuchten seine Augen, und auf einmal will ich alles darüber wissen.

»Okay, erzähl mir alles.«

Er lacht. »Du musst schon Fragen stellen, sonst ist es gemein.«

»Gut. Lass mich überlegen. Habt ihr schon Stars eingekleidet?«

»Zählen irgendwelche pseudoprominenten Influencerinnen?«

»Hm, ja. Ich denke schon.«

»Dann ja.«

»Erstaunlich. Wo findet man euch?«

Während Leo mir von dem kleinen Atelier erzählt, das Ivana, er und ihre Freunde irgendwo in Kreuzberg angemietet haben, überträgt sich seine Begeisterung geradezu auf mich. Fast so, als würde er leuchten, während er von diesen Modesachen erzählt, mit denen ich nicht wirklich etwas anfangen kann. Aber das macht nichts, denn so lerne ich erstens etwas Neues und kann zweitens vergessen, dass ich eigentlich schlecht gelaunt war.

Auf einem Teller schichtet Leo einen fertig gebackenen Pfannkuchen über den nächsten. Schließlich öffnet er wieder den Kühlschrank.

»Ihr habt nicht mal Marmelade da? Euer Ernst?«

»Keine Ahnung«, gebe ich zu.

Kopfschüttelnd lässt er die Kühlschranktür wieder zufallen. »Vielleicht sollte ich doch wieder einziehen«, sagt er, und mein Herz zwickt leicht.

Er hat also mal hier gewohnt? Vermutlich wäre jetzt ein guter Moment, um ihn einfach zu fragen, doch ein Teil von mir wehrt sich dagegen. Ich weiß auch nicht.

»Nutella? Auch nicht? Puh, das ist schon alles sehr enttäuschend«, murmelt er, während er einen Küchenschrank öffnet.

»Vielleicht gibt es Zimt und Zucker?«, schlage ich vor.

Seine Miene hellt sich auf. Er geht leicht auf die Zehenspitzen. »Du bist ein Genie, Emilia-Mila.«

Kurz darauf stellt er den Pfannkuchenteller zusammen mit einer Tasse voller Zucker-Zimt-Mischung vor mir auf den Tisch.

»Isst du nicht mit?«, frage ich, als er keine Anstalten macht, sich ebenfalls zu bedienen, sobald er mir gegenübersitzt.

»Darf ich denn?«

»Du hast gekocht, was für eine Frage!«

»Und dein Magen hat wirklich sehr, sehr laut geknurrt. Du musst satt werden«, erklärt er.

»Mir wird spätestens nach vier Stück schlecht. Also bitte, hilf mir.«

»Na gut. Wenn du drauf bestehst.« Leo rutscht auf seinem Stuhl nach hinten und kehrt kurz darauf mit einem weiteren Teller zurück an den Tisch. Ich weiß nicht, wann ich zuletzt Pfannkuchen gerollt und mit den Händen gegessen habe, aber es ist großartig. Warm, süß und fettig und genau das, was ich nach diesen kalten Schlechte-Laune-Tagen gebraucht habe.

Unsere immer noch sehr angenehme Stille wird jäh unterbrochen, als die Wohnungstür krachend ins Schloss fällt. Beinahe ertappt hebe ich den Kopf und sehe einige Sekunden später Ivana in der Tür zur Küche stehen. Ihr Blick wird hart, als sie Leo und mich dort sitzen sieht. Ehe ich etwas sagen kann, hat sie Leo schon im Visier.

»Wo warst du?« Ihre Stimme klingt scharf. Unbewusst höre ich auf zu kauen, während sie die Arme in die Hüften stemmt.

»Äh, hier?« Leo lässt sichtlich verwirrt die Gabel sinken. Ivana dreht sich mit einem genervten Seufzen um und schlüpft aus ihrem Mantel. Keine Ahnung, wo ich hier hineingeraten bin, aber plötzlich würde ich mich gern unauffällig in mein Zimmer verabschieden.

»Vana, hey … ich dachte, du wärst zu Hause.« Leos Stimme klingt besänftigend. Auf das nahezu trotzige Schweigen im Flur schiebt er schließlich seinen Stuhl zurück und steht auf. Wir wechseln einen kurzen Blick, bevor er Ivana in den Flur folgt.

Ich will ihrem Gespräch nicht zuhören, wirklich nicht. Doch es geht nicht anders.

»Ich war im Label. Rate, wer die Schnitte für Dienstag jetzt komplett allein abgeändert hat.«

»Ich dachte, wir wollten das noch mal besprechen, bevor …«

»Und ich dachte, wir treffen uns dort!«

»Hey.« Leo dämpft die Stimme deutlich, und ich würde mir am liebsten die Ohren zuhalten. Das geht mich alles gar nichts an, und ich hasse Konflikte. Ich hasse sie wirklich, es wird mir in genau diesem Moment wieder bewusst. »Das ist scheiße gelaufen, und es tut mir leid. Ich wollte dich anrufen, aber ich hab's vergessen. Sorry.«

»Ja, großartig, Mann …«

Aus dem Augenwinkel nehme ich wahr, wie er nach ihrem Handgelenk greift. Es ist nur eine kleine Geste, doch ich habe plötzlich keinen Appetit mehr. Er berührt sie so, wie man jemanden berührt, den man schon sehr oft berührt hat.

»Schau mich an«, bittet er leise.

Sie tut es tatsächlich.

»Was kann ich machen, damit du nicht mehr sauer bist?«

»Meine beschissene Küche aufräumen«, grummelt sie und sieht in meine Richtung. Ertappt senke ich den Blick. »Was habt ihr überhaupt gemacht?«

»Pfannkuchen«, sagt Leo, als wäre es das Selbstverständlichste auf der ganzen Welt.

»Ernsthaft? Pfannkuchen?«

»Ja. Und ich räume natürlich auf. Tut mir leid. Willst du auch welche?«

»Nein, verdammt.« Sie entzieht sich seinem Griff. »Ich geh schlafen.«

»Es tut mir leid, okay?«, wiederholt Leo, dabei scheint uns allen klar zu sein, dass die Worte längst bedeutungslos sind.

»Nacht«, grummelt Vana, bevor sie sich umdreht und ihn tatsächlich stehen lässt. Mich würdigt sie keines Blickes. Sekunden später fällt ihre Zimmertür ins Schloss.

Es ist still, und Leo schließt für einen kurzen Moment die Augen. Er öffnet sie erst wieder, als er meinen Blick zu spüren scheint. Erst zögert er, dann kommt er die wenigen Schritte auf mich zu.

»Tut mir leid, ich sollte …«, beginnt er mit resignierter Stimme, doch ich falle ihm ins Wort.

»Schon okay. Mir tut es leid. Du hättest nicht …«

»Doch«, fällt er mir ins Wort. Sein Blick liegt schwer auf mir, aber irgendwie fühle ich mich auch wieder leichter als noch vor ein paar Sekunden. »Doch, ich wollte aber. Ich hab das mit Ivana vercheckt, das ist jetzt einfach blöd gelaufen. Du kannst nichts dafür.«

»Ihr solltet euch aussprechen«, sage ich, ohne es wirklich zu wollen.

Leo zögert. Sein Blick fällt auf das Chaos auf der Arbeitsfläche.

»Ich räume das auf«, sage ich sofort.

»Nein, ich …«, beginnt er, doch ich lasse ihn nicht ausreden.

»Doch. Wirklich. Und du musst jetzt auch nicht aus Höflichkeit widersprechen, okay?«

Er mustert mich einen Moment lang, als wollte er abwarten, ob ich das gerade wirklich ernst meine. Dann nickt Leo. »Danke«, sagt er. »War schön, dich kennenzulernen, Emilia-Mila. Wir sehen uns, ja?«

Ich hoffe doch, Leonardo-Leo …

Doch das sage ich nicht. Stattdessen nicke ich nur. Als Leo sich umdreht und zurück in den Flur geht, sticht mein Herz ein kleines bisschen. Ich hätte es durchaus noch ein wenig länger in seiner Gesellschaft ausgehalten. Ich kann den Blick erst wieder abwenden, als er Ivanas Zimmertür hinter sich ins Schloss gezogen hat.

Der Regen prasselt weiter gegen die Küchenfenster, während ich den letzten Bissen Pfannkuchen hinunterschlucke und plötzlich keinen Appetit mehr habe. Schweigend räume ich Minuten später die Küche auf, gehe schließlich ins Bad und höre die leisen Stimmen aus Ivanas Zimmer noch, als ich kurz vor Mitternacht das Licht meiner Nachttischlampe lösche.

Bleibt er also über Nacht? Was bedeutet das alles, und warum denke ich überhaupt darüber nach?

Der Tag war lang und wie jeder einzelne der letzten Woche voller viel zu intensiver Eindrücke. Trotzdem sind Pfannkuchen und tiefbraune Augen das Letzte, woran ich denke, ehe ich der Müdigkeit nicht länger trotzen kann und in einem Stück von der Dunkelheit verschluckt werde.

DREI

Emilia

Die nächsten Tage laufen besser. Woran genau das liegt, kann ich nicht sagen, doch meine Kommilitoninnen entpuppen sich bei den gemeinsamen Mittagessen in der Mensa doch als ziemlich cool, und mein morgendlicher Weg per U-Bahn zur Charité fühlt sich langsam, aber sicher nach Alltag an. An diesem Nachmittag fahre ich anstatt in die WG nach Mitte. Es wird höchste Zeit, dass ich Berlin erkunde. Als ich die S-Bahn am Hackeschen Markt verlasse, überlege ich, Phil zu texten. Vielleicht hat er spontan Lust auf einen Kaffee. Ich krame mein Handy aus der Tasche und schreibe ihm eine Nachricht, bevor ich meine Aufmerksamkeit wieder auf meine Umgebung lenke.

Nach wenigen Schritten entlang der viel befahrenen Straße entdecke ich den Fernsehturm, der über den Dächern in den wolkenverhangenen Himmel ragt. Ich lasse mich treiben, folge den Menschenmassen, die das Bahnhofsgebäude in diesem Augenblick wieder ausspuckt, so lange, bis ich die Hackeschen Höfe erreiche, die ich bisher nur von Instagram-Fotos kannte. Eine Weile wandere ich durch die Innenhöfe, schaue ab und zu auf mein Telefon, doch Phil scheint meine Nachricht noch nicht gelesen zu haben.

Ich weiß nicht, wie lange ich den fremden Wegen folge, Cafés, Imbisse und kleine Geschäfte passiere, als ich plötzlich glaube, meinen Namen gehört zu haben. Irritiert bleibe ich stehen und spüre noch im gleichen Augenblick eine Hand an meiner Schulter.

»Hey, du bist es wirklich!« Leo lächelt und nimmt die Hand erst weg, als ich mich zu ihm drehe. Selbst durch den dicken Stoff meines Wintermantels glaube ich, seine kurze Berührung direkt auf meiner Haut zu spüren. Seine Augen sind wirklich verflucht braun.

»Verrückt, was machst du hier? Berlin ist manchmal so ein Dorf.« Er lacht, und wie schon bei unserem ersten Treffen wird mein Bauch dabei warm.

»Ich weiß auch nicht«, sage ich. »Ich glaube, ich bin auf der Suche nach einem schönen Café. Und du?«

»Wie praktisch. Ich bin gerade auf dem Weg zu einem. Genau genommen dem, in dem ich seit zwölf Minuten arbeiten sollte.«

Ich muss lachen. »Oh, dann lass dich nicht aufhalten!«

»Kommst du mit? Du kommst mit, oder? Es gibt auch Kaffee aufs Haus. Oder Matcha. Was immer du trinkst. Du musst dich nur mit mir beeilen.«

»Okay, okay.« Ich habe gar keine Zeit, darüber nachzudenken, was ich hier eigentlich gerade tue. Plötzlich gehe ich neben Leo die Straße entlang und habe Mühe, bei seinem Tempo Schritt zu halten.

»Perfekt. Hast du keine Uni?«

»Heute nicht mehr. Ich wollte mich ein bisschen in der Gegend umsehen«, erkläre ich, woraufhin er nickt.

»Mitte ist ätzend«, meint er, während er die Hände in den Taschen seiner Jacke vergräbt. »Zu viele Touristen. Wenn ich das nächste Mal Zeit habe, gehen wir nach Kreuzberg, okay? Ich muss dir das Label zeigen und die beste Falafel der Stadt.«

»Einverstanden. Wie weit ist es eigentlich zu deinem Café?«

»Nicht weit. Drei Minuten von hier.«

»Warum nimmst du nicht die Bahn?«

»Ich wohne um die Ecke, das lohnt sich nicht. Eigentlich ist es echt nicht weit, aber keine Ahnung, irgendwie bin ich trotzdem immer zu spät. Meine Kollegen hassen mich«, erklärt er unbekümmert. »Aber ich halte den Rekord beim Trinkgeld, deshalb lieben sie mich auch.«

»Soso.«

Er lächelt. Im Gehen mustert er mich. »Heute war ein besserer Tag?«, vermutet er dann.

Irgendwie schön, dass er das bemerkt. Ich nicke. »Kann man so sagen. Und bei dir? Konntest du das mit Ivana eigentlich noch klären?«

Ich weiß nicht, warum ich es anspreche. Vielleicht, weil mich das Thema seit Tagen beschäftigt, obwohl es das nicht sollte. Als ich am Morgen nach dem Pfannkuchenabend zur Uni aufgebrochen bin, war es bei Ivana noch still. Ich habe keine Ahnung, ob Leo die Nacht bei ihr verbracht hat oder irgendwann gegangen ist.

»Ja, zum Glück«, sagt er, und mein Lächeln fühlt sich seltsam erzwungen an. »Ich glaube, es war halb zwei, als ich gegangen bin. Ich habe versucht, leise zu sein. Bist du aufgewacht?«

»Nein, ich …« Ich schlucke. »Ich habe nichts gehört.«

»Okay, sehr gut. Jedenfalls … Wir hatten noch was zu klären, ich wollte das nicht so stehen lassen. Du hast ja gesehen, wie sauer sie war. Ich kann so was nicht ab.« Ich nicke nur und sehe auf, als Leo nach einigen Sekunden weiterspricht. »Wie versteht ihr euch so?«

»Ivana und ich?«

Er nickt, und ich zögere für einen Augenblick. Die Antwort ist offensichtlich, doch ich werde ganz bestimmt nicht vor ihm schlecht über sie sprechen. »Gut. Na ja … Wir sehen uns nicht oft, um ehrlich zu sein. Hat sie was gesagt?«

»Nein, Unsinn. Aber ich weiß, wie sie sein kann.«

Ich beiße mir leicht auf die Unterlippe. »Also, beste Freundinnen sind wir tatsächlich nicht.«

»Du darfst das nicht persönlich nehmen, wenn sie manchmal abweisend wirkt. Vana ist so. Sie braucht lange, bis sie mit anderen Menschen warm wird, aber sie meint das nicht böse.«

»Denkst du?«

Leo nickt. »Ich kenne sie lange genug.« Wie lange, das kann ich nicht herausfinden, denn er deutet zu einem Lokal zu unserer Linken. »Hier sind wir.«

Das kleine Café, vor dem wir stehen, heißt Credo und hat riesige Glasfronten zur Straßenseite, durch die ich bereits die zahlreichen Tische und Stühle erkennen kann. Leo macht einen Schritt an mir vorbei und öffnet mit einer Hand die Glastür des Cafés. »Nach dir.«

Angenehme Wärme schlägt mir entgegen, der intensive Geruch von frisch gemahlenen Kaffeebohnen liegt in der Luft und vermischt sich mit den leisen Stimmen der Gäste, die sich vereinzelt an den Tischen eingefunden haben.

»Leonardo, nicht wirklich! Was ist diesmal deine Entschuldigung?«, schallt uns einen Augenblick später eine kräftige Stimme hinter der Theke entgegen.

»Ich weiß nicht. Die Straße war heute irgendwie auch wieder länger«, gibt er gut gelaunt zurück, während er sich aus der übergroßen camelfarbenen Wildlederjacke schält, die sicher schon einige Jahrzehnte auf dem Buckel hat.

»Verstehe, *amico*. Der Abwasch dauert dann auch wieder länger, verlass dich drauf.«

Leo rollt mit den Augen, doch grinst, während er hinter der Theke verschwindet. Er bedeutet mir, Platz zu nehmen, während er seine Jacke aufhängt und sich eine Kellnerschürze umbindet.

Ich setze mich an einen Platz an der leeren Theke und schlüpfe ebenfalls aus meinem Mantel. Das Credo ist minimalistisch und modern eingerichtet und hat dennoch einen ganz eigenen Charakter. Viel glattes Holz und Glas, dunkle Holzdielen und weiße Wände. Kein Tisch gleicht dem anderen, im Gegenteil, fast wirkt es so, als stamme das gesamte Mobiliar vom Flohmarkt, bevor es willkürlich im Raum verteilt wurde. An den verschieden großen Tischen stehen die unterschiedlichsten Stühle und Hocker. Die Gespräche der Café-Besucher werden von Chet Fakers melodischer Stimme unterlegt, die im Hintergrund leise aus den indirekten Lautsprechern klingt.

»Also, Espresso? Matcha? Chai? Was immer du willst.«

»Karamell Macchiato?«, frage ich hoffnungsvoll.

Leo lacht, während er sich am Waschbecken hinter der Theke die Hände wäscht. »Warum wusste ich das?«

»Was?«

»Dass du ein Karamell-Macchiato-Mädchen bist.«

»Teilst du deine Gäste in Getränke ein?«

»Vielleicht. Extra viel Karamellsirup?«

Ich lächele diabolisch. »Oh ja.«

Er seufzt, bevor er den Siebträger aus der silbernen Kaffeemaschine löst. »Ich habe es befürchtet.«

Nur kurze Zeit später schiebt er mir meine Tasse entgegen. Begeistert erkenne ich die Unmengen an Sirup, die im Milchschaum versinken. »Danke!«

»Süß genug?«, fragt Leo, als ich probiert habe.

»Fast«, sage ich, und er mustert mich, als wäre ich nicht recht bei Trost. »Nein, keine Sorge. Genau richtig.«

»Ein Glück.« Er wirft dann einen prüfenden Blick an mir vorbei, als sich die Tür öffnet und eine Handvoll Frauen das Credo betreten. Entweder sind sie Stammgäste oder Freundinnen von ihm, denn Leo scheint sie zu kennen. »Na, so eine Überraschung.«

Die zierliche Blonde scheint beinahe in ihrer riesigen, mit weißem Lammfell gefütterten Jeansjacke zu versinken und funkelt Leo herausfordernd an.

»Man muss nur wissen, wo man ihn suchen muss«, antwortet sie mit einer Stimme klar wie Glas und lässt sich von ihm zur Begrüßung in eine Umarmung ziehen. »Vor allem dann, wenn du wieder mal nicht an dein dummes Handy gehst, Herr Wagner.«

»Ich arbeite. Siehst du doch«, gibt er zurück.

»Na ja …« Die Blonde schaut zu mir. »Wir kennen uns noch gar nicht«, stellt sie fest und schenkt mir ein aufgeschlossenes Lächeln.

»Stimmt. Ich bin Mila«, antworte ich und werfe Leo einen warnenden Blick zu, als er grinst. Wehe, er erinnert mich jetzt an den peinlichen Quatsch, der vor ein paar Tagen aus mir herauskam, als ich mich ihm vorgestellt habe.

»Ivanas neue Mitbewohnerin, richtig? Freut mich. Ich bin Alessa, von Kiezkind.«

»Dem Modelabel?«, vermute ich. Leo und Alessa nicken gleichermaßen begeistert.

»Komm unbedingt mal vorbei«, meint Alessa.

»Total gerne. Wie viele seid ihr im Label?«

»Wir sind zu viert«, erklärt Leo. »Na ja, eigentlich zu fünft, wenn man meinen Bruder mitzählt. Ben kümmert sich hauptsächlich um den ganzen Steuerkram, weil niemand von uns etwas davon versteht.«

»Er ist der Beste«, ergänzt Alessa.

»Also ihr beide, Ivana, dein Bruder und …?«

»Und Jason. Deutsch ausgesprochen, ganz wichtig.« Alessa lacht. »Wir sind zusammen ins erste Modedesign-Semester gekommen und seitdem befreundet. Vor einem knappen Jahr haben wir Räume in Kreuzberg für unser Atelier und den Laden angemietet.«

»Nicht schlecht.«

»Komm vorbei, ich mein's ernst!« Alessa strahlt mich an.

Ein Pärchen winkt Leo zu sich an den Tisch. »Ich komme gleich zu euch«, meint er mit Blick zu Alessas Freundinnen, die noch die Karte studieren.

»Ach so, nein, ich bin schon wieder auf dem Sprung und nur mitgekommen, weil ich dachte, dass du bestimmt hier bist. Wie lange arbeitest du? Jason meinte, es gibt Probleme wegen der Winterkollektion. Wir sollten uns heute noch mal besprechen.«

»Meine Schicht geht bis sieben.«

»Kannst du danach direkt kommen?«

»Klar. Ich beeile mich.«

»Leo, wir wissen alle, was das bedeutet.« Alessa lacht. »Vielleicht beeilst du dich besser nicht, dann bist du womöglich pünktlich.«

»Ha, ha …«, murmelt er, und ich muss grinsen.

»Er ist immer zu spät«, meint Alessa zu mir, während er zu den

Gästen geht. Ich muss ihr versichern, wirklich bald bei ihnen im Label vorbeizukommen, bevor sie sich verabschiedet. Leo ist fleißig dabei, Gäste abzukassieren, Bestellungen aufzunehmen und neue Getränke zuzubereiten. Es wundert mich nicht länger, dass er das meiste Trinkgeld unter seinen Kollegen bekommt. Zu fast jedem Gast scheint er sofort einen Draht zu haben. Seine gut gelaunte Fassade fällt nur in den paar wenigen Momenten, in denen er hinter der Theke beschäftigt ist und sich unbeobachtet fühlt.

Schließlich sind alle Gäste zufrieden, und Leo lässt sich mit einem kleinen Glas in der Hand auf dem Barhocker neben mir nieder.

»Espresso«, erklärt er auf meinen fragenden Blick.

»Aus einem Schnapsglas?«

Einen Moment lang betrachtet er die fast nachtschwarze Flüssigkeit in dem Glas und zuckt schließlich mit den Schultern. »Ja, irgendwie schon.«

»Interessant.«

»Magst du auch einen?«

»Ich hab noch, danke«, meine ich und greife demonstrativ nach meiner halb vollen Tasse.

»Wieso eigentlich Kiezkind?«, frage ich Leo, nachdem er einen ersten Schluck getrunken hat.

»Witzig, oder? Jason ist immer noch stolz auf die Idee. Das ganze Ding ist sein Baby, er designt unter dem Namen schon Shirts, seit er sechzehn war. Vor zwei Jahren hat er die Marke eintragen lassen und uns mit ins Boot geholt. Und seitdem läuft es, die Leute stehen drauf.«

»Ich bin echt super gespannt.«

»Komm wirklich vorbei.«

»Vielleicht an einem Tag, an dem Ivana nicht da ist«, witzele ich, dabei bekomme ich wirklich etwas Bauchschmerzen, wenn ich daran denke, wie sie darauf reagieren würde, mich in ihrem Modelabel zu sehen. »Was ist eigentlich mit ihrer alten

Mitbewohnerin passiert?«, frage ich und versuche, möglichst beiläufig zu klingen. All diese Fragen würde ich Ivana natürlich lieber selbst stellen. Ich fühle mich irgendwie blöd dabei, Leo auszuquetschen. Er scheint jedoch nichts daran zu finden.

»Sie hat ihr Studium abgebrochen. Politikwissenschaften, glaube ich. Sie war fast nie da, keine Ahnung. Jetzt macht sie ein Auslandsjahr in Kolumbien oder so. Sie wollte sich eigentlich um eine Nachmieterin kümmern, aber die ist in letzter Sekunde abgesprungen, weil sie doch nicht mehr nach Berlin kommen wollte.«

»Und warum bist du nicht bei Ivana eingezogen?«

»Ich?« Leo hebt überrascht die Augenbrauen. »Ich glaube nicht, dass das lange gut gegangen wäre.«

Plötzlich klingt er beinahe verbittert, und obwohl diese Aussage alles und nichts bedeuten könnte, wird mir spätestens jetzt klar, dass es recht kompliziert zwischen den beiden sein muss.

»Außerdem habe ich eine Wohnung, von der ich mich definitiv nicht so schnell trennen möchte.«

»Hier in der Nähe hast du gesagt?«

»Ja, hinter den Hackeschen Höfen. Als wir uns vorhin über den Weg gelaufen sind, war ich noch keine fünf Minuten aus dem Haus«, sagt er nun wieder etwas besser gelaunt.

»Obwohl du Mitte hasst?«

»Ich hasse nur die Touristen.« Er lächelt.

»Natürlich … Ist es auch eine WG?«

»Nee. Ich wohne allein.« Leo scheint mir anzusehen, dass ich mich in diesen Sekunden frage, wie er sich so etwas leisten kann, denn er fährt unaufgefordert fort. »Die Wohnung gehört meiner Großtante, sie nutzt sie nicht mehr und wohnt in Potsdam.«

»Oh, praktisch.«

»Durchaus. So stehen die Räume nicht leer, und ein armer kleiner Modestudent muss sich keine Sorgen machen, dass er die Miete nicht zahlen kann, falls die neue Kollektion nicht so gut läuft wie erhofft.«

»Nicht schlecht.«

»Ich weiß, und es ist keine Selbstverständlichkeit für mich. Élaine würde mir vermutlich meine komplette Ausbildung finanzieren, wenn ich sie ließe. Sie interessiert sich sehr für Kunst und Mode und war völlig begeistert, als ich den Platz an der UdK bekommen habe.«

»Das ist toll, wirklich. Sie muss sehr stolz auf dich sein.«

Er lächelt. »Ich hoffe es.« Dann sieht er mich wieder an. »Wie bist du eigentlich an das Zimmer bei Vana gekommen? Sie hatte doch gar keine Anzeige online.«

»Stimmt, ich habe den Tipp von einem Freund bekommen, Sam. Hast du nicht sogar mit ihm telefoniert?«

»Du kennst Sam?« Leo sieht mich überrascht an.

»Ja, ich bin mit seinem Bruder zur Schule gegangen.«

»Verrückt, die Welt ist klein … er und Jason sind echt gut miteinander, die beiden rudern zusammen.«

»Kennst du Phil auch?«, frage ich.

»Kaum.« Er zuckt entschuldigend mit den Schultern.

»Ihr lernt euch sicher noch kennen.«

»Bestimmt. Er kann ja nur cool sein, wenn er dein Freund ist.«

»Er ist nicht mein Freund. Aber intelligente Fragetaktik, um herauszufinden, ob ich vergeben bin oder nicht.«

Ertappt blinzelt Leo mich an. »Danke, hat bisher immer einwandfrei funktioniert.«

Ich will gerade etwas erwidern, als eine Tischgruppe Anstalten macht, aufzubrechen. Er murmelt eine kurze Entschuldigung in meine Richtung, ehe er sich verdrückt. Ich beschließe im Stillen, dass es nun auch für mich an der Zeit ist, zu gehen und ihn in Ruhe seine Arbeit erledigen zu lassen. Ich trinke den letzten Schluck lauwarmen Kaffee und krame in meiner Tasche nach dem Portemonnaie. Bevor ich mich erhebe, platziere ich einen Schein unter meiner Tasse.

Leo scheint beschäftigt, steht gerade vor einem der Tische und notiert die Wünsche eines älteren Ehepaars. Ich will ihn nicht stören, nehme meinen Mantel von der Garderobe, schenke ihm ein kurzes Lächeln, als er für den Bruchteil einer Sekunde in meine Richtung schaut, und deute zum Ausgang. In seinen Augen erkenne ich die Überraschung, bevor er wieder zu seinen Gästen sieht. Ich will ihn nicht weiter stören, und so mache ich mich ohne eine Verabschiedung auf den Heimweg. Denke ich zumindest, doch als ich die weiße Holztür mit dem großen Glaseinsatz erreicht habe, schiebt sich ein Arm in meinen Weg.

»Musst du schon gehen?«

Ich blicke in Leos zartbitterbraune Augen, und mein Bauch kribbelt verräterisch. Warum riecht er so gut? Das ist alles nicht fair.

»Ich will dich nicht vom Arbeiten abhalten, und eigentlich habe ich noch was für die Uni zu tun.«

»Schade.« Er gibt sich keine Mühe, seine Enttäuschung vor mir zu verbergen, und etwas daran lässt mein Herz hüpfen.

»Geld liegt auf dem Tresen, danke noch mal für den extra Karamellsirup.«

»Der Kaffee ging aufs Haus.« Empört sieht er mich an.

»Dann sieh es als Trinkgeld. Um den Rekord zu halten, du weißt schon.«

»Mila …« Er scheint sich nicht entscheiden zu können, ob er sauer sein oder fassungslos den Kopf schütteln soll.

»Oder verletzt es dein männliches Ego, wenn ich mich nicht einladen lasse?«

»Geringfügig, ja.« Er lacht. »Nächstes Mal darf ich aber wirklich, okay?«

»Es gibt ein nächstes Mal?«

»Äh, natürlich? Oder nicht? Ich könnte wieder Pfannkuchen machen. Also nur, wenn du willst.«

»Ich hätte nichts dagegen.«

»Gut, dann … Krieg ich deine Nummer?«

Ein zufriedenes Grinsen liegt auf Leos Lippen, während ich sie ihm diktiere. Er kritzelt die Zahlen auf seinen kleinen Bestellblock.

»Super, danke. Ich melde mich, ja?«

»Tu das. Und danke, dass du mir das hier gezeigt hast. War sehr schön«, sage ich.

»Fand ich auch. Komm gut heim.« Als er sich nun etwas vorbeugt und mich umarmt, stolpert mein Herz. Ich spüre seine Hand an meiner Schulter, seine Körperwärme, und am liebsten würde ich mich nicht sofort wieder von ihm lösen.

»Ciao.« Ich fühle mich leicht schwindelig, während ich, um eine aufrechte Haltung bemüht, nach draußen auf den Bürgersteig trete – Leos Geruch in der Nase und seinen Blick im Rücken. Mein Herz pocht noch immer schneller, als ich bereits zwei Ecken weiter bin und langsam realisiere, dass ich irgendwie ein Date mit ihm habe. Ich schließe für einen Moment die Augen und kann nicht verhindern, dass sich ein Lächeln auf meine Lippen stiehlt. Ich wickele mich enger in meinen Mantel, fühle mich federleicht, während ich nun weiter zur nächsten S-Bahn-Haltestelle gehe und zu dem Schluss komme, dass Berlin vielleicht doch keine so blöde Idee war.

*

Leonardo

Im Credo ist es ruhig geworden, als ich um kurz nach sieben nach hinten verschwinde und den Knoten meiner Kellnerschürze löse. Ich genieße die Stille, glaube, die Stimmen der sich unterhaltenden Gäste noch immer zu hören, und greife nach meinem Rucksack. Im Vorbeigehen lösche ich die Lichter, werfe einen letzten Blick zur Kontrolle nach hinten und öffne die Ladentür. Draußen schließe ich ab und versenke meinen Schlüsselbund in der Jackentasche, während ich in die Rosenthaler Straße einbiege.

Der beleuchtete Fernsehturm ragt über den Hausdächern in die Nacht. Ich betrachte die unruhigen Schattierungen der

Wolken am tintenblauen Himmel und trauere für den Bruchteil einer Sekunde den Sommernächten nach, die wir auf meiner Dachterrasse verbracht haben. Ivana, Alessa, Jason und ich, mit Sterneschauen und jeder Menge billigem Kopfweh-Wein, Jasons Gitarre und der seltsamen Mischung aus Stille und langsam beginnendem Großstadttrubel, während wir schweigend nebeneinanderlagen, bis die Sonne langsam wieder über die Hausdächer kletterte. Schon jetzt habe ich keine Lust mehr auf den Winter. Von der Arbeit nach Hause zu kommen und den Sonnenuntergang bereits verpasst zu haben. Die Tage werden kürzer und dunkler, meine Nächte trotzdem nicht länger, und ich weiß, dass mir diese Kombination noch nie gutgetan hat.

Am Rosenthaler Platz nehme ich die U8, die um diese Uhrzeit noch viel zu voll ist. Mir gegenüber sitzt ein junges Pärchen, und irgendwie muss ich an Mila denken. Ich weiß nicht, warum. Ich weiß nur, dass ihre Augen ziemlich blau sind. So ein verwaschenes helles Graublau. Emilia-Mila, die mich so anschaut, als hätte sie etwas verstanden, das sonst niemand versteht.

Die U-Bahn biegt um eine Ecke, und ich stoße mit der Schulter gegen die Absperrung neben mir. Ich hasse U-Bahnen. Besonders dann, wenn sie so vollgestopft und eng sind. Vielleicht ist genau das hier dieses Pulsieren der Großstadt, von dem immer alle sprechen. Von der Anonymität verschluckt zu werden und wieder das echte Leben zu spüren. Nur einer von vielen sein, nicht mehr man selbst, sondern ein unbeschriebenes Blatt in einem Buch mit zehntausend Seiten. Stuttgart und mein früheres Leben sind weg, weit weg, und das ist gut so.

Auf dem Weg von der U-Bahn zum Label bestelle ich bei unserem Stamm-Imbiss und trete kurz darauf mit vier Styroporverpackungen voll Pad Thai zurück in die Nacht. Von Jason um diese Uhrzeit zusammengetrommelt zu werden kann nur bedeuten, dass es einiges zu diskutieren gibt – und das tut man bekanntlich besser, wenn der Magen nicht dabei knurrt. Kurz vor acht ist es schließlich, als ich die Ladentür von Kiezkind mit der

Schulter aufstoße, weil ich beide Hände voll habe. Wir haben schon geschlossen, doch von hinten höre ich Stimmen und folge dem leisen Lachen.

Jason hockt auf der schwarzen Ledercouch mitten im Raum, neben ihm sitzt Alessa, die Beine über den Schoß ihres Freundes gestreckt. Ivana steht mit ausgebreiteten Armen vor ihnen und präsentiert den beiden den Prototyp eines neuen Oberteils.

»Hi, alle.« Ich gehe mit wenigen Schritten zu meinem Arbeitsplatz und lege mein Gepäck ab.

»Du hast Essen mitgebracht! Gott, ich liebe dich.« Alessa springt auf, während Jason eine beleidigte Schnute zieht.

»Ich dachte, du liebst mich«, witzelt er.

Alessa nimmt mir die weiße Plastiktüte ab. »Ja, das auch.«

Ich schäle mich aus meiner Jacke, während Alessa das Essen bereits verteilt, und lasse mich auf die Couch fallen. Das weiche Leder gibt nach, als Ivana sich neben mich setzt. Den Stofffetzen hat sie zur Seite gelegt und greift nach der letzten Portion Nudeln.

»War das gerade ein neuer Entwurf?«, frage ich, und Ivanas Blick geht sofort zu mir.

»Ja, wieso?«

»Sah cool aus, ich meine nur …«

Ivana beäugt mich weiter kritisch, und spätestens jetzt ist mir klar, dass die Stimmung zwischen uns nach diesem unnötigen Streit letztens nach wie vor angespannt ist. Jason und Alessa tun, als hätten sie nichts bemerkt, dabei kenne ich die beiden gut genug, um mir sicher zu sein, dass ihnen unsere Reibereien nicht entgehen. Eine Weile essen wir schweigend, dann schaue ich zu Jason, der heute die Schicht im Laden übernommen hat.

»War viel los?«, frage ich und deute mit einem Kopfnicken nach vorne.

Jason kaut, schluckt und wiegt den Kopf leicht hin und her. »Geht. Vormittags wenig, ab zwölf kamen sie dann plötzlich alle auf einmal.«

»Der Klassiker …«, murmelt Alessa, ohne von ihrem Essen aufzusehen.

Kurz schweige ich. »Und wenn wir doch jemanden einstellen? Zumindest für vormittags?«

Jason rollt sofort mit den Augen, und auch Ivana neben mir stöhnt deutlich hörbar auf. »Leo, wie oft noch? Ich habe einfach kein gutes Gefühl dabei, hier jemand Fremdes drin zu haben.« Mein bester Freund sieht mich eindringlich an, blickt dann aber nach links zu Alessa, als sie das Wort ergreift.

»Ich finde, Leo hat recht. Unsere Öffnungszeiten sind katastrophal, wir können nicht jedes Mal schließen, wenn wir alle vier gleichzeitig Seminar haben.«

»Was höchstens zwei-, dreimal pro Monat der Fall ist«, kommentiert Jason, doch Alessa überhört ihn geflissentlich.

»Jana hat mich heute gefragt, ob wir nicht jemanden brauchen. Sie ist auf der Suche nach einem Nebenjob, das wär doch optimal.«

»Jana vom letzten Shooting?«, fragt Jason, und Alessa nickt.

»Boah, nee. Bitte nicht Jana, die wartet doch nur darauf, hier komplett mit einzusteigen …«

»Vielleicht hat sie gute Ideen?«, sage ich und senke den Kopf, damit Ivana mein Grinsen nicht bemerkt.

»Leonardo Wagner, ich warne dich …«

»Wir stellen überhaupt niemanden ein. Wenn wir Pech haben, können wir uns das bald nämlich auch gar nicht leisten«, grummelt Jason, und ich befürchte, dass wir gleich den Grund unseres Treffens zu hören bekommen. »Und darüber wollte ich eigentlich auch mit euch sprechen. Es gibt Probleme mit der Lieferung der Winterkollektion, wir müssen den Release vermutlich verschieben.«

»Was? Warum?« Entsetzt sehe ich Jason an.

»Ich weiß es nicht, vorhin kam die Mail, alles verzögert sich um mindestens vier Wochen.«

»Aber …« Ivana zögert. »Die Newsletter sind schon rausgegangen. Ich habe gestern Abend den zur Release-Party verschickt.«

»Ich weiß.« Jason seufzt und lässt sich nach hinten sinken. Anscheinend ist ihm der Appetit vergangen, denn sein Essen steht beinahe unangetastet vor ihm. »Wir könnten hier ein paar Teile vorproduzieren und sie als eine Art exklusiven Pre-Release ankündigen. Dann wäre es vielleicht nicht ganz so schlimm.«

Alessa bricht das betretene Schweigen. »In Handarbeit? Das kriegen wir niemals hin, Jason.«

»Ich fürchte, uns bleibt nichts anderes übrig. Wir limitieren die Teile strenger als sonst, fünfzig Shirts und dreißig Sweater je Größe, das sollte doch machbar sein«, schlägt Jason vor. »Hey, kommt schon. Das Semester hat gerade erst angefangen, wir haben doch alle sonst nichts zu tun.«

Ivana lacht freudlos auf und schiebt sich eine Gabel Nudeln in den Mund.

Tatsächlich teile ich ihre Stimmung, aber Jason sieht so verzweifelt aus. »Also nur für den Laden, meinst du? Mit der Auflage kannst du den Online-Shop ja gleich zulassen.«

Jason nickt. »Genau, nur im Store. Wir verkaufen das Ganze als geheime Limited Edition oder so, exklusiv halt, und keinem fällt auf, dass das eigentliche Zeug noch gar nicht da ist. Sobald die Sachen dann geliefert wurden, kündigen wir Teil zwei des Release an, und alles läuft wie geplant.«

»Schaffen wir das?«

»Wenn wir uns reinhängen … Wir können die Designs benutzen, die es nicht in die finale Runde geschafft haben. Ich habe schon ein paar Kisten T-Shirts und Pullis zum Bedrucken nachbestellt.«

»Warum fragst du uns dann überhaupt noch nach unserer Meinung?« Ivana erhebt sich schwungvoll, wirft einen kurzen Blick in die Runde und pfeffert ihre geleerte Nudelbox in den Papierkorb in der Ecke. Alessa fängt meinen Blick auf, und ihre Lippen formen ein lautloses »Autsch«. Ich zucke nur mit den

Schultern. Irgendwie hat Ivana ja recht, aber ich verstehe auch Jason, der gerade alles dafür tut, um uns eine größere Blamage zu ersparen.

»Ivana, ich wollte nicht … Ich musste mir schnell was einfallen lassen.«

»Nein, schon gut. Ist ja eigentlich auch dein Label, wenn man es genau nimmt.« Jasons Miene verfinstert sich, während Ivana die Hände in die Hüften stemmt. »Dann wollen wir mal, oder wollt ihr hier Wurzeln schlagen?«

Bevor wir antworten können, dreht sich Ivana um und verschwindet im Lager. Jason, Alessa und ich essen schweigend auf, und keine fünf Minuten später hocken wir vor den ausgebreiteten Papierbögen, auf die Jason vorhin erste Ideen gekritzelt hat, und besprechen seine Pläne.

Schließlich gehe ich rüber zu Ivana, die dabei ist, die Shirts akkurat zusammenzulegen, und dabei merkwürdig unbeteiligt wirkt.

»Hey, alles in Ordnung?«

Sie sieht mich an, nur kurz, und wirkt wieder so unnahbar wie damals, als ich sie vor zwei Jahren während der Einführungsveranstaltung für Erstsemester kennengelernt habe.

»Klar, wieso nicht?« Ihre Stimme klingt kühl.

»Ich dachte nur … Wegen neulich.« Ich werfe einen kurzen Blick über die Schulter, um mich zu versichern, dass Alessa und Jason weiter beschäftigt sind. »Wie ist es so in der WG? Mit Mila, meine ich.«

»Großartig. Wir sind beste Freundinnen.«

»Vana …«

»Was willst du hören? Und warum interessiert es dich überhaupt?«

Ich unterdrücke ein Seufzen und lasse mir Zeit mit meiner Antwort, um so ruhig wie möglich zu klingen.

»Bist du noch sauer?«

Sie verdreht die Augen. »Nein.«

»Vana … du weißt, dass ich nicht absichtlich …«

»Ich sagte doch: Nein!«, schnauzt sie mich an.

»Mila war heute bei mir im Café, wir haben kurz miteinander gesprochen. Könntest du versuchen, ein wenig netter zu ihr zu sein, nur ein bisschen?«

»Hat sie sich bei dir über mich beschwert, ja?«

»Nein, hat sie nicht. Ich wollte wissen, wie ihr euch versteht. Ihr fällt das nicht so leicht, dieser völlige Neubeginn hier.« Ich muss mir Mühe geben, nicht patzig zu klingen.

»Du bist ja so ein Heiliger.«

»Sie hat dir echt nichts getan, okay? Mach ihr den Start doch einfach nicht noch schwerer. Alles andere ist komplett kindisch.«

»Es ist komplett kindisch, dass sie mir das nicht selbst sagen kann, sondern dich vorschickt. Kannst du ihr gerne ausrichten, wenn sie das nächste Mal bei dir ist oder du ihr Essen bei uns machst. So süß und romantisch, Leo …« Mit diesen Worten lässt sie mich stehen. So wie sie es schon immer getan hat. Ich schließe die Augen.

In diesem Moment verstehe ich meinen Bruder voll und ganz, der noch heute meint, die Beziehung mit Ivana hätte mich auf Dauer kaputt gemacht. Sie kann so schlimm unberechenbar sein. Aber vielleicht war es auch einfach nur die Kombination aus uns beiden, die mir mehr genommen als gegeben hat. Wer weiß das schon. Ich jedenfalls nicht und Vana vermutlich noch viel weniger.

Ich ziehe mein Handy aus der Hosentasche, beschäftige mich ein paar Minuten mit nutzlosem Kram, nur damit ich nicht zurück zu den anderen gehen muss. Als ich es schließlich doch tue, ist die Atmosphäre im Studio überraschend friedlich. Ivana gibt sich, als wäre nichts gewesen. So sitzen wir bis kurz nach zwölf zusammen. Ich merke kaum, wie die Zeit vergeht. Doch wenigstens haben wir nach dieser Kriseninterventon einen mehr oder weniger praktikablen Notfallplan für die anstehende Kollektion, den wir in den kommenden Tagen in die Tat umsetzen werden.

Jason schließt den Laden ab, als wir zu viert draußen auf dem nächtlichen Bürgersteig stehen, ehe wir uns für heute voneinander verabschieden. Alessa und er ziehen gemeinsam zu Fuß los. Die beiden wohnen nur wenige Hundert Meter weiter, während Ivana und ich in die gleiche Richtung müssen. Womöglich ist es albern, aber nach dem tollen Gespräch habe ich keine Lust mehr, mit ihr zu reden. In der U-Bahn sitzen wir uns schweigend gegenüber und starren unsere Handys an. Als sie nur zwei Stationen später am Kotti wieder aufsteht, hebe ich den Blick. Normalerweise steigt sie erst am Alexanderplatz um.

»Hast du noch was vor?«, frage ich.

Vana zuckt mit den Schultern und schiebt ihr Handy in die Jackentasche. Die Bahn bremst ruckartig ab, sodass sie sich an der Stange neben der Tür festhalten muss.

»Treffe noch jemanden. Und du?«

»Ah, cool.« *Lächeln, Leo. Es ist dir egal. Es ist dir egal. Es ist dir egal.* »Na, dann … Viel Spaß.«

»Jap.« Die Türen öffnen sich, Ivana schaut mich nicht mehr richtig an, bevor sie aussteigt. »Danke.«

Die Bahn fährt wieder an, ich lehne den Kopf gegen die Scheibe und schließe die Augen.

VIER

Emilia

»Langsam frage ich mich auch, wo Leo bleibt. Eigentlich wollte er schon längst hier sein.« Alessa hockt auf der Ladentheke des Kiezkind-Stores und wirft einen entschuldigenden Blick auf ihr Handy.

»Vielleicht ist ihm etwas dazwischengekommen?« Ich gebe mir wirklich Mühe, nicht allzu enttäuscht zu klingen, aber es klappt nur bedingt. Seit einer knappen Stunde bin ich bei ihr, habe von Alessa eine Führung durch das Atelier bekommen, die aktuelle Kollektion bewundert – und darauf gewartet, dass auch Leo zu uns stößt. So wie er es vorgeschlagen hatte. Umso weniger verstehe ich, warum nun jede Spur von ihm fehlt. In einer halben Stunde wird mich Johannes abholen. Unsere Eltern sind zu Besuch, wir werden heute Abend essen gehen, und wenn Leo nicht bald hier aufkreuzt, werden wir uns wohl oder übel verpassen.

»Tja, Leo und die Pünktlichkeit, das ist und bleibt ein heikles Thema«, scherzt Alessa.

Ich zwinge mich zu lächeln. »Er wird schon seine Gründe haben.«

»Ich fand's schön, mit dir zu quatschen. Wenn Leo da gewesen wäre, hätte er dich sicher in Beschlag genommen. Im Grunde müssen wir ihm also dankbar sein.« Alessa versucht ein aufmunterndes Lächeln.

»Eigentlich hast du recht.«

»Ich glaube, er mag dich.« Sie mustert mich mit diesem wissenden Blick, und ich sehe rasch zu Boden. »Wenn Leo jemanden mit zur Arbeit schleppt, dann heißt das was.«

»Vermutlich hatte er eher Mitleid, weil er mich letztens so verloren aufgegabelt hat.«

»Unsinn, red dir so was nicht ein.«

Kurz zögere ich, dann fasse ich mir ein Herz. »Er ist mit Ivana zusammen, oder?«

Alessa hebt für einen Moment erstaunt die Augenbrauen, schüttelt dann aber den Kopf. »Nicht mehr, nein. Sie haben sich vor ungefähr einem Jahr getrennt. Wie kommst du darauf? Hat sie das behauptet?«

»Nein, aber sie hat so komisch reagiert, als sie mich mit ihm in der Küche entdeckt hat.«

»Mach dir deswegen keinen Kopf. Sie hat sich damals von ihm getrennt. Ich glaube kaum, dass sie noch Interesse an ihm hat.«

»Oh, wirklich?«

»Das war eine unfassbar komplizierte Geschichte mit den beiden. Leo und Ivana konnten nicht mit-, aber genauso wenig ohne einander, ständig gab es Streit. Leo hat das auf die Dauer echt runtergezogen. Er stand nicht nur einmal nachts total durch den Wind vor Jasons Tür, weil er einfach nicht mehr weiterwusste. Er ist jemand, der glaubt, es immer allen recht machen zu müssen. Fehler sucht er generell nur bei sich, und Ivana … na ja, ist da ein wenig anders. Sie hatte ihn komplett in der Hand. Im einen Moment war alles in Ordnung, im nächsten hat sie ihn ohne jeden Grund total mies behandelt. Und er hat es mit sich machen lassen.«

»Wieso hat er sich dann nicht getrennt?«

Alessa seufzt leise. »Ich denke, das wollte er zwar schon irgendwie, aber er war doch jedes Mal wieder bereit, ihr noch eine Chance zu geben. Wenn Leo liebt, dann liebt er aus ganzem Herzen, weißt du. Wenn er sich wirklich auf eine Beziehung einlässt, gibt es für ihn kein Wenn und Aber. Er hat Ivana alles durchgehen lassen und immer irgendeine Erklärung für ihr Verhalten gefunden.«

»Klingt ziemlich toxisch.«

»War es auch. Er hat seitdem einen großen Bogen um jegliche

Beziehungen gemacht. Irgendwie hat Ivana ihm das Herz gebrochen, auch wenn er weiß, dass es besser ist, so wie es jetzt ist. Wir hatten ihn damals beinahe so weit, dass er die Sache mit ihr beendet, doch sie muss Wind davon bekommen haben und ist ihm zuvorgekommen. Er war am Boden zerstört – und sie von einem auf den anderen Tag eiskalt zu ihm. Die ersten Wochen nach der Trennung waren nicht schön, glaub mir. Die beiden sind sich aus dem Weg gegangen, wo es nur ging, und das verträgt sich mit einem gemeinsamen Modelabel natürlich so gar nicht. Jason hat sie schließlich dazu gezwungen, miteinander zu sprechen. Sie haben sich zusammengerissen, und seitdem ist es in Ordnung, auch wenn früher alles einfacher war.«

»Wow ... Das erklärt einiges.« Und es macht mir Ivana nicht notwendigerweise sympathischer. Aber das behalte ich für mich. »So hätte ich Leo nicht eingeschätzt.«

»Ich weiß, Leo zu durchschauen ist nicht einfach. Aber er ist einer von den Guten, da kannst du dir sicher sein.«

Wir heben gleichzeitig die Köpfe, als sich die Ladentüre leise quietschend öffnet. Für einen Moment hüpft das Herz in meiner Brust höher, dann erkenne ich, dass es sich bei dem Kerl, der nun näher kommt, gar nicht um Leo handelt. Zum Verwechseln ähnlich sieht er ihm trotzdem.

Alessas strahlendem Lächeln nach zu urteilen scheint dieser Unbekannte ihr Freund Jason zu sein, der Vierte im Kiezkind-Bunde.

»Na?« Er kommt auf Alessa zu, begrüßt sie mit einem Lächeln, bevor er sie küsst. Dann wendet er sich mir zu. »Mila, richtig? Ich bin Jason.«

»Genau. Freut mich voll, hi.«

»Mich auch. Leo hat schon von dir erzählt. Wo ist er überhaupt?« Jason sieht sich suchend im Laden um, während er sich aus seiner Jacke schält.

»Das wüssten wir auch gern«, bemerkt Alessa. »Hast du was von ihm gehört?«

»Nee, keine Ahnung. Ich dachte, er sei hier. Ist wenigstens Ivana da, oder sollen sich die Shirts mal wieder von allein batiken?«

»Ich kümmere mich darum, und Leo ist sicher gleich da«, versucht Alessa ihn zu beschwichtigen und wirft mir einen kurzen Blick zu. »Mila, würdest du mir helfen?«

Ich nicke, woraufhin sie leichtfüßig vom Tresen springt, ohne Umschweife nach meinem Handgelenk greift und mich mit nach hinten zieht.

»Ich muss noch ein paar Telefonate erledigen«, sagt Jason, und Alessa winkt ab.

»Keine Eile, wir kriegen das hin.«

Sie schenkt mir ein entschuldigendes Lächeln, kaum dass wir außer Jasons Sichtweite sind. »Er steht ziemlich unter Strom gerade, wir haben Probleme mit unserer nächsten Kollektion, da liegen die Nerven immer ein bisschen blank.«

»Wenn ich störe, bin ich sofort weg«, meine ich, doch Alessa schüttelt den Kopf.

»Ach Quatsch. Wir batiken jetzt.« Sie grinst mich an und bückt sich nach einem Pappkarton. »Hast du das schon mal gemacht?«, will sie wissen, als sie einen Stapel Shirts auf die abgenutzte Arbeitsplatte des großen Tischs vor sich gelegt hat.

»Nein, noch nie.«

»Ist ganz einfach, ich erklär es dir. Schau mal, das hier sind unsere Samples, die habe ich gestern gemacht. Ich gehe kurz Wasser und die Farben holen, bin gleich wieder da.«

Alessa verschwindet im Lagerraum des Labels, den sie mir vorhin gezeigt hat. Ich nehme währenddessen die Shirts von der Leine, die vom einen Ende des Raums ans andere gespannt wurde, und breite sie auf der Arbeitsplatte aus. Die ursprünglich weißen Shirts ziert ein Batikmuster aus dunklem Grün und Blau, das schon fast ins Schwarz geht und an ein unruhig bewegtes Gewässer erinnert.

Obwohl ich bei Batikshirts sofort an bunte Hippie-Kleidung

denken muss, passen diese Designs zum Streetstyle des Labels. Viel Schwarz, Leder und klassische Schnitte, das scheint Kiezkind zu sein, so ist zumindest mein erster Eindruck, nachdem Alessa mir einige der Teile präsentiert hat. Das Atelier erinnert an eine alte Fabrikhalle, der Bodenbelag besteht aus einfachem dunkelgrauen Industriebeton. An den Decken verlaufen mehrere silberne Verstrebungen und Lüftungsrohre, an denen Baustrahler zur Beleuchtung angebracht wurden. Mitten im loftartigen Raum wachsen dicke Metallsäulen aus dem Boden, die die Decke stützen. In einer Ecke ist eine Art Fotostudio mit weißem Hintergrund, großen Studiolichtern, Reflektoren und einem Stativ eingerichtet worden. Der restliche Raum wird von insgesamt drei Arbeitsplätzen und einer gemütlichen Sitzecke aus schwarzen Ledersofas im Zentrum eingenommen. Auf jedem der Schreibtische befinden sich iMacs neben unzähligen Entwürfen auf dicken Papierbögen, Stiften und Stoffmustern. Wohin ich auch blicke, herrscht kreatives Chaos.

»Und, wie findest du sie?«

Ich drehe mich um, als ich Alessas Stimme hinter mir höre, und helfe ihr mit dem Wassereimer, den sie heranschleppt.

»Sehr cool und ganz anders, als ich erst dachte.«

»Ja? Du musst dir vorstellen, dass hier auf die Brust noch unser Logo kommt, so wie bei den klassischen Shirts, entweder in Schwarz oder Weiß, vielleicht machen wir beide Varianten.«

Alessa deutet auf die Stellen und krempelt die Ärmel ihres Sweatshirts hoch. Ich ziehe mein Handy aus der Hosentasche, das eine eingehende Nachricht ankündigt.

»Oh, mein Bruder ist da«, stelle ich fest.

»Das heißt, du musst los?«

»Ja, leider. Dabei hat es gerade angefangen, Spaß zu machen.«

Alessa lächelt. »Du darfst gerne wieder vorbeikommen, wir können immer Hilfe gebrauchen, gerade jetzt, wo uns die Zeit im Nacken sitzt. Magst du noch was mitnehmen? Ich habe noch jede Menge Stücke vom letzten Shooting übrig.«

Ich kann gar nicht so schnell antworten, wie Alessa bereits wieder im Lager verschwunden ist und mit einem Arm voller Kleidung zurückkommt, die sie in eine braune Papiertüte mit dem Logo des Labels stopft.

»M passt dir hundertprozentig, den Sweater hat Leo entworfen.« Sie grinst mich vielsagend an und drückt mir die Tüte in den Arm.

»Oh, wow ... danke.«

»Immer wieder gerne, ich hoffe, es ist was für dich dabei. Ach, und bevor du gehst: Jason feiert am Wochenende seinen Geburtstag nach, du kommst doch auch vorbei?«

»Ich weiß nicht, bin ich denn eingeladen?«

»Jetzt schon! Nein, ehrlich, komm vorbei, Mila. Samstagabend bei uns. Leo soll dir die Details texten, das wird super.«

»Du kannst ja trotzdem noch mal Jason fragen, ob das wirklich ...«

»Ist es«, beteuert sie, und ich muss lächeln.

»Gut, dann ... Ich freue mich. Und danke fürs Rumführen.«

»Nichts zu danken. Hab noch 'nen schönen Abend.« Alessa zieht mich zur Verabschiedung in eine Umarmung.

»Du auch, viel Spaß beim Batiken.«

Sie grinst mich an, während ich nach meinen Sachen greife und das Atelier verlasse. Im Verkaufsraum lehnt Jason hinter dem Tresen und quatscht unentwegt in das Handy, das er zwischen Schulter und Ohr geklemmt hat, während er gleichzeitig wie wild auf die Tastatur seines Laptops einhämmert. Ich hebe die Hand zur Verabschiedung, als er einen Blick in meine Richtung wirft. Er nickt mir lächelnd zu, ehe ich die Ladentür öffne.

Draußen lehnt Jojo bereits an seinem Wagen. Wir begrüßen uns, als hätten wir uns seit mindestens zwei Monaten nicht gesehen, und wenn ich ehrlich bin, fühlt es sich an, als wäre seit unserem letzten Treffen tatsächlich so viel Zeit vergangen. Ich will gerade die hintere Wagentür öffnen, um mein Gepäck auf der Rückbank zu verstauen, da bemerke ich ihn. Für einen Moment halte ich den Atem an und kann nicht anders, als zu strahlen, als ich Leo erkenne, der auf uns zukommt.

»Mila, hey! Oh Mann, ich hab's echt nicht früher geschafft.« Sichtlich zerknirscht bleibt er vor mir stehen und vergräbt die Hände in den Jackentaschen. »Tut mir voll leid.«

»Ist nicht schlimm, ich habe mich super mit Alessa verstanden«, sage ich rasch. »Sie hat mir alles gezeigt.«

»Ja? Mein Bruder war bei mir, ich hab völlig die Zeit vergessen und ...« Leo verstummt, als ich reflexartig meine Hand auf seine Brust lege.

»Es ist okay, Leo«, versichere ich.

Für einen kurzen Moment scheint die Zeit zwischen uns stillzustehen. Sein Blick liegt auf mir, tonnenschwer, und ich ziehe schnell die Hand zurück. Gott, was war das gerade? Meine Handfläche glüht trotz der tausend Schichten Kleidung, die meine Haut von seiner trennen. Leos Blick folgt meiner Hand, bevor er nickt.

Erst als ich ein Räuspern neben mir höre, erwache ich zurück zum Leben.

»Oh, ich habe euch gar nicht vorgestellt. Leo, das ist Johannes, mein Bruder.«

»Freut mich, hi.« Leo streckt ihm den Arm entgegen, und die beiden schütteln sich die Hand. »Ihr seht aus, als wärt ihr auf dem Sprung?«

Jojo und ich nicken gleichzeitig. »Leider ja.« Ich beiße mir leicht auf die Unterlippe. »Wir treffen meine Eltern zum Abendessen, sie sind zu Besuch, und ich will sie nicht warten lassen.«

»Ach, schön. Lasst euch nicht aufhalten.«

»Außerdem braucht Alessa deine Hilfe beim Batiken.«

Er lacht leise, als ich mit einer Kopfbewegung zum Laden deute. »Hat sie dich als Handlangerin missbraucht?«

»Quatsch, nein. Sie hat mir eine Tüte voller Klamotten geschenkt und war superlieb.«

»Das freut mich. Und sorry noch mal, ich wollte dich wirklich nicht versetzen. Ich schäme mich sehr.«

»Musst du nicht.« Aus den Augenwinkeln nehme ich wahr, wie Jojo bereits in den Wagen gestiegen ist. Einen Moment sind da nur noch Leo und ich, voreinander auf diesem Bürgersteig, und plötzlich will ich nicht mehr einsteigen.

»Ich schreib dir, okay? Da war ja noch diese Sache …«

Ich muss lächeln. »Mach das, Leo.«

»Hast du Samstagabend Zeit?«

»Nein, und du auch nicht«, sage ich, und Leo stutzt. »Es sei denn, du willst Jason verärgern.«

»Ach, Mist, stimmt. Gott, ich brauche einen Terminkalender.« Leo seufzt. »Aber warte, das heißt, du kommst auch?«

»Anscheinend bin ich eingeladen, also ja.« Ich zucke mit den Schultern, und das Lächeln, das sich auf Leos Gesicht ausbreitet, ist alles.

»Perfekt! Nein, wirklich, ich freue mich.«

Ich zucke leicht zusammen, als Jojo den Motor seines Wagens anlässt.

»Sorry, ich …«, beginne ich, und Leo nickt.

»Ja, du musst …«, sagt er gleichzeitig, und wir verstummen wieder. Dann geht er einen Schritt auf mich zu. Diesmal bin ich darauf vorbereitet, dass er mich zum Abschied in den Arm nimmt. Doch weniger überwältigend als beim allerersten Mal ist es trotzdem nicht.

FÜNF

Emilia

»Kann ich helfen?« Ein wenig atemlos drücke ich mich durch die Tür in einen der Behandlungsräume, aus dem gleich mehrere aufgeregte Stimmen zu hören sind.

Seit dieser Woche bin ich zusammen mit einigen Kommilitoninnen zum Praktikum in der Notaufnahme eingeteilt. Es ist das erste Mal, dass Hektik aufkommt. Ich erkenne meinen Bruder und eine Rettungssanitäterin, die versuchen, einen sichtlich zugedröhnten Patienten auf der Behandlungsliege zu halten.

»Kannst du das EKG anbringen?« Jojos sonst so ruhige Stimme klingt leicht gepresst. Ich nicke und greife nach einem Paar Handschuhe, ehe ich die Klebeelektroden aus der Packung ziehe. Mein Herzschlag schwillt an, als ich die Alkoholfahne des Mannes rieche. Seine Wange ziert eine klaffende Wunde, doch davon scheint er keinerlei Notiz zu nehmen.

»Lassen Sie mich aufstehen!«, lallt er, als ich versuche, mich über ihn zu beugen.

»Sie müssen jetzt bitte einen Moment liegen bleiben«, versuche ich ihn zu besänftigen, doch er scheint mir nicht im Geringsten zuzuhören.

»Kann jemand die Pflege dazuholen?«, fragt Johannes, ehe er weitere Anweisungen gibt und zu dem Tablett greift, auf dem alle Utensilien für eine Blutabnahme vorbereitet wurden. Er und die Rettungssanitäterin lassen gleichzeitig vom Patienten ab, und ich merke zu spät, dass niemand mehr zur Stelle ist, der ihn fixiert. Ich schaffe es nicht, rechtzeitig auszuweichen.

Der Schlag trifft mich so unvorbereitet, dass ich mich nicht aufrecht halten kann. Ein dumpfer Schmerz jagt mir durch den Kopf. Jojos Stimme ist das Letzte, was ich wahrnehme, ehe ein dunkler Vorhang fällt und mich dazu zwingt, loszulassen.

*

Leonardo

»Leo, gibst du mir eben eine von den Sicherheitsnadeln?«

Kurz hebe ich den Blick von meinen Zeichnungen. Alessa hält mir bereits ungeduldig die Handfläche hin. Abwesend schiebe ich ihr das durchsichtige Kästchen mit Sicherheitsnadeln zu. »Brauchst du Hilfe?«

Sie schüttelt konzentriert den Kopf und befestigt die zusammengeraffte Stofffalte mit einer Hand am Rücken der Schneiderpuppe. Einen Moment lang lässt sie ihren Blick kritisch über das Endergebnis wandern, dann seufzt sie frustriert. »Es sieht immer noch beschissen aus …«

Interessiert blinzele ich zu ihr hinüber und lasse meinen Stift sinken. Die komplizierte Wickeltechnik des anthrazitfarbenen Oberteils beeindruckt mich sofort, doch sie hat recht, die letzte große Falte, die sie am Rücken der Puppe befestigt hat, passt nicht wirklich ins Gesamtbild.

»Hast du einen klugen Leo-Ratschlag für mich?«

Ich lache leise und zucke mit den Schultern. »Hast du schon mal über eine eingenähte Tasche nachgedacht, in der du die Enden verstecken kannst?«

Alessa braucht einen Moment, dann löst sie die befestigte Falte und rückt sie etwas zurecht. »So meinst du?«

Ich schüttele den Kopf und drücke mich von meinem Stuhl hoch. »Nee, schau mal …« Sie überlässt mir die Schneiderpuppe, und ich beginne, die einzelnen Stofflagen zurechtzuzupfen.

»Wenn du das hier drunterschiebst und mit der ersten Lage zusammennähst …«

»Funktioniert das dann noch, wenn man es anziehen will?«

»Musst du ausprobieren, aber ich denke schon.«

»Hm …« Alessa steht weiter vor mir, hat die Arme nachdenklich vor der Brust verschränkt, am Handgelenk noch das Nadelkissen, von dem ich mir nun drei Nadeln schnappe und die Falte befestige. Aus dem Showroom nebenan höre ich Stimmen.

Einen Moment später steht mein Bruder im Türrahmen. »Dein bescheuertes Handy klingelt ständig«, verkündet er genervt und wirft es mir zu, bevor ich ihn richtig angeschaut habe. Reflexartig strecke ich die Hand aus und fange es tatsächlich auf.

»Sag mal, spinnst du?« Ben hebt lediglich entschuldigend die Hände und dreht sich wieder um. Die Nummer sagt mir nichts, doch ich nehme den Anruf trotzdem an. »Wagner?«

»Leo? Hier ist Johannes, hey.«

Ich brauche einen Moment, ehe ich begreife, dass das Milas Bruder sein muss. »Oh, hallo.« Überrascht runzele ich die Stirn und überlasse Alessa wieder ihre Schneiderpuppe. »Was gibt's?«

»Folgendes, Leo: Mila sitzt bei mir in der Notaufnahme und bräuchte jemanden, der sie nach Hause bringt. Ich bin im Dienst und komme hier momentan nicht weg. Phil erreiche ich nicht. Ich will sie nicht allein gehen lassen und dachte, ich frage dich, ob du vorbeikommen könntest.«

»Warte, was? Was ist passiert?«

»Sie hat einen Schlag von einem alkoholisierten Patienten abbekommen, als wir ihn versorgen wollten, und ist ziemlich blöd gestürzt.«

Ich bemerke kaum, wie ich während Jojos Worten den Atem anhalte. »Shit … Geht es ihr gut?«

»Ja, alles halb so schlimm. Ich hätte nur kein gutes Gefühl, wenn sie jetzt allein mit der Bahn fährt. Sie hat Schmerzmittel bekommen.«

»Klar, natürlich nicht. Gib mir zwanzig Minuten, ich fahre sofort los.«

»Das wäre super.«

»Wo seid ihr genau?«

»In der Charité, Notaufnahme. Komm am besten zur Patientenanmeldung, ich sage vorne Bescheid und hole dich ab.«

»Alles klar, bis gleich.«

»Perfekt. Danke, Leo.«

Ich warte, bis Johannes den Anruf beendet hat, und lasse mein Handy dann in der Hosentasche verschwinden. Alessa starrt mich an.

»Mila?«, vermutet sie.

»Es war ihr Bruder«, antworte ich und rutsche von der Tischkante. »Ich muss sie abholen.«

»Ist was passiert?« Alessa sieht ehrlich besorgt aus, also erzähle ich ihr in Kurzfassung, was ich eben von Jojo erfahren habe. »Dann ab mit dir. Wir halten hier die Stellung.«

Ich taste nach meinem Schlüsselbund, der auf meinem Schreibtisch liegt, und raffe die Entwürfe zusammen, an denen ich eben noch saß. »Ich mach das bis morgen fertig«, verspreche ich und schiebe die Blätter in meinen Rucksack.

»Entspann dich, noch haben wir Zeit bis zum Release. Du kannst die Entwürfe auch hierlassen, und ich frage Jason, ob er sie anschaut.«

»Nicht nötig. Bis morgen ist das erledigt.«

Alessa schenkt mir ein kurzes Lächeln, während ich mir meinen Rucksack über die Schulter werfe und nach meiner Jacke greife.

»Sag Bescheid, wenn ihr etwas braucht.«

»Danke, Alessa.« Plötzlich wird mir wieder bewusst, wie wichtig mir all diese Menschen sind. Wir sind nicht nur eine Clique oder ein Team, mittlerweile sind wir eine Familie geworden, in der jeder auf die anderen achtgibt.

Draußen fegt mir ein ekelhafter Oktoberwind ins Gesicht.

Sofort zieht sich eine Gänsehaut über meinen Körper. Im Gehen lasse ich die Zentralverriegelung klicken, öffne die Fahrertür meines Wagens und danke mir selbst dafür, heute ausnahmsweise das Auto und nicht die Bahn genommen zu haben. Normalerweise lasse ich es fast immer stehen, wenn ich in Berlin unterwegs bin. Dass ich überhaupt ein eigenes besitze, ist nur Élaine anzulasten. Ich weiß wieder, warum ich normalerweise die Öffentlichen vorziehe, als der Verkehr schon nach wenigen Minuten zu stocken beginnt. Es ist kurz nach fünf, Feierabendverkehr, und mir wird klar, dass aus den zwanzig Minuten, von denen ich eben am Telefon gesprochen habe, wohl eher dreißig oder mehr werden.

Johannes klang relativ ruhig, und trotzdem werde ich das ungute Gefühl in meiner Magengegend nicht los. Die wenigen Kilometer bis Mitte ziehen sich fürchterlich, und es dämmert bereits, als ich vor der Notaufnahme der Charité halte.

Die Frau an der Anmeldung ruft Milas Bruder an, sobald ich mich vorgestellt habe. Nur wenig später trete ich neben ihm durch die Schiebetüren in den abgesperrten Bereich der Notaufnahme. Der beißende Geruch von Desinfektionsmitteln schlägt mir sofort auf den Magen und lässt Erinnerungen in mir hochkommen, von denen ich eigentlich glaubte, sie erfolgreich verdrängt zu haben.

Vor meinem inneren Auge sehe ich das Blut an meinen zitternden Fingern kleben, taste beinahe reflexartig an die feine, kaum sichtbare Narbe an meiner linken Schläfe. Neben dem Schnitt an meinem Bauch ist sie das einzige äußerliche Andenken an die Nacht vor fünf Jahren. Manchmal bin ich mir noch immer nicht sicher, ob das alles wirklich passiert ist. In Gedanken höre ich Bens angstverzerrte Stimme, als wäre es gestern gewesen, habe das Gefühl, seine starke Hand an meiner Schulter zu spüren. Als Johannes weiterspricht, zucke ich zusammen.

»Es war jedenfalls total unglücklich, Mila ist gestürzt und war zunächst nicht ansprechbar. Klassische Gehirnerschütterung, Platzwunde an der Stirn, die wir geklebt haben, aber da es ihr so weit gut geht und sie natürlich nicht stationär bleiben will, kann sie nach Hause. Nur eben nicht allein, das wäre zu kritisch.«

Jojos Worte prasseln geradezu auf mich ein, und außer einem kurzen Nicken bringe ich nichts zustande.

»Das Ganze sah schlimmer aus, als es ist. Ihr Kopf-CT war unauffällig, und sie beschwert sich schon wieder über alles Mögliche, ist also halb so wild.«

»Okay«, bringe ich hervor. »Und du bist sicher, dass sie nicht lieber hierbleiben sollte?«

Sein Zögern entgeht mir nicht. »Sie sollte auf keinen Fall allein sein. Denkst du denn, dass du vielleicht über Nacht in der WG bleiben könntest? Mila meinte, ihre Mitbewohnerin ist öfter mal weg, und noch besser wäre es natürlich, wenn jemand da wäre, falls es ihr doch plötzlich schlechter geht.«

»Ja, ich …« Ich stocke. »Ich könnte sie mit zu mir nehmen, in meiner Wohnung ist mehr Platz.«

»Oder so.«

»Muss ich irgendwas beachten?«

»Ja, ruf mich sofort an, falls du ein komisches Gefühl bekommst. Es kann sein, dass ihr schlecht wird und ihr Kreislauf noch ein bisschen verrücktspielt. Sie hat ein starkes Schmerzmittel bekommen, verträgt es aber so weit gut. Ich habe ihr noch was mitgegeben, wenn die Wirkung in ein paar Stunden nachlässt. Vermutlich schläft sie erst mal, die Medikamente machen müde.«

Ein Krankenpfleger kommt auf uns zu. »Dr. Faber, es ist dringend, können Sie kurz in Zimmer zwei …?«

Jojo nickt. »Ich bin sofort da.« Dann wendet er sich wieder an mich. »Es tut mir total leid, Leo, ich weiß auch nicht, warum hier heute so viel los ist. Mila ist in Zimmer vier, einfach den Flur entlang. Du kannst zu ihr, sie weiß Bescheid.«

»Muss sie noch entlassen werden, oder wie läuft das ab?«

»Alles schon geregelt, ihr könnt einfach gehen.«

»Okay, ich kann dich ja später mal anrufen und durchgeben, wie es ihr so geht.«

Jojo folgt dem Pfleger und nickt mir zu. »Das wäre perfekt, danke.«

Und dann bin nur noch ich in diesem langen Flur. Vor der Schiebetür, auf der *Behandlung 4* steht, schlägt mein Herz plötzlich wieder schneller. Ich klopfe an und schiebe die Tür dann gerade so weit auf, dass ich den Raum betreten kann.

Mila hockt ein wenig verloren auf der Kante des Behandlungstisches und wirft mir einen unsicheren Blick zu.

»Hey.« Besorgt komme ich näher.

»Leo.« Sie versucht ein Lächeln, doch es ist offensichtlich, wie viel Mühe es sie kostet.

»Jojo hat mir erzählt, was passiert ist. Wie geht's dir?«

»Gut, ist alles halb so wild. Er macht schon wieder einen Riesenaufriss um das alles.«

»Du warst bewusstlos.«

»Mir geht's gut, Leo«, wiederholt sie, doch ich kann ihr nicht glauben. Nicht, während ich sehe, wie blass sie ist. An ihrem Haaransatz auf der linken Seite klebt ein längliches Pflaster. Ihre Finger zittern, wenn auch minimal, und sie sieht müde aus. Mit einem Mal verstehe ich, warum ihr Bruder sie so auf keinen Fall allein nach Hause lassen wollte.

»Sorry, dass es so lange gedauert hat. Ich war im Label und bin nicht sofort weggekommen.«

»Nicht schlimm, danke, dass du überhaupt gekommen bist. Phil war nicht zu erreichen, und da warst du irgendwie der Einzige, der noch zur Auswahl stand.« Sie schlägt den Blick nieder.

»Natürlich, gar kein Thema.«

Obwohl sie sich ein kurzes Lächeln abringt, merke ich ihr genau an, wie unangenehm ihr die ganze Situation ist. Ich kenne Mila noch nicht lange, doch mittlerweile gut genug, um sagen zu können, dass sie zu den Menschen gehört, die nicht um Hilfe bitten, solange es nicht unbedingt nötig ist.

»Wollen wir?«, frage ich. »Mein Auto steht draußen vor der Notaufnahme.«

»Du hast ein Auto?«

»Ja.« Ich zögere, dann zucke ich mit den Schultern. »Élaine …«

»Verstehe.« Mila rutscht langsam von der Kante der Liege.

»Kannst du aufstehen?«

»Klar.« Sie klingt fast eine Spur beleidigt. Ich verkneife mir das Grinsen, behalte sie jedoch genau im Auge.

»Lass mich das nehmen.« Als sie sich nach ihrer Tasche bücken will, komme ich ihr zuvor. Wie sehr sie sich gerade vor mir zusammenreißen muss, wird mir erst klar, als sie nach den wenigen Metern zur Tür des Behandlungszimmers leicht ins Schwanken gerät. Bevor ich darüber nachdenken kann, liegt meine Hand an ihrem Rücken. »Alles okay?«

Diesmal nickt sie nur. Für einen Augenblick hält sie sich an der Wand fest und schließt die Augen.

»Schwindelig?«

»Ja, ich … Es geht schon.«

Ich mache drei Kreuze, als wir die Notaufnahme verlassen. Draußen sauge ich die frische Luft in meine Lungen. Schon nach diesen wenigen Minuten habe ich das Gefühl, den Geruch des ganzen Krankenhauses angenommen zu haben. Auch Mila atmet tief durch, lässt sich von mir die Beifahrertür meines Wagens öffnen, ehe ich ihre Tasche hinten auf dem Rücksitz verstaue und um das Auto herumgehe.

Während der kurzen Fahrt zu meiner Wohnung schweigen wir. Der Verkehr fordert meine Aufmerksamkeit, und so merke ich erst, dass ihre Augen geschlossen sind, als ich vor der Wohnung geparkt habe. Lediglich die Scheinwerfer der vorbeifahrenden Autos beleuchten das Innere meines Wagens, werfen wandernde Schatten auf ihr Gesicht, und ich verharre einen Moment lang, ehe ich meinen Sicherheitsgurt löse. Die Innenbeleuchtung flammt auf, als ich die Tür öffne, aussteige und meinen Rucksack und Milas Tasche vom Rücksitz nehme. Auf dem Bürgersteig öffne ich vorsichtig die Beifahrertür.

»Mila?« Meine Stimme klingt rau, ich räuspere mich leise und lege meine Hand zögernd an ihre Schulter. Sie zuckt unter meiner Berührung zusammen und öffnet die Augen. Im ersten Moment wirkt sie noch viel mitgenommener als vor ein paar Minuten, dann scheint sie sich wieder zusammenzureißen.

»Das ist aber nicht Prenzlauer Berg.«

Ich muss lächeln. »Scharf beobachtet.«

»Leo …«

»Ich hab mit Jojo abgemacht, dass du mit zu mir kommst.«

»Ich komme schon klar.«

»Das weiß ich. Aber du solltest nicht allein sein, falls sich das ändert.«

Wir liefern uns ein stummes Blickduell, und ich seufze leise auf, als ich gewinne. Mila löst ihren Sicherheitsgurt. Ich lasse die Autotür zufallen, nachdem sie ausgestiegen ist, und schiebe sie behutsam vorwärts.

»Hier wohnst du?« Milas Stimme klingt dünn, und ich lege meine Hand fester an ihren Rücken, während ich nicke.

»Ein paar Meter weiter, du hast es gleich geschafft.«

Im Hausflur rufe ich per Knopfdruck den Fahrstuhl. Schweigend warten wir das leise Geräusch ab, mit dem sich die Türen öffnen. Ich drücke die Taste fürs vierte Stockwerk, Mila lehnt sich mit dem Rücken gegen die Wand. Als wir uns nach oben bewegen, schließt sie gequält die Augen.

»Hey …« Mir wird kalt, als sie leicht in die Knie geht. Ich halte sie fest und spüre ihr unterdrücktes Zittern. »Schau mich an. Atmen.«

»Ich weiß.« Sie lässt sich kaum merklich gegen meinen Arm sinken, als der Fahrstuhl mit einem leichten Ruckeln die vierte Etage erreicht. Vor meiner Wohnung den Schlüssel ins Schloss schieben, aufschließen, alles dauert furchtbar lang. Als wir im Flur aus unseren Schuhen schlüpfen und Mila sich dabei an der Wand abstützen muss, krampft sich mein Magen weiter zusammen. Ohne zu protestieren, lässt sie sich von mir in Richtung Wohnzimmer schieben.

»Möchtest du dich hinlegen?«

Mila nickt leicht, setzt sich widerstandslos auf die Couch und lässt den Kopf in die Handflächen sinken. Mehrere Sekunden lang verharrt sie so. Ihre zittrigen Atemzüge sind das einzige Geräusch in meiner viel zu stillen Wohnung.

»Was brauchst du?« Geräuschlos sinke ich vor ihr in die Hocke. Meine Hand liegt auf ihrem Knie, ich kann den Blick nicht von ihrem blassen Gesicht abwenden, als sie den Kopf wieder etwas hebt und mich ansieht.

»Hast du vielleicht … ein Glas Wasser oder so?«

»Natürlich.«

Nur einen Augenblick später bin ich wieder bei ihr, drücke ihr ein Glas in die Hand und setze mich neben sie auf die Couch. Mein Blick streift ihr angespanntes Gesicht, ich sehe sie tief durchatmen und nicke nur, als sie schließlich ein leises »Danke« murmelt.

»Geht's wieder?«

»Ja, geht schon.«

»Hast du Schmerzen? Magst du eine von den Tabletten nehmen?«

Sie deutet ein Kopfschütteln an. »Ich habe vorhin was bekommen, das ist keine Stunde her. Noch bin ich ausreichend zugedröhnt.«

»Merkt man kaum.«

»Lass mich, Mensch …«

Wir schauen uns kurz an, und der Anflug eines Lächelns schleicht sich auf ihre blassen Lippen. Sie dreht das Gesicht wieder zur Seite, stützt die Stirn erneut in der Hand ab und schließt für einen Moment die Augen. Plötzlich habe ich das Verlangen, den Blick nie mehr abzuwenden.

»Ich mag deine Wohnung.«

Ich muss lächeln, Mila lässt den Blick langsam durchs Wohnzimmer wandern.

»Ziemlich viel Platz für eine Person.«

»Stimmt. Eine Zeit lang hat Jason auch hier gewohnt, nachdem seine WG wegen Eigenbedarf gekündigt wurde. Dann ist er mit Alessa nach Neukölln gezogen.«

»Das heißt, du hast drei Zimmer?«

»Ja, Wohnzimmer mit Küche, mein Schlafzimmer und Jasons ehemaliges Zimmer. Das ist heute das Arbeitszimmer mit Nähmaschine und so.«

»Du nähst?« Belustigt blinzelt sie mich an.

»Ja«, gebe ich ein wenig irritiert zurück.

»Süß.«

»Alle Modedesign-Studenten nähen.«

»Du wärst der geborene Chirurg.«

Ich lache. »Oh, bitte. Keiner von uns beiden glaubt das wirklich, sind wir ehrlich.«

»Aber du könntest mir bestimmt gute Tipps geben. Nächstes Mal bringe ich Bananen und ein Nahtset mit, damit wir üben können.«

»Wenn du darauf bestehst.«

»Tue ich.« Sie lächelt, und obwohl sie sich Mühe gibt, ihren Zustand zu überspielen, merke ich ihr an, wie müde sie ist.

»Ich mach dir mein Bett fertig, okay? Lass mich nur kurz einen frischen Bezug organisieren«, sage ich und will schon aufstehen, doch sie hält mich zurück.

»Quatsch, das musst du nicht.«

»Ist wirklich keine große Sache.«

»Sicher? Ich … ich meine nur … Ich habe gar nichts dabei … für die Nacht.« Verunsichert sieht sie mich an.

»Du kannst zum Schlafen ein Shirt von mir haben, und deine Sachen stecken wir über Nacht in die Waschmaschine. Meine Geschwister übernachten oft hier, ich habe eigentlich immer eine Reservezahnbürste im Bad liegen, und falls nicht, geh ich schnell zum Späti um die Ecke.«

»Oh Mann, Leo, ich schulde dir mein Leben.«

»Unsinn. Ich schaue kurz nach.« Im Badezimmer krame ich

mich durch die Schubladen, aber finde keine verpackte Zahnbürste mehr. »War leider keine mehr da«, meine ich, zurück im Wohnzimmer. »Ich besorge kurz eine neue. Brauchst du noch irgendwas?«

»Ich glaube nicht.«

»Gut, ich beeile mich. Ich kann dich doch allein lassen?«

»Es geht mir gut, Leo.«

»Klar, ich wollte nur sichergehen. Hab mein Handy dabei, falls was sein sollte.« Ich warte ihre Antwort nicht ab, bevor ich mich umdrehe.

Draußen in der Kälte versenke ich die Hände in den Jackentaschen. Ich bringe die wenigen Hundert Meter so schnell es geht hinter mich, betrete das kleine Geschäft zwei Straßen weiter und nicke Max, dem Verkäufer meines Vertrauens, zu, ehe ich die wenigen Dinge zusammensuche, die ich benötige. Auf dem Weg zurück spüre ich die Müdigkeit, dabei ist es noch nicht einmal besonders spät. Bis tief in die Nacht war ich gestern noch im Label. Als mir die Entwürfe einfallen, die darauf warten, fertiggestellt zu werden, stöhne ich leise auf. Vielleicht kann ich nachher noch darüberschauen, wenn Mila schläft.

Ich fische mein Handy aus der Hosentasche, sehe gleich mehrere ungelesene Nachrichten und erinnere mich wieder, dass ich Jojo versprochen habe, mich bei ihm zu melden. Ich verschiebe das auf später, tippe eine kurze Nachricht an Jason und Alessa, die wissen wollen, wie es Mila geht, und schiebe mein Handy zurück in die Tasche, als ich die Haustür erreicht habe. Wieder nehme ich die Treppe und bin peinlich außer Atem, als ich oben ankomme – ich sollte dringend wieder öfter Laufen gehen, aber wie so vieles ist Sport in meinem vollgestopften Alltag in letzter Zeit viel zu kurz gekommen.

Zurück in der Wohnung, ist Mila weder im Wohnzimmer noch in der Küche. Ein Blick durch die geöffnete Schlafzimmertür auf mein ebenfalls verwaistes Bett lässt mich ein ungutes Gefühl in der Magengegend bekommen. Ich drehe mich um, als ich die

Toilettenspülung höre. Ein paar Sekunden lang stehe ich vor der geschlossenen Tür zum Badezimmer. Als ich weder laufendes Wasser noch sonst ein Geräusch höre, schlucke ich.

»Mila? Alles gut?« Ich lausche mehrere Sekunden in die Stille und bekomme keine Antwort. Kurz ringe ich mit mir, dann hebe ich die Stimme erneut. »Ich komm rein, okay?« Zögerlich öffne ich die Tür und finde den Anblick vor, den ich schon fast erwartet habe. Mila kauert auf dem Boden vor der Toilettenschüssel, schwer atmend und kreidebleich im Gesicht.

»Sorry …« Ihre Stimme klingt rau, sie erschaudert und krümmt sich leicht zusammen, als es noch immer nicht vorbei zu sein scheint. Ich greife nach ihren bebenden Schultern und murmele ihr sinnfreie beruhigende Sätze zu, während sie zu würgen beginnt. Es dauert Minuten, bis es endlich vorüber ist und sie völlig erschöpft gen Boden sinkt.

»Ist schon okay, alles okay …« Ich halte sie irgendwie aufrecht, ziehe sie an mich und murmele es vor mich hin wie ein Mantra. Die Kotzerei scheint ihr völlig den Rest gegeben zu haben. Ich beuge mich etwas vor, drücke die Spülung und sehe, wie Mila gequält die Augen schließt, als das Rauschen lauter wird.

»Entschuldige«, murmele ich und greife nach einem Handtuch. Vorsichtig lockere ich meinen Griff, lasse Mila erst ganz los, als ich sicher bin, dass sie sich aus eigener Kraft aufrecht halten kann, und stehe wieder auf. Unter dem kalten Wasserstrahl befeuchte ich das Handtuch, befülle das Glas, in dem normalerweise meine Zahnbürste steht, und gehe wieder neben Mila in die Hocke. »Hier.«

Sie greift nach dem Handtuch, tupft das Gesicht ab, nimmt einen Schluck Wasser und beugt sich leicht vor, um ihn in die Toilette zu spucken. Schließlich stellt sie das Glas auf dem Fliesenboden ab und atmet durch.

»Tut mir leid …« Beschämt sieht sie mich an, und ich schüttele sofort den Kopf.

»Unsinn. Du kannst nichts dafür.«

Sie lässt sich leicht nach hinten sinken, als sie die Wand im Rücken spürt, und schließt für einen Moment die Augen.

»Ist das … normal, oder soll ich deinen Bruder anrufen?«, frage ich verunsichert.

»Nein, ist normal, denke ich.«

Ich nicke stumm, hocke weiter vor ihr. Als ich ein Geräusch wahrnehme, das ich nicht zuordnen kann, horche ich auf.

Mila seufzt leise auf. »Mein Handy.«

»Soll ich …?«

»In meiner Tasche.«

Ich folge dem Klingeln und finde es im Flur. Ein gewisser Phil ruft an. Mila ist mir die wenigen Schritte gefolgt, ich drücke ihr das noch immer klingelnde Telefon in die Hand und wende mich ab.

*

Emilia

»Mila? Wo, zum Teufel, bist du?«

Phils Stimme ist laut, viel zu laut und lässt den dumpfen Schmerz hinter meiner Stirn um ein Vielfaches heftiger pochen als noch vor einigen Sekunden.

»Phil …«

»Ich hab gerade mit deinem Bruder telefoniert, er hat mir erzählt, was passiert ist, und gesagt, du wärst bei diesem Leo.«

»Ja, ja bin ich.«

»Wo genau?«

»Phil, was soll das?«

»Ich komm und hol dich ab.«

Ich lehne mich mit der Seite gegen die Wand. Noch immer fühlt es sich an, als würde der Boden unter meinen Füßen schwanken. Ich zwinge mich, tief zu atmen. »Nein, ist schon gut. Er ist sofort gekommen, als ich dich nicht erreichen konnte.«

Phil stöhnt auf. »Mila, ich war arbeiten, aber ich wäre natürlich sofort losgefahren …«

»Schon okay.«

»Nein, nichts ist okay, ich komme jetzt vorbei. Sag mir bitte die Adresse.«

Genervt schließe ich die Augen. Ich öffne sie erst, als ich eine schwere Hand auf meiner Schulter spüre. Leos Augen sind warm, und einen Moment lang habe ich das Gefühl zu fallen. Er sieht mich auffordernd an und deutet zum Telefon.

»Phil, lass gut sein«, starte ich einen letzten Versuch. »Ich hab dafür jetzt echt keinen Nerv mehr.«

»Du kennst diesen Typen überhaupt nicht! Glaubst du, ich kann beruhigt zu Hause sitzen, wenn du in diesem Zustand bei irgendeinem Fremden schläfst? Ich mache mir Sorgen, okay?«

»Phil …« Ich kann nur beten, dass Leo die Worte meines besten Freundes nicht gehört hat. Als ich zu ihm sehe, hält er mir die Hand entgegen.

»Lass mich mal.« Er klingt so ruhig, dass ich mich wieder etwas entspanne. Kommentarlos lege ich Leo mein Handy in die Hand, als mich der nächste Anfall von Schwindel überfällt. Er streichelt mir sacht über die Schulter und deutet mit einem Kopfnicken zu seinem Schlafzimmer. »Leg dich hin, ja?«

Ich nicke bloß, bin zu mehr nicht fähig, und konzentriere mich darauf, einen Fuß vor den anderen zu setzen, während Leo das Handy ans Ohr hebt und mir den Rücken zuwendet.

»Phil? Hallo, ja, hier ist Leo.« Seine Stimme wird undeutlicher, als er im Wohnzimmer verschwindet und ich mich langsam auf sein Bett sinken lasse. Mein Kopf hämmert, ich höre Leo nebenan wie aus kilometerweiter Entfernung. Ich kann nicht verhindern, dass ich augenblicklich zu fallen beginne, einfach einschlafe, Leos beruhigende Stimme im Ohr und seinen herben Duft in der Nase.

*

»Dir auch, bis Morgen. Ciao.« Mit einem lautlosen Seufzer nehme ich Milas Handy vom Ohr und lasse den Arm auf die Platte der Küchentheke sinken, an die ich mich gelehnt habe. Ganze fünfzehn Minuten und einige gute Argumente meinerseits hat es gebraucht, um Phil davon zu überzeugen, Mila die heutige Nacht bei mir verbringen zu lassen. Kaum zu glauben, dass er wirklich Sams Bruder sein soll, so unentspannt, wie er eben war. Weil der Tag schon anstrengend genug für sie war, hat er schließlich doch zugestimmt, sie erst morgen früh abzuholen.

Ich ziehe mein eigenes Telefon aus der Hosentasche und teile Johannes kurz mit, wie es Mila geht. Er ist im Stress, und so dauert unser Telefonat keine zwei Minuten. Ich lege mein Handy zur Seite und horche einen Moment lang in die Stille der Wohnung. Auf leisen Sohlen nähere ich mich dem Schlafzimmer und verharre an der Tür, als ich Mila in meinem Bett liegen sehe. Sie schläft tatsächlich und trägt noch immer ihre Jeans und den grauen Pulli.

Leise schleiche ich zu meinem Kleiderschrank, nehme ein frisches Shirt vom Stapel und lege es auf der Matratze neben ihr ab. Hoffentlich versteht sie die Botschaft, falls sie noch mal wach wird. Dann verschanze ich mich in meinem Arbeitszimmer, kritzele Entwürfe, ändere Schnittmuster, während mein Kopf immer schwerer und schwerer zu werden scheint.

Ich merke erst, dass ich eingenickt sein muss, als mich ein leises Geräusch von draußen zusammenfahren lässt. Meine Wange klebt an meinem Arm, den ich unter meinem Kopf verschränkt habe, und mein Rücken schmerzt, als ich mich aufrichte. Mein Blick streift die Uhr auf meinem Tisch. Es ist mitten in der Nacht. Erst jetzt bemerke ich die Schritte draußen im Flur, drehe mich um und schaue direkt in Milas blasses Gesicht.

»Du bist ja noch wach«, murmelt sie und klingt dabei nicht weniger besorgt als überrascht.

»Du auch.« Ich muss mich räuspern, als meine Stimme ungewohnt heiser klingt. Sie trägt tatsächlich das Shirt von mir, und an ihr wirkt es eher wie ein Kleid. »Was ist los, geht's dir gut?«, frage ich.

»Ich wollte eine der Tabletten nehmen, die Jojo mir mitgegeben hat.«

»Hast du Schmerzen?«

Ihr kurzes Nicken spricht Bände, Mila drückt eine Ibuprofen aus der Verpackung, und ich hole ihr ein Glas Wasser.

»Geh wieder ins Bett«, fordere ich sanft.

»Und wo schläfst du?« Beinahe schuldbewusst sieht sie mich an.

»Auf der Couch, mach dir keinen Kopf. Und ich habe das mit Phil geklärt. Er holt dich gegen Vormittag ab.«

Sie schließt für einen Moment die Augen und nickt leicht. »Ich sag's ja, Leo, ich schulde dir mein Leben.«

Ich muss lächeln. »Geh schlafen.«

Und später dann, als ich auf der Couch liege, kurz bevor ich einschlafe, ist mein Name aus ihrem Mund das Letzte, woran ich denke.

SECHS

Emilia

Zwei Tage vergehen nach meinem Arbeitsunfall, wie Jojo ihn zu bezeichnen pflegt, bevor ich mich wieder zurechnungsfähig fühle. In die Uni habe ich es wegen der Kopfschmerzen nicht geschafft. Eigentlich kann ich es nicht wirklich mit meinem Gewissen vereinbaren, am Samstagabend trotzdem zu Jasons Party zu kommen, aber Alessa scheint Leo nach meiner Nummer gefragt zu haben und hat noch dreimal geschrieben, wie sehr sie sich freut, wenn ich es schaffe.

Vermutlich sollte ich als vorbildliche Medizinstudentin lieber den verpassten Stoff der letzten Tage nachholen. Wenn ich Pech habe, stehe ich gleich jemandem aus der Uni gegenüber und muss dann erklären, wie ich den Rest der Woche entschuldigt fehlen konnte und jetzt auf irgendwelchen Geburtstagen bin. Aber wie groß sind die Chancen? Das hier ist Berlin, anonyme Großstadt, und außerdem …

Ich schlucke und wünschte, ich würde nicht wieder und wieder daran denken, dass Leo da sein wird. Seit ich bei ihm übernachten durfte, haben wir uns nicht mehr gesehen. Er hat ein paarmal geschrieben, um nachzufragen, wie es mir geht.

Ich weiß nicht, warum es sich so seltsam anfühlt, nun an diesem fremden Haus zu klingeln. Ivana war nicht allzu begeistert, als ich sie gefragt habe, ob wir zusammen zu Jason fahren. Natürlich musste sie vorher noch woandershin.

Ich kann die Musik bereits hören, als ich mich Jasons und Alessas Wohnung nähere. Die Tür steht offen, und es ist mein Glück, dass Alessa bereits auf mich zustürzt und mich überschwänglich begrüßt.

»Mila! Du bist gekommen! Alles gut, geht's dir besser? Ich freu mich so, komm rein, ich muss dich unbedingt meinen Freundinnen vorstellen.«

Ich komme gar nicht zu Wort, als sie mich nach ihrer Umarmung schon am Handgelenk mit sich zieht. Obwohl es nicht allzu spät ist, scheint sie schon gut betrunken zu sein. Ich stolpere ihr zwei Schritte hinterher, weiche jemandem links von mir aus und gerate ins Straucheln. Alessa lässt mich los, gleichzeitig greift jemand anderes nach mir.

»Hoppla! Lass sie doch erst mal richtig ankommen.«

Seine Stimme genügt, und mein Körper wird zu Gänsehaut. Leo hat die Hände noch immer an meinen Schultern, während er mich einfach nur ansieht und schließlich lächelnd ein »Hi« murmelt, das bei all den Stimmen und der lauten Musik beinahe untergeht.

»Dass du immer im Weg stehen musst.«

Der kleine magische Moment wird brutal von Alessa beendet. Sie packt mich erneut an der Hand, und mir bleibt gerade genug Zeit, um Leo ein entschuldigendes Lächeln zu schenken. Alessa schleppt mich zu einer Gruppe sympathisch aussehender Mädels, die auf der Couch im Wohnzimmer sitzen, und stellt sie mir in einer solchen Geschwindigkeit vor, dass ich bereits zwei Minuten später aufgebe, mir die neuen Namen merken zu wollen. Leo habe ich längst wieder aus den Augen verloren, im Wohnzimmer ist er nicht, und erst als er mit Jason aus der Küche kommt, treffen sich unsere Blicke wieder.

Ich murmele eine kurze Entschuldigung in Alessas Richtung, erhebe mich vom Platz neben ihr und gehe auf die beiden zu. Ich gratuliere Jason und überreiche ihm den mitgebrachten Wein, mit dem er sofort verschwindet, um die Flasche in der Küche kühl zu stellen. Er scheint sich ehrlich darüber zu freuen, dass ich gekommen bin, sodass ich mich nicht länger wie ein ungebetener Gast fühle. Bevor ich es so recht begreife, steht nur noch Leo vor mir.

»Na, schon Alessas Freundinnen kennengelernt?«

»Ja, und Schande über mich, ich habe schon wieder alle Namen vergessen.«

Leo lacht und fährt sich mit einer Hand durch die dunklen Locken. »Den Gedächtnisverlust kannst du doch bestimmt auf die Gehirnerschütterung neulich schieben.«

»Ich fürchte, den hatte ich auch vorher schon.«

»Ja, kommt mir bekannt vor.« Er betrachtet mich schmunzelnd, dann wird er wieder ernster. »Geht's dir gut? Ich hätte nicht gedacht, dass du kommst.«

Ich zögere. »Ja, ich … ich auch nicht. Aber Alessa hat darauf bestanden – und ja, mir geht's gut.«

»Ein Glück.«

»Danke noch mal für deine Hilfe.«

»Natürlich. Magst du eigentlich was trinken?«

»Ich glaube, ich sollte es heute noch ein bisschen langsam angehen lassen.«

»Nimmst du noch Medikamente?«

Ich schüttele den Kopf, und Leo greift nach meiner Hand. »Gut, dann ein Glas Wein, okay? Nur eins.«

Ich muss lächeln und lasse mich mitziehen. »Bist du die einzig nüchterne Person hier?«

»Noch, ja. Bin gerade erst gekommen. Aber das wird sich bald ändern.«

»Ich befürchte auch«, murmele ich.

Leo lässt mich erst in der Küche wieder los, wo er mich kurz mustert.

»Was?«, frage ich. »Was ist?«

Er verengt die Lider etwas, bevor er sich zum Kühlschrank wendet. »Du bist eine Weißwein-Person«, meint er dann und greift zu einer der Flaschen. »Oder nicht?«

Ich lache. »Ja, womöglich bin ich das.«

»Ich wusste es.«

»Und was für eine Person bist du?«

»Rate.« Er sieht mich nicht an, während er ein Glas befüllt. Erst als er es mir reicht, schaut er wieder zu mir. Diese verfluchten Augen … Warum ist er bei jedem Mal, wenn ich ihn sehe, schöner?

»Bier?« Ich beiße mir leicht auf die Lippe, und wie erwartet verzieht Leo angeekelt das Gesicht.

»Ich bitte dich.«

»Ich wollte dich nur testen. Rotwein natürlich.«

»Du hast mein Glas gesehen, das gilt nicht.«

»Es war mir auch vorher schon klar. Espresso-Personen sind auch Rotwein-Personen.«

»Ist das so, Emilia-Mila?« Er hebt sein Glas, um mit mir anzustoßen.

»Ja, ich denke, du bist der lebendige Beweis dafür.«

Die Gläser treffen aufeinander, und das leise Klirren vermischt sich mit der Musik und den Stimmen der anderen Gäste. Eigentlich ist es in dieser kleinen Küche sehr viel angenehmer als draußen in der Menge.

»Ich dachte, du kommst bestimmt zusammen mit Vana«, sagt Leo dann, und mein Magen verkrampft sich ein wenig.

Ich schlage den Blick nieder. »Nein, sie meinte, sie muss noch woandershin. Ist sie noch nicht da?«

Er schüttelt den Kopf, aber wirkt auch nicht sonderlich bekümmert deshalb. Ich bin gemein, aber fast bin ich froh, dass sie noch nicht hier ist. Leider ändert sich diese Tatsache nur eine knappe halbe Stunde später, als Ivana doch noch aufkreuzt und jeden begrüßt außer Leo und mich. Ich bemerke seine angespannten Kiefer, doch er sagt nichts, während wir uns zurück im Wohnzimmer mit einigen seiner Kommilitonen unterhalten.

Schließlich lerne ich auch Leos Bruder Ben kennen. Er sieht Leo auf den ersten Blick mit seinen hellbraunen Haaren und grünen Augen kaum ähnlich, doch je länger ich mit ihm spreche, desto mehr Ähnlichkeiten stelle ich fest. Ben ist supernett, und wir unterhalten uns eine gefühlte Ewigkeit über München, wo er geschäftlich oft zu tun hat.

Als Jason mit der ersten Runde Shots ankommt, schaffe ich es, Ben mein Glas zuzuschieben. Jägermeister konnte ich noch nie ausstehen. Ich nippe lieber an meinem Wein und beobachte aus den Augenwinkeln, wie Leo ein paar Meter weiter ebenfalls abzulehnen versucht. Jason scheint darauf zu bestehen, denn kurz darauf trinkt er doch mit ihm. Einen ersten, zweiten und schließlich dritten Shot.

Als Jason auf die glorreiche Idee kommt, dass es nun Zeit für ein Trinkspiel ist, entschuldige ich mich. Leider reicht mein kurzer Ausflug auf die Toilette nicht aus, um darum herumzukommen. Ich habe völlig das Zeitgefühl verloren, als ich zwischen Jason, Alessa, Leo, Ivana und mir teils völlig fremden Menschen am Esstisch sitze. Obwohl ich nicht mehr mit ihm gesprochen habe, merke ich, dass Leo betrunken ist. Ich sehe es in seinen Augen, höre es in seiner Stimme, die schleppender ist als normalerweise. Ich bin tatsächlich noch mit meinem Weinglas von vorhin beschäftigt und trinke extra kleine Schlucke, als die ersten Runden des Ich-habe-noch-nie-Trinkspiels beginnen.

Leo und Jason müssen ständig trinken. Zum Beispiel bei »Ich habe noch nie vergessen, den Kiezkind-Store abzuschließen und musste mitten in der Nacht noch mal hinfahren« und »Ich war noch nie betrunken in einem Uniseminar«. Fast fängt das Spiel an, mir Spaß zu machen, immerhin erfahre ich gerade sehr interessante Dinge über Leo, dann ist Jason wieder an der Reihe, eine Frage zu stellen.

»Okay.« Sein Blick huscht nachdenklich über die anderen, dann hellt sich seine Miene auf. »Ich hab was.« Er räuspert sich und legt eine kurze Kunstpause ein. »Die Person, die es mir am besten besorgt hat, ist heute Abend anwesend.«

Mir wird kalt, noch bevor er ausgesprochen hat. Während die anderen aufjohlen, spüre ich Leos Blick auf mir. Es ist nur ein

Sekundenbruchteil, doch plötzlich hasse ich es, dass er mich ansieht. Ich starre konsequent auf mein fast leeres Glas.

»Hey, das gilt nicht«, protestiert Alessa. »Der Satz muss mit *Ich hab noch nie* beginnen, sonst …«

»Egal«, meint Jason. »Ich hab Geburtstag, also gilt es.«

Alessa verdreht die Augen, während Jason sein Glas hebt. Er fasst sie fest in seinen Blick, während er trinkt, und die anderen grölen begeistert, als sie es ihm schließlich gleichtut.

Und dann trinkt Ivana. Sie leert ihr Glas mit einem Zug, und als sie es wieder absetzt, liegt ihr Blick auf Leo. Er sieht zurück, wirkt einen Moment lang verunsichert, während die Aufmerksamkeit der gesamten Runde auf ihn gerichtet ist.

Gott, was ist überhaupt mein Problem? Die beiden waren zusammen, jeder hier weiß es. Und trotzdem stolpert mein Herz, als er sein Glas hebt und unter dem Johlen der anderen ebenfalls daraus trinkt.

Er ist betrunken, doch es ändert nichts an dem hohlen Schmerz in meiner Brust. Ich weiß nicht mal, warum ich mich so gedemütigt fühle. Mir ist klar, dass er das gerade vielleicht nur getan hat, damit Ivana nicht blöd vor den anderen dasteht, aber trotzdem verletzt es mich. Dabei ist es lächerlich. Leo ist mir nichts schuldig. Gar nichts. Und dennoch würde ich am liebsten aufstehen und gehen. Stattdessen spüre ich, wie Alessa für einen Moment zu mir sieht. Ich wende den Blick ab.

Die nächsten Minuten fühlen sich völlig surreal an. Ich lache und ignoriere meine Gefühle. Das ist jedenfalls leichter, als keine Notiz von Leos Blicken zu nehmen. Ich merke genau, wie er versucht, Blickkontakt aufzunehmen. Bis er irgendwann zu betrunken ist und aufzugeben scheint.

Es ist kurz vor zwei, als die ersten Gäste aufbrechen. Ich nutze die Gelegenheit und schließe mich an. Leo ist gerade auf der Toilette, und auch wenn es albern ist, hätte ich nichts dagegen, von der Party zu verschwinden, ohne mich von ihm zu verabschieden. Doch daraus wird nichts, als ich ihm im Flur begegne.

»Du gehst schon?«, fragt er, und ich verfluche das schummerige Licht und seine dummen perfekten Haare.

»Ja, ich bin müde. War aber total cool. Euch noch viel Spaß.«

Es erstaunt mich selbst, doch obwohl er so betrunken ist, scheint er genau zu merken, dass etwas nicht in Ordnung ist.

»Schade«, sagt er nur, ohne den Blick von mir zu nehmen. Als er leicht schwankt und sich an der Wand festhalten muss, runzele ich die Stirn.

»Kommst du mit? Wir könnten uns ein Taxi teilen.«

Leo zögert. »Weiß nicht …«

»Ich glaube, du gehörst ins Bett. Meinst du nicht auch?«

»Vielleicht hast du recht.«

Er ist erstaunlich kooperativ. Ich bestelle ein Taxi über die App, und wir brauchen eine halbe Ewigkeit, ehe wir uns von allen verabschiedet haben. Ich rechne fast damit, dass der Fahrer wieder weg ist, doch tatsächlich wartet unten vor der Wohnung ein Wagen. Nachdem Leo seine Adresse genannt hat, die ein paar Kilometer vor meiner liegt, wird er immer stiller.

»Alles gut?«, frage ich leise, während wir durch das schlafende Berlin fahren.

Leo nickt nur und schließt die Augen.

»Weißt du, was wir machen müssen?«, murmelt er, kurz bevor das Taxi in seine Straße biegt.

»Nein, aber du wirst es mir gleich verraten.«

Er lächelt, und es ist viel zu schön. »Pfannkuchen. Es ist die perfekte Uhrzeit.«

»Leo, es ist mitten in der Nacht.«

»Ja, eben.« Er schaut mich auffordernd an, als das Taxi zum Halten kommt. Der Fahrer wirft uns einen Blick über die Schulter zu, und dann nicke ich einfach. Wir bezahlen, und ich frage mich, was ich tue, als ich kurz darauf neben Leo auf dem nächtlichen Bürgersteig stehe. Vor der Haustür nehme ich ihm wortlos den Schlüssel aus der Hand, als er auch beim vierten Versuch noch nicht das Schlüsselloch trifft.

»Ich glaub, ich hab langsam echt einen sitzen«, murmelt er, als er sich im Fahrstuhl an die Wand lehnt, während ich den Knopf fürs vierte Stockwerk drücke.

»Ach ja, hast du?«

»Ich befürchte es …«

Ich greife nach seiner Hand, als sich die Aufzugtüren wieder öffnen. Leo lässt sich bereitwillig mitziehen.

»Ich weiß gar nicht, ob ich noch Milch da hab«, murmelt er, als er sich drinnen am Türrahmen abstützt und aus seiner Jacke schält. »Das wär jetzt peinlich.«

»Wie lang haben diese Spätis denn auf?«, frage ich.

Er grinst. »Na bis richtig spät. Bestimmt fünf oder so. Es ist Samstag, oder?«

»Inzwischen ist Sonntag, aber ja …«

»Dann bis fünf.«

»Erstaunlich«, sage ich und folge ihm in die Küche.

»Siehst du mal. Das gab's in München bestimmt nicht.«

»Tatsächlich nicht, nein.«

»Aber wir haben Glück«, erklärt Leo, nachdem er einen Blick in den Kühlschrank geworfen hat. »Es ist alles da.«

Ich nehme ihm die Sachen rasch ab, als er die letzten beiden Eier beinahe fallen lässt. »Ich glaube, du setzt dich jetzt besser mal hin.« Bestimmt schiebe ich ihn in Richtung Esstisch, ehe ich ihm ein großes Glas Wasser hinstelle. Dann suche ich eine Schüssel und Mehl, um den Teig anzurühren.

»So war das aber nicht geplant«, jammert er, muss sich dann doch an der Küchentheke festhalten und lehnt sich leicht dagegen.

»Was denn?«

»Dass ich dich zum Essen einlade und du dann kochst.«

Ich muss lächeln und werfe ihm einen kurzen Blick zu. »Tja, blöd gelaufen.«

»Dann muss ich dich halt noch mal einladen.«

»Sehr großzügig von dir.«

»So bin ich.«

»Gerade bist du hauptsächlich betrunken«, stelle ich fest.

»Vielleicht ein bisschen«, antwortet er mit einem Schulterzucken.

Wir schweigen, während ich eine Pfanne auf den Herd stelle und schließlich die erste Portion Teig hineingebe.

»Ich bin voll verwirrt«, murmelt Leo.

»Was verwirrt dich denn?«

»Na, du. Wir machen schon zum zweiten Mal nachts Pfannkuchen, und ich muss dauernd an dich denken.«

Er ist betrunken. Er ist nur betrunken, Mila. Er hat keine Ahnung, was er sagt.

Trotzdem zieht sich eine Gänsehaut über meinen Körper, während ich mechanisch den Pfannkuchen wende und krampfhaft überlege, was ich ihm darauf nun antworten soll.

»Können wir noch Kaffee machen?«, fragt er im nächsten Augenblick.

»Wenn du willst.«

Leo scheint das unterdrückte Zittern in meiner Stimme nicht bemerkt zu haben.

»Espresso aus Schnapsgläsern«, verkündet er, und ich nicke nur, als er mich erwartungsvoll ansieht. Ich muss ihm helfen, Wasser und Kaffeepulver in den Espressokocher zu füllen, und drehe ein weiteres Kochfeld seines Gasherdes auf, nachdem er die Edelstahlkanne zusammengeschraubt hat.

»Willst du schon?«, frage ich, als Leo einen Blick auf die bereits fertigen Pfannkuchen wirft. Er nickt begeistert.

»Noch viel besser als meine«, verkündet er zwischen zwei Bissen und hält mir den zusammengerollten Pfannkuchen auffordernd entgegen. Ich zögere einen Moment, dann beiße ich ab und nicke zustimmend auf Leos abwartenden Blick.

»Kann man essen.«

Das Kaffeewasser kocht zischend hoch, als ich den letzten Pfannkuchen auf den Teller befördert habe, Leo gießt die dunkelbraune Flüssigkeit in zwei kleine Gläser und verschüttet dabei nicht annähernd so viel, wie ich befürchtet hatte.

»Voll perfekt.« Sein entwaffnendes Lächeln wirkt ansteckend, ich rolle einen weiteren Pfannkuchen zusammen und reiche ihn Leo, der mir gerade das kleine Glas entgegenschiebt. Das warme Küchenlicht spiegelt sich in seinen zartbitterbraunen Augen, während er mich ansieht. Ich ringe mir ein Lächeln ab und nehme einen kleinen Schluck, als mein Mund trocken wird. Prompt verbrenne ich mir an dem noch viel zu heißen Espresso die Zunge, spüre den süßen Schmerz, der mich daran erinnert, dass das hier gerade wirklich passiert. Dass ich mit einem betrunkenen Kerl, den ich gerade erst kennengelernt habe, in seiner Wohnung stehe, nachts um halb drei, Pfannkuchen esse und Espresso aus Schnapsgläsern trinke.

Ohne ein Wort zu sagen, sieht Leo mich einfach nur an, lächelt dann, als er meine Verunsicherung bemerkt.

»Was ist?«

»Du weißt gar nicht, wie schön du bist, oder?«

Ich spüre, wie mir die Röte in die Wangen schießt. »Was ich weiß, ist, dass du total knülle bist. Du musst schlafen, Leo.«

Er lacht leise, drückt sich dann aber tatsächlich von der Küchentheke weg und stolpert einen kleinen Schritt zur Seite. Ich muss ihn festhalten und schaffe es, ihn dazu zu bewegen, sich von mir ins Schlafzimmer schieben zu lassen. Dort angekommen, taste ich ein wenig orientierungslos im Dunkeln nach dem Lichtschalter, Leo lehnt sich erschöpft mit dem Rücken an die Wand, und als die Lichter aufflammen, sehe ich, dass er die Augen geschlossen hat.

»Leo, komm schon.« Auffordernd greife ich nach seiner Hand.

»Ich werd müde grade«, murmelt er.

»Deshalb steht da ja dein Bett.« Ich mache noch einen Schritt auf ihn zu, stehe plötzlich näher vor ihm als gewollt und spüre, wie mein Herz ins Stolpern gerät, als er mich aus halb geschlossenen

Augen ansieht. Die Zeit steht still, als ich seine Hand an meiner Wange spüre. Ich wehre mich nicht, während er mich näher zu sich heranzieht, und kann meinen Blick nicht von seinem Gesicht lösen.

Leos Lippen sind weich und bilden einen erstaunlichen Kontrast zu seinen Bartstoppeln, die sanft über meine Haut kratzen. Er schmeckt sehr nach Kaffee und ein wenig nach Alkohol, ich atme seinen Geruch ein und schließe meine Finger unbewusst fester um seinen Oberarm, als das verlangende Kribbeln in meinem Unterleib stärker wird.

Der Kuss endet abrupt, als Leo leicht in die Knie geht. Ich schnappe nach Luft, drücke ihn geistesgegenwärtig mit dem Rücken gegen die Wand, während das Herz in meiner Brust beinahe zu explodieren scheint.

Er ist blass geworden. Innerlich bete ich, dass er mir nicht gleich vor die Füße kotzt, und versuche währenddessen, meine Atmung zu normalisieren.

Hat er mich gerade wirklich geküsst?!

»Hey, bleib stehen!« Ich packe ihn an den Schultern, als ich nach und nach sein gesamtes Gewicht auf mir spüre und einen Schritt nach hinten machen muss, um nicht mit ihm umzukippen. Ich ziehe ihn mit mir und drücke ihn auf die Matratze.

»Willst du dich nicht umziehen?«, frage ich, als er bereits die Augen schließt.

»Nein«, nuschelt er nur kaum hörbar.

Einen Moment lang verharre ich vor seinem Bett, spüre mein Herz noch immer viel zu schnell in meiner Brust schlagen. Mir fällt das Wasserglas ein, das noch fast voll in der Küche steht. Ich sollte es ihm dringend einflößen, bevor er einschläft, auch wenn es dem Kater, den er morgen haben wird, wohl nicht mehr allzu viel entgegenzusetzen haben wird. Vielleicht ist es auch einfach eine gute Entschuldigung, mich jetzt umzudrehen und in die Küche zu gehen.

Er hat mich geküsst.

Ich greife nach dem Glas und starre auf unsere leeren Pfannkuchenteller und Espressogläser.

Er hat mich geküsst.

Ich gehe zurück ins Schlafzimmer, und natürlich ist er eingeschlafen.

Er hat mich geküsst, und er hat es mit überwältigend großer Wahrscheinlichkeit nur getan, weil er stockbetrunken ist.

Ich sehe ihn an und denke an seinen Blick in Ivanas Richtung, bevor er getrunken und mein Herz einen Riss bekommen hat. Es war nur ein dummes Trinkspiel. Es hat alles nichts zu bedeuten. Genauso wenig, wie dieser Kuss etwas zu bedeuten hat.

Und trotzdem denke ich an nichts anderes als an das Gefühl seiner Lippen auf meinen, während ich seine Wohnungstür wieder hinter mir zuziehe, in ein neues Taxi steige und mich frage, was verflucht noch mal gerade eigentlich passiert ist.

*

Leonardo

Mein Kopf fühlt sich an, als würde er einen Haufen Glasscherben beinhalten, auf denen jemand herumtritt. Mir ist so schwindelig, dass ich kaum weiß, wo oben und unten ist. Mit zitternden Fingern klammere ich mich an der Toilettenschüssel fest, würge und bete, dass es endlich aufhört. Mein Magen scheint mittlerweile komplett leer zu sein, ich weiß nicht, wie lange ich nun schon vor der Schüssel am Boden hocke und mich in einer Tour übergeben muss.

Der Würgereiz lässt irgendwann nach, kotzübel ist mir immer noch, und ich beuge mich etwas vor, um die Spülung zu betätigen, ehe ich mich zurück auf die Fliesen sinken lasse und mit dem Rücken gegen die Wand lehne.

Keine Ahnung, wie spät es ist, was ich gestern genau getrieben habe und wie ich zurück in meine Wohnung gekommen bin. Dunkel erinnere ich mich an Jasons Geburtstagsparty, den Jägermeister und dieses unnötige Trinkspiel.

Ich gebe meinem Körper ein paar Minuten Zeit, ehe ich mich wieder auf die Beine quäle, und muss mich am Waschtisch abstützen, während vor meinen Augen Sterne tanzen. Ein Blick in den Spiegel bestätigt mir, dass ich genauso beschissen aussehe, wie ich mich fühle.

Meine Suche nach einer Kopfschmerztablette endet erfolglos. Also schleppe ich mich zurück ins Schlafzimmer, kann kaum die Augen offen halten und fühle mich selbst durch das diesige Licht von draußen, wo es Bindfäden regnet, geblendet. Ich trinke einen Schluck Wasser aus dem Glas, das auf meinem Nachttisch steht, und erkenne erst, dass dort eine angebrochene Packung Ibuprofen neben einem kleinen Stück Papier liegt, als ich es wieder zurückstelle.

Für den Fall, dass dich deine Alkoholvergiftung wider Erwarten doch nicht umgebracht haben sollte, lese ich und werde stutzig, da ich die Schrift nicht zuordnen kann.

Irgendjemand muss hier gewesen sein, und die saubere Schrift gehört eindeutig zu einer Frau. Ich gebe meine angestrengten Versuche auf, mich an gestern zu erinnern, schlucke eine der Tabletten und lasse mich zurück auf mein Bett sinken. Schließe die Augen und falle fast sofort ins Bodenlose, ehe ich gefühlte Sekunden später wieder aus dem Schlaf schrecke.

Dass doch mehr Zeit vergangen sein muss als angenommen, wird mir klar, als ich bemerke, dass es draußen bereits wieder dämmrig geworden ist. Einen Moment später begreife ich, was mich gerade so unsanft aus dem Schlaf gerissen hat.

»Alter, siehst du mies aus.«

Die Matratze gibt unter mir nach, als Ben sich neben mich fallen lässt und mich nach seiner freundlichen Begrüßung mustert. Ich bringe nichts als ein gequältes Stöhnen zustande. Ich weiß nicht, wann es mir nach einem Kater zuletzt so dreckig ging.

»Bist du wirklich hergekommen, um mir das zu sagen?« Ich blinzele leicht.

»Ich wollte mich versichern, dass du nach dem gestrigen Abend noch lebst. Hab mehrmals versucht, dich zu erreichen, und dann dachte ich, ich schaue lieber mal vorbei.«

»Hmm …«

»Du hast keinen Plan, wovon ich spreche, richtig?« Ben grinst.

»Denkst du, ich bin blöd?«, knurre ich. »Ich weiß, dass wir bei Jason waren.«

»Sag bloß, du kannst dich erinnern?«

Ich boxe ihm halbherzig gegen den Oberarm, ehe ich mich zurück in die Kissen fallen lasse. Warum ist er eigentlich nicht annähernd so verkatert wie ich?

»Hab ich was Dummes gemacht?«, hake ich nach und stelle verärgert fest, dass meine Stimme immer noch seltsam kratzig klingt.

»Ach, es geht … Zumindest solange ich auch noch da war.«

»Wann bist du gegangen?«

»Halb zwei ungefähr. Und du?«

»Ich hab keinen blassen Schimmer.«

»Offenbar warst du nicht allein. In der Küche steht Geschirr von zwei Leuten«, sagt Ben, und ich versteinere.

»Was?«

»War Ivana hier?«, fragt er, und mir wird kalt. Gott, bitte nicht … Dann sehe ich Milas Gesicht in diesem Taxi vor mir.

»Nein, ich … Ich denke, es war Mila.«

»Oh.« Ben hebt wissend die Augenbrauen, und ich will ihn boxen.

»Junge, es lief nichts«, knurre ich, obwohl ich nicht wirklich weiß, ob das stimmt. Aber ich erinnere mich an nichts. Und sie ist nicht hier. Ein schlechtes Gewissen habe ich trotzdem und bete innerlich, dass ich mich nicht völlig danebenbenommen habe.

»Wär ja nicht schlimm, wenn doch«, sagt Ben, und ich schließe die Augen.

»Egal. Ich muss schlafen. Es ist zu früh.«

»Es ist halb sechs, Leo.«

»Auch egal.«

»Ich dachte, so langsam kennst du deine Grenzen.«

»Wer bist du? Mein Vater?« Ich habe es kaum ausgesprochen, als ich meine Aussage am liebsten wieder rückgängig machen würde. Mal wieder war mein Mund schneller als mein Hirn, und als ich meinem Bruder nun doch einen verunsicherten Blick zuwerfe, sehe ich geradewegs in seine ernsten grünen Augen. »Sorry … das war unpassend«, bringe ich ziemlich kleinlaut heraus.

»Ja, das war's wirklich.«

»Ich weiß auch nicht, was mit mir los ist zurzeit, ich bau nur Mist, egal, was ich tue.«

»Du bist gestresst und komplett übermüdet. Aber anstatt am Wochenende mal ein bisschen runterzukommen, gibst du dir die Kante und brauchst den ganzen Sonntag, um überhaupt wieder annähernd auszunüchtern. Schon mal überlegt, dass es daran liegt?«

»Sonntag ist kein Tag, sondern ein Zustand. Weißt du doch.«

»Was ich weiß, ist, dass du nur noch von A nach B rennst und keine freie Minute mehr hast. Wenn du nicht gerade in der Uni oder im Label bist, arbeitest du in diesem Café oder bist in Potsdam bei Willem und Élaine.«

»Generation Burn-out mit einundzwanzig, was?«

»Das ist nicht witzig, Leo.«

Ich unterdrücke ein Augenrollen und richte mich etwas auf.

»Was soll ich denn machen? Im Moment ist alles ein bisschen viel, aber das legt sich wieder, sobald wir die Kollektion über die Bühne gebracht haben. Bist du gekommen, um dich mit mir zu streiten? Wenn ja, dann lass uns die Diskussion bitte auf einen anderen Zeitpunkt verschieben, denn du hast recht, ich bin müde und verkatert und absolut nicht in der Stimmung, mich zu rechtfertigen.« Während ich zu Beginn noch sauer war, klingt meine Stimme jetzt resigniert und gereizt.

»Ich weiß, tut mir leid. Im Kühlschrank steht 'ne Portion Lasagne, musst du nur noch in die Mikrowelle schieben, ich bin schon wieder weg.« Er rutscht ein Stück zur Bettkante, will schon aufstehen, als ich ihn am Handgelenk zu fassen bekomme.

»Ben …« Ich muss nichts weiter sagen. Mein Bruder kennt mich in- und auswendig und kann mir sogar dann sagen, was ich fühle, wenn ich selbst es nicht einmal weiß. Obwohl er fast sieben Jahre älter ist als ich, gibt es keinen Menschen, dem ich mich näher fühle als Ben. Meine Schwester Charlie mal ausgenommen, und vermutlich ist es all der Scheiße der letzten Jahre zu verdanken, dass die beiden meine wichtigsten und auch einzigen Vertrauenspersonen geworden sind.

»Schon gut, schlaf mal wieder 'ne Nacht durch.«

»Sehen wir uns morgen?«

»Ich weiß noch nicht, ob ich's schaffe. Ansonsten aber am Wochenende, Charlie hat eine Nacht Aufenthalt in Berlin, sie hat schon gefragt, wann wir uns sehen.«

»Oh, dieses Wochenende? Ich bin doch mit Willem auf dieser Vernissage in Düsseldorf.« Betreten sehe ich meinen Bruder an und erinnere mich im gleichen Moment, dass ich die Esseneinladung für Mila nach all dem Trubel der letzten Tage noch immer nicht in die Tat umgesetzt habe.

»Stimmt, da war was … schade.«

»Wie lange bleibt Charlie?«, will ich wissen.

»Nur bis Sonntag, aber sie kommt vermutlich in zwei Wochen noch mal her.«

»Voll schade.«

»Sie versteht das, da bin ich mir sicher. Wir trinken einfach ein Glas Wein für dich mit.«

Ich ringe mir ein halbherziges Nicken ab, als Ben aufsteht.

»Sag ihr Grüße, beim nächsten Mal klappt's. Und Ben … danke. Auch fürs Vorbeikommen.«

Mein Bruder verharrt in der Tür und sieht mich einen ziemlich langen Moment lang an, ehe er nickt.

»Immer, das weißt du doch.«

SIEBEN

Emilia

»Probier mal die Jacke. Ich wette, die ist voll was für dich!« Begeistert drückt Phil mir eine riesige dunkelblaue Jeansjacke in die Hand. Er hat kaum Zeit, mich richtig anzusehen, da er schon das nächste interessante Kleidungsstück vom Wühltisch des Flohmarktstandes zieht, auf dem wir uns seit einer geschlagenen Stunde herumtreiben.

»Aber ich will meine nicht ausziehen«, jammere ich. Ich frage mich sowieso, warum in aller Welt Phil darauf bestanden hat, trotz des Nieselregens heute auf den Flohmarkt im Mauerpark zu gehen. Je schlechter das Wetter, desto weniger Leute gehen hin, dementsprechend bleibt eine bessere Ausbeute für uns, so hat er zumindest vorhin versucht, mir sein schwachsinniges Vorhaben zu erklären. Mittlerweile bin ich komplett durchgefroren. Zwar ist es gerade mal Ende Oktober, doch heute Nacht hatten wir tatsächlich Bodenfrost.

»Jetzt stell dich nicht so an«, motzt Phil und begutachtet eine unfassbar hässliche Uhr. Die Kälte scheint ihm nichts auszumachen.

Ich seufze tief und bewege mich dann doch dazu, die Jacke wenigstens einmal anzuprobieren. Sie sieht fast eins zu eins so aus wie die, die Alessa anhatte, als ich sie zum ersten Mal im Credo getroffen habe. Sie ist riesengroß, mit ihrer hellen Lammfellfütterung warm und bequem, und wenige Minuten später habe ich tatsächlich meinen ersten Flohmarktkauf getätigt.

»Und jetzt erzähl mir nicht, dass dir das keinen Spaß gemacht hat.«

Phil ist zufrieden, ich bin es auch, nachdem ich ihn mithilfe all meiner Überredungskünste vom Kauf der furchtbaren Uhr abhalten konnte und an seiner Seite an den nächsten Ständen vorbeischlendere.

»Es würde mir vermutlich mehr Spaß machen, wenn meine Füße dabei nicht erfrieren würden.«

»Wir gehen nachher einen Tee trinken, damit du wieder auftaust«, verspricht er mir und bleibt vor einem Tisch voller kitschigem Kleinkram stehen. Ich halte ebenfalls an, lasse meinen Blick eher gelangweilt als ernsthaft interessiert über das Durcheinander an Schmuck, Dekoartikeln und Haushaltsgeräten wandern und merke, wie mein Herz einen kleinen Satz macht, als ich einen mir wohlbekannten Espressokocher entdecke.

»Die hat Leo auch.« Ich deute auf die silbrig glänzende Kanne, die dort inmitten alter Pfannen und Kochtöpfe steht. Phil beäugt mich ein wenig misstrauisch, während ich den Espressokocher in die Hand nehme.

»Wir haben heute bei ihm Espresso gemacht, mitten in der Nacht. Leo war total betrunken nach Jasons Party.«

»Du hast schon wieder bei ihm geschlafen?«

»Nein, ich hab mir dann ein Taxi genommen.«

»Ganz allein, mitten in der Nacht?«

»Gott, Phil.« Ich seufze. »Ja, ganz allein.«

»Sehr verantwortungsvoll von ihm.«

»Brauche ich dazu die Erlaubnis von einem Mann, oder was genau willst du mir damit sagen?« Phil schweigt, und ich werfe der Standbesitzerin, die mir gegenüber hinter dem Tisch steht, einen interessierten Blick zu. »Wie viel wollen Sie dafür?«

Keine zwei Minuten später hat der kleine Kaffeekocher seinen Besitzer gewechselt. Vor Phil, der noch immer ein mürrisches Gesicht zieht, behalte ich meine Freude darüber lieber für mich. Einen kurzen Moment lang spiele ich mit dem Gedanken, Phil von diesem absolut verwirrenden Kuss zu erzählen. Dann beschließe ich, dass es besser sein wird, wenn er nichts davon weiß.

»Also seht ihr euch jetzt öfter?«, fragt er.

»Ich weiß es nicht. Aber falls ja, wäre das ein Problem?«

Phil zuckt unwirsch mit den Schultern. »Man hört über den Kerl nichts Gutes. Ich will doch nur nicht, dass du dich Hals über Kopf in einen arroganten Arsch verknallst und dann enttäuscht wirst.«

»Leo ist nicht arrogant.«

»Er studiert Mode.«

»Ja, und? Sagt sein Studienfach was über seine Persönlichkeit aus?«

»Manchmal stimmen die Klischees eben«, meint Phil, und ich lache.

»Aha, dann bin ich also auch arrogant? Medizinstudenten halten sich doch auch für was Besseres?«

»Sehr witzig«, murmelt er.

»Und überhaupt. Du kennst Leo doch gar nicht«, sage ich und sehe, wie Phil stur geradeaus blickt, während wir weiter nebeneinanderher gehen. »Und dass du neulich, als ich bei ihm war, am Telefon so einen Aufstand veranstaltet hast, war echt uncool. Er hat das mit Sicherheit alles gehört.«

»Gut so, dann kommt er wenigstens auf keine dummen Gedanken.«

»Leo ist voll okay«, versichere ich ihm.

»Ich bete für ihn, dass du recht hast.«

Am liebsten würde ich die Augen verdrehen, hake mich aber stattdessen bei Phil unter. Mit ihm zu diskutieren war schon immer sinnlos, also versuche ich lieber, ihn wieder zu besänftigen, damit unser Ausflug nicht ganz eskaliert. Doch seine Worte treffen mich tiefer als gedacht. Leos Kuss und all seine betrunkenen Äußerungen haben sich hartnäckig in meinen Gedanken eingenistet und dafür gesorgt, dass ich die restliche Nacht schlaflos in die Dunkelheit gestarrt habe, als ich endlich zu Hause war.

Es nervt mich, dass Phil so reagiert, doch noch mehr nervt es mich, dass ich ihm nicht von letzter Nacht erzählen will. Wenn er erst wüsste, was passiert ist, würde er sich endgültig in seiner Theorie bestätigt sehen.

Die einzigen beiden, die diese Sache etwas angeht, sind Leo und ich. Auch wenn alles darauf hindeutet, dass ich ihn entweder darauf ansprechen oder damit leben muss, dass ich offenbar mehr in das mit uns hineininterpretiert habe als er.

*

Leonardo

Mit angehaltenem Atem drücke ich die Tür zum Seminarraum auf, in dem seit ungefähr einer Viertelstunde die Pflichtveranstaltung zu unserem kommenden Semesterprojekt stattfindet. Ich lasse meinen Blick über die Stuhlreihen gleiten und versuche dann, möglichst unauffällig bis zu der Reihe zu gehen, in der ich Jason, Alessa und Vana entdeckt habe. Vorne steht Professor Krause, erzählt gerade irgendetwas von Zeitmanagement und Deadlines und wirft in genau dem Moment einen abfälligen Blick in meine Richtung. Natürlich musste ich ausgerechnet heute total verschlafen, wenn der Dozent, der mich seit dem ersten Semester auf dem Kieker hat, ein Seminar hält.

Bravo, Leo, direkt mal wieder ein paar Sympathiepunkte gesammelt.

»Ach, du hier?« Jason grinst mich an und ignoriert mein genervtes Stöhnen, während ich aus meiner Jacke schlüpfe.

»Sei ruhig, Mann«, pampe ich ihn an. »Hab verschlafen.«

Ich ringe mir ein Lächeln für Alessa ab, die mir zurückhaltend zuwinkt, und halte inne, als ich Vana bemerke, die nichts als einen kurzen, fast verächtlichen Blick für mich übrighat. Keine Ahnung, was ich ihr schon wieder getan habe. Ich schaue zurück zu Jason, der mindestens so mitgenommen aussieht, wie ich mich fühle, und beschließe dann, mich lieber auf das Seminar zu konzentrieren, bevor ich vor versammelter Mannschaft einen Anschiss von unserem Professor einstecken muss.

Den Vormittag überlebe ich nur mit viel wässrigem Automaten-Kaffee. Ich spüre, dass ich vor lauter Koffein und keinem Frühstück schon beinahe etwas zittrig bin, als ich Stunden später endlich in meinen Wagen steige. Jason lässt sich neben mir auf den Beifahrersitz fallen. Wir sind heute mit der Schicht im Label dran und wollen gleichzeitig an der Notfall-Kollektion weiterarbeiten, bis Alessa und Ivana später zu uns stoßen werden. Wie immer, wenn ich nach der Uni in Charlottenburg zum Label muss, das am anderen Ende der Stadt liegt, habe ich das Auto genommen, um Zeit zu sparen. Dort angekommen, besorgen wir uns was beim Italiener um die Ecke und sitzen eine halbe Stunde später konzentriert an der Arbeit.

»Was war eigentlich vorhin wieder mit Ivana los? Gab's Stress wegen irgendwas?« Er sieht mich wie beiläufig an.

»Das habe ich mich auch schon gefragt, keine Ahnung«, gebe ich zurück, obwohl ich durchaus eine Vermutung habe, weshalb sie mich vorhin so offensichtlich ignoriert hat. »Hat sie irgendwas gesagt?«

Jason schüttelt den Kopf. »Zu mir nicht.«

»Ich schätze, es ist wegen Samstag«, sage ich mehr zu mir selbst.

»Ich muss zugeben, dass ich nicht mehr wirklich viel von Samstag weiß«, gibt Jason zu.

»Wem sagst du das? Ich weiß noch, dass wir dieses bescheuerte Spiel gespielt haben. Und dann hat Mila mich wohl nach Hause gebracht.«

»Oh, ja, dann kein Wunder«, meint Jason.

Ich seufze und mache mir eine mentale Notiz, Mila nachher unbedingt noch anzurufen und mich für meinen kleinen Absturz zu entschuldigen.

»Habt ihr …?«

»Nein«, sage ich sofort, und Jason hebt abwehrend die Hände. »Hoff ich zumindest …«

»Wieso, ich dachte, du stehst auf sie?« Ich öffne bereits den Mund, doch Jason spricht einfach weiter. »Leo, es ist so dermaßen offensichtlich. Aber ich find's süß, Mila ist toll. Meinen Segen habt ihr.«

Einen Moment lang weiß ich nicht, was ich sagen soll. Habe ich tatsächlich gedacht, mein bester Freund hätte nichts bemerkt? Traurig ...

»Na, ein Glück, dann steht uns jetzt ja absolut nichts mehr im Wege«, knurre ich, und Jason lacht.

»Nein, mal im Ernst. Rede mit mir. Was machen die Gefühle?«

»Nichts, ich weiß doch auch nicht, Mann. Ich habe keine Zeit, mich zu verlieben.«

»Das ist so dermaßen traurig, Leo.«

»Aber auch so dermaßen wahr.«

»Ist es wegen Ivana? Dir sollte egal sein, was sie darüber denkt.«

»Ist es auch«, fahre ich ihn an. Ich kann mir selbst nicht erklären, warum ich seine Vermutung so konsequent abstreite und nicht einfach zugeben kann, dass er vielleicht ein kleines bisschen recht hat. Vielleicht, weil ich noch nicht dazu bereit bin, mich wieder zu verlieben, zu öffnen und auf jemanden einzulassen, nur damit es dann wieder so endet wie mit Ivana. »Also können wir bitte einfach nicht drüber reden? Es ist schon anstrengend genug zurzeit.«

Ich stehe auf, um mir etwas zu trinken zu holen, und spüre seinen durchbohrenden Blick geradezu zwischen meinen Schulterblättern brennen. Ich gehe die wenigen Schritte zu unserer winzigen Küche. Als mir ein Schwindel hinter die Stirn schießt, der es mir für einen kurzen Moment beinahe unmöglich macht, aufrecht stehen zu bleiben, halte ich mich am Türrahmen fest. Mein Atem geht schwerer, ich muss husten und habe das Gefühl, nicht mehr richtig atmen zu können.

»Leo? Was hast du?«

Ich zucke leicht zusammen, als ich Jason hinter mir bemerke.

»Nichts«, presse ich heraus, lasse die Wand los und kratze alles an Selbstbeherrschung zusammen, was mein Körper in diesem Augenblick noch hergibt.

»Leo …«

»Bin zu schnell aufgestanden.« Meine Stimme klingt unnötig scharf, und ich bereue meinen Ton sofort. Obwohl der Schwindel wieder etwas nachgelassen hat, atme ich kaum hörbar auf, als Jason zurück an seinen Schreibtisch geht. Mein Hals fühlt sich an wie zugeschnürt, ich schlucke mehrmals und werde trotzdem das Gefühl nicht los, nicht richtig Luft zu bekommen.

»Sorry, war nicht so gemeint.« Ich spreche schnell, als ich zurück an meinem Platz bin. Jason wirft mir einen kurzen Blick zu.

»Schon okay«, sagt er nur, mehr nicht. Er ist mir nicht böse, das weiß ich, denn sonst hätte er es mich wissen lassen.

Schweigend greife ich nach meinem Stift. Während ich weiterarbeite, bin ich mit dem Kopf ganz woanders. Bei Mila, bei Vana, der anstehenden Semesterkollektion, den Plänen, die ich mit Willem für die Fashion Week im Januar geschmiedet habe. Und während der Berg zu erledigender Dinge vor meinem inneren Auge langsam, aber sicher auf die Größe des Mount Everest heranwächst, weiß ich wie so oft in letzter Zeit nicht mehr, wo ich überhaupt anfangen soll.

ACHT

Emilia

Dass es draußen schon wieder dunkel geworden ist, bemerke ich erst, als ich meinen Blick von dem Fachbuch für Immunologie hebe, an dem ich mir seit Stunden die Zähne ausbeiße, und nach meinem klingelnden Handy greife, das bereits die ersten genervten Blicke der Studenten an den Tischen um mich herum auf sich zieht. Dabei war ich mir sicher, es vorher lautlos gestellt zu haben.

Ich drücke den Anruf weg, noch ehe ich gesehen habe, von wem er ist, und spüre, wie mir die Röte in die Wangen steigt. Möglichst geräuschlos rutsche ich mit meinem Stuhl nach hinten. Mein Herz macht einen kleinen Hüpfer, als ich Leos Namen an oberster Stelle der verpassten Anrufe stehen sehe. Nach einem kurzen Blick auf die Uhr beschließe ich, meinen Lerntag für heute zu beenden.

Fünf Minuten später trete ich aus dem Haupteingang der Bibliothek. Kurz überlege ich, ob ich nicht lieber etwas warten sollte, ehe ich Leo zurückrufe, doch dann kommt mir dieser Gedanke albern vor. Ich rufe seine Nummer auf, lasse meinen Blick die Fassade der Bibliothek hinaufwandern und betrachte die hell erleuchteten Fenster des kastigen Gebäudes.

»Mila?«

Obwohl es ungemütlich kalt ist, spüre ich, wie sich Wärme in meinem Bauch ausbreitet, als ich seine Stimme höre. »Hi, ich musste dich gerade wegdrücken, sorry. Ich war in der Bibliothek.«

»Ach so, kein Stress. Ich wollte dich nicht beim Lernen stören«, antwortet er, und ich runzele unbewusst die Stirn, als ich feststelle, dass er irgendwie anders klingt als sonst.

»Das macht nichts, ich bin heute sowieso nicht gut vorangekommen. Dein Anruf kam mir gerade recht als Ausrede, für heute aufzuhören.« Dass er der Grund dafür ist, warum sich meine Gedanken andauernd selbstständig gemacht haben und ich mehr als einmal an nächtliche Pfannkuchen und das Gefühl seiner Lippen auf meinen denken musste, behalte ich lieber für mich.

»Geht's dir gut?«, frage ich stattdessen und kann nicht verhindern, dass ich besorgter klinge, als ich eigentlich möchte. Leo scheint nicht mit meiner Frage gerechnet zu haben.

»Ja, wieso?«

»Du klingst so anders.«

»Ich bin nur müde, das Wochenende steckt mir noch in den Knochen. Deshalb ruf ich auch an … Dass ich am Samstag so abgestürzt bin, tut mir leid.«

Langsam gehe ich die Straße entlang und schüttele leicht den Kopf, während ich seinen Worten lausche.

»Das muss dir doch nicht leidtun.«

»Doch, es war uncool. War ich sehr peinlich?«

Leise lache ich, während ich durch die Unterführung der S-Bahn-Gleise gehe.

»Du warst niedlich betrunken und wolltest unbedingt noch Pfannkuchen machen, als wir bei dir waren.«

»Oh Gott … sorry.« Leo klingt so beschämt, dass ich erst recht lachen muss.

»Ach was, immerhin haben wir jetzt endlich zusammen gekocht.«

»Mila, mir ist das echt unangenehm. Normalerweise hab ich mich im Griff.«

»So was kann jedem passieren. Ist okay, Leo, wirklich«, versichere ich ihm und beschließe in diesem Moment, dass es besser sein wird, wenn ich ihn über den Kuss im Dunkeln lasse.

»Du hast bei mir geschlafen, oder?«

Ich schüttele den Kopf, obwohl ich weiß, dass er das nicht sehen kann. »Nein, ich habe mir nach den Pfannkuchen ein Taxi gerufen. Ich war für den nächsten Morgen mit Phil verabredet und musste dringend ins Bett.«

»Danke für die Ibu.«

»Hast du sie gebraucht, ja?«

»War bitter nötig. Ich glaube, ich bin jetzt noch verkatert.«

»Das tut mir außerordentlich leid.« Ich muss lächeln, als ich Leo nun endlich auch leise lachen höre, und weiche den Menschen aus, die mir aus der Ankunftshalle der S-Bahn-Station an der Friedrichstraße entgegenströmen.

»Darf ich trotzdem noch mal für dich kochen? Diesmal nüchtern, zur Abwechslung?«, fragt er nun wieder ernster, und ich versteife mich etwas. Es ist nicht so, als hätte ich darauf keine Lust, aber … ich weiß doch selbst nicht genau.

»Wenn du drauf bestehst«, sage ich trotzdem.

»Das tu ich. Also nur, wenn du noch magst.«

»Dann habe ich wohl keine Wahl. Und natürlich mag ich.«

»Kannst du am Mittwoch?«

Ich seufze deprimiert auf, als ich im Geiste meine Termine durchgehe. »Mittwochabend bin ich bei meinem Bruder und seiner Frau in Potsdam eingeladen. Vielleicht lieber am Wochenende?«

»Ich bin übers Wochenende in Düsseldorf auf einer Vernissage.«

»Für dein Studium?«

»Nein, mit Willem. Ich glaube, ich habe dir noch nicht von ihm erzählt. Er ist Modedesigner und ein enger Freund von Élaine. Lass mich mal überlegen … Mittwoch bin ich mittags bei ihm in Potsdam, er hat dort seinen Showroom. Wenn du willst, können wir zusammen hinfahren, ich zeige dir, was ich so mache, und bringe dich zu deinem Bruder. Willem und ich haben eine Menge zu tun, wenn du abends zurückmusst, kann ich dich wieder mitnehmen.«

»Ist das nicht total umständlich für dich?«

»Quatsch, gar nicht. Wenn wir sowieso beide nach Potsdam müssen, bietet sich das doch an. Und das mit dem Essen verschieben wir auf nächste Woche, oder so.«

»Wenn du momentan so viel zu tun hast, kann das auch warten.«

»Nein, das hat eine hohe Priorität«, sagt er, und ich muss lächeln. »In den nächsten Wochen wird es bei mir eher noch stressiger, unser Label-Release steht an, und ich will dich nicht ständig auf später vertrösten.«

»Bleibt ja kaum Zeit zum Luftholen«, bemerke ich und verziehe leicht das Gesicht, als meine Bahn mit einem unschönen Quietschen am Bahnsteig hält. Ich steige ein, finde tatsächlich einen Sitzplatz und höre Leo kurz lachen, während die S-Bahn mit einem leichten Ruckeln anfährt.

»Wohl wahr … Willem sagt immer, wenn du über Nacht berühmt werden willst, musst du tagsüber hart dafür arbeiten.«

*

Verunsichert zupfe ich den Kragen meiner Strickjacke zurecht, während ich die prunkvollen Villen betrachte, die am Seitenfenster von Leos Wagen vorbeifliegen. Anscheinend befinden wir uns in einer von Potsdams besseren Wohngegenden, und als Leo seinen Wagen nun in die Einfahrt eines besonders dekadenten Anwesens lenkt, bin ich froh, mich heute aus weiser Vorausahnung nicht für Jeans und Schlabbershirt entschieden zu haben.

Er selbst wirkt tiefenentspannt, während er den Motor abstellt und mir ein kurzes Lächeln schenkt, mit dem er es tatsächlich schafft, mir ein wenig meiner Unsicherheit zu nehmen. Wir steigen aus, und ich folge Leo die Treppen zum Eingang der Villa hinauf, wo bereits die Tür geöffnet wird und wir von einer jungen Frau hineingebeten werden.

»Willem ist bei der Arbeit in seinem Showroom«, erklärt sie uns.

Leo nickt flüchtig, greift nach meiner Hand und zieht mich sanft mit sich, während ich meinen Blick durch das riesige Treppenhaus wandern lasse, an dessen weißen Wänden Dutzende kleine und große Bilderrahmen angebracht wurden. Aus der geöffneten Flügeltür am Ende des Flurs höre ich eine Stimme und folge Leo in den Showroom.

»Das geht auf keinen Fall, nein. Genau diese Seide hatten wir bereits beim Prêt-à-porter in Paris, und es ist egal, dass sie nur als Innenfütterung verwendet werden soll …«

Der riesige Raum verdient schon beinahe die Bezeichnung Saal, ich erkenne verschiedenste Kreationen an den unzähligen Kleiderstangen und einen breiten Tisch voller Schnittmuster, an dem sich zwei Männer über eine halb fertige Jacke gebeugt haben. Der Ältere von beiden sieht auf, als eine der Dielen unter meinen Sohlen knarzt. Ich erstarre, als ich sein Gesicht erkenne, während er auf uns zukommt.

Zwar habe ich wirklich kaum Ahnung von Mode, doch dass es sich hier um einen von Deutschlands erfolgreichsten Modemachern handelt, wird nun sogar mir klar. Schließlich kann man sich Willem Van Leeuwens Omnipräsenz in den Medien kaum entziehen.

Warum habe ich nicht gleich daran gedacht, als Leo zum ersten Mal von ihm gesprochen hat?

»Leonardo, wie schön! Du kommst gerade recht, ich benötige dringend ein geschultes Auge für diese Probeschnitte. Michael hat sie gestern angefertigt.«

Wie verkrampft ich wirklich bin, merke ich erst, als Leo lacht und wieder nach meiner Hand greift, nachdem Willem ihn mit einer herzlichen Umarmung begrüßt hat.

»Sofort, Willem. Das ist Emilia, ich habe dir von ihr erzählt.«

Seine Augen liegen sofort auf mir, ich fühle mich mit einem

Mal furchtbar schlecht angezogen und versuche, meine Erscheinung mit einem schüchternen Lächeln aufzuwerten.

»Es freut mich, Sie kennenzulernen, Herr Van Leeuwen. Ich hoffe, es ist in Ordnung, dass Leo mich mitgebracht hat.«

»Ach, Darling, natürlich ist es das! Bitte nenn mich doch Willem.«

Ich kann gar nicht so schnell reagieren, wie er mich bereits mit den obligatorischen Küsschen begrüßt hat und nun eine Armlänge von sich entfernt hält. »Was bist du hübsch! Meine Bookerin darf doch deine Agentur anrufen, nicht? Ich suche noch Mädchen für Berlin im Januar.«

Im ersten Moment begreife ich nicht, was er meint, dann schüttele ich entsetzt den Kopf. »Oh, nein, das tut mir leid. Ich kann so was nicht.«

Leo lacht auf Willems verwirrten Blick, zieht mich leicht zu sich, und ich lasse mich kaum merklich gegen seinen Arm sinken. »Sie ist kein Model, Willem. Mila wird Ärztin, sie studiert erst seit Kurzem in Berlin.«

»Wie schade, ich dachte, du bringst mir endlich ein anständiges Mädchen für den Laufsteg vorbei.« Willem lacht, und auch ich spüre, wie sich meine Anspannung langsam löst. Die Lachfältchen rund um seine Augen machen ihn auf Anhieb sympathisch, und beim genauen Hinhören bemerke ich den niederländischen Akzent in seiner kräftigen Stimme. Mit Sicherheit ist er schon über sechzig, doch er wirkt viel jünger mit seinen bunten Socken in schicken Wildlederschuhen, dem Jackett und dem raffiniert geknoteten Halstuch.

»Das hat noch Zeit, es reicht doch, wenn wir mit den Castings Anfang Januar beginnen. Was genau sollte ich mir ansehen?«, fragt Leo neben mir.

»Meine Schmetterlingsbluse. Sie funktioniert bedauerlicherweise so gar nicht in diesem wundervollen Campariton.« Willem deutet zu einer der Kleiderstangen, an der ich gleich mehrere korallfarbene Kleidungsstücke hängen sehe.

»Ich schaue sie mir gleich an. Würdest du einen Blick auf meine Schnittmuster werfen, wenn du später Zeit dafür findest? Und darf ich Mila so lange das Atelier zeigen?«

»Aber selbstverständlich. Wie gefällt dir das Haus, Liebes?«

»Es ist wunderschön«, beteuere ich, und Willem strahlt.

»Nicht wahr? Jugendstil, traumhaft erhalten! Seht euch ruhig um.« Willem eilt zurück zu der Jacke, über die er vorhin gesprochen hatte, und Leo packt einen Stapel dicker Papierbögen mit Skizzen aus seinem Rucksack. Dann bedeutet er mir, ihm in einen Nebenraum zu folgen.

»Das hier ist Willems Atelier, er schafft es nur noch selten, selbst zu nähen, und hat eine Handvoll Angestellte, die seine Kollektionen für ihn anfertigen. Michael ist einer von ihnen. Alle Stoffe hier hat Willem selbst entworfen.«

Ich bin viel zu beeindruckt vom Anblick all der Stoffrollen, die sich in einem mächtigen Regal an der Wand stapeln. Mehrere Schneiderpuppen stehen neben den Tischen mit Nähmaschinen. »Wow …«

»Eine ganze Nummer größer als bei uns«, meint Leo zustimmend, während er meine Reaktion beobachtet.

»Und Willem lässt dich hier die Kleider für dein Studium anfertigen?«

»Das auch, allerdings ist das momentan eher zweitrangig. Ich darf als Jungdesigner für ihn arbeiten und unterstütze ihn bei den Vorbereitungen für die Fashion Week.«

»Das heißt, du machst auch solche Kleider wie die, die dort draußen hingen?«

»Die im Showroom? Zum Teil, ja. Was Willem macht, wird in der Branche Haute Couture genannt, teilweise geht es auch in die Richtung Prêt-à-porter. Nichts für den Alltag also, und für Kiezkind kann ich so was natürlich nicht bringen, das würde niemand kaufen, und es passt nicht zu unserem Stil. Hier kann ich mich ausleben, auch mal avantgardistischer sein und habe ganz andere Möglichkeiten als bei uns im Label. Magst du mal was sehen, damit du es dir besser vorstellen kannst?«

Ich nicke gespannt und lasse mich von Leo ein paar Türen weiter in einen bis unter die Decke mit Kleidung vollgestopften Raum führen.

»Willems Archiv, hier findest du alles von seinen Schauen der letzten Jahre. London, Paris, New York, Mailand, Kopenhagen, alles dabei.«

»Krass ... ich dachte immer, die Sachen werden verkauft«, gebe ich zu und lasse meinen Blick die schier unendlich langen Schrankreihen entlangwandern.

»Willem ist da etwas eigen, er hängt total an seinen Showpieces und gibt sie, wenn überhaupt, nur an sehr gute Bekannte weiter. Für andere Anfragen lässt er lieber nachproduzieren.«

»Verständlich, bei all der Arbeit, die er hineinsteckt.«

»So ein Kleid frisst Wochen, teilweise Monate, nur dafür, dass es dann oft nicht mal länger als zwanzig Minuten von einem Model getragen wird.«

»Zeigst du mir eines von deinen?«

»Gerne.« Leo lächelt, geht auf eine der ersten Kleiderstangen zu und nimmt einen der Bügel herunter.

»Das hast du gemacht?« Ungläubig starre ich auf das bodenlange, schmal geschnittene Kleid, über dessen halb transparentem Stoff in mehreren Lagen silbrig und goldglänzende Gewebe fallen, die unwillkürlich an die unruhige Oberfläche einer zerknitterten Alufolie erinnern.

»Gefällt es dir?« Leo sieht mich beinahe verunsichert an, während er das Kleid an einen freien Platz an der Wand hängt und einen Schritt zurücktritt.

»Es ist der Wahnsinn, Leo.« Noch immer völlig perplex, betrachte ich den aufwendigen Stoff nun näher und berühre die kleinen Falten mit den Fingerspitzen.

»Danke. Eigentlich wollte ich es komplett aus Seide nähen, doch das hat mit der Struktur nicht funktioniert, die Falten sind immer wieder zusammengefallen. Chiffon wollte ich nicht, dann habe ich es mit einer Art Crêpe ausprobiert. Ich bin fast wahnsinnig geworden, weil ich es erst zwei Tage vor der Show endlich so hatte, wie ich es wollte.« Leo wirkt einen kurzen Moment lang gedankenverloren, während er sein Kleid begutachtet, dann sieht er mich an und lächelt.

»Es wurde in Paris präsentiert?«, frage ich.

»Genau, in Willems Show.«

»Und deine neuen Ideen, wofür sind die?«

»Für die Fashion Week in Berlin. Sie findet zweimal im Jahr statt, immer im Januar und Juli. Letztes Jahr war ich für einen Award namens *Designer for Tomorrow* nominiert und durfte neben vier anderen Jungdesignern eine Show präsentieren. Ich hab gewonnen, und dieses Jahr werde ich eine komplett eigene Show haben.«

»Und das erwähnst du so nebenbei?«

Er lächelt und zuckt mit den Schultern.

»Das ist verrückt, herzlichen Glückwunsch!«

Er macht eine wegwerfende Handbewegung und greift nach dem Bügel des goldenen Kleids. »Du musst dir unbedingt noch den Garten ansehen«, meint er unvermittelt, nachdem er das Kleid wieder verstaut hat.

Ich folge ihm ins Treppenhaus, trete auf die Terrasse und bin zum wiederholten Mal an diesem Tag sprachlos.

Unter der höher gelegenen Terrasse erstreckt sich ein nahezu parkähnliches Anwesen, das direkt ans Ufer des Heiligen Sees grenzt. Das orangerote Herbstlaub der Bäume spiegelt sich auf der unbewegten Wasseroberfläche, und am gegenüberliegenden Ufer erkenne ich den roten Backstein des Marmorpalais.

»Ich komme oft her, wenn mir Berlin zu viel wird.« Leo stützt sich neben mir mit den Unterarmen auf die halbhohe Marmorbalustrade der Terrasse und lässt seinen Blick ebenfalls über die atemberaubende Kulisse wandern. Es ist völlig still, ich höre kein Auto, kein Flugzeug, nichts.

»Es ist wunderschön hier«, sage ich und sehe, wie er mich mit schief gelegtem Kopf anblinzelt. Er hebt den Arm und deutet zu den Häusern am Seeufer auf der linken Seite.

»Da hinten wohnt Élaine«, erklärt er. »In dem weißen Haus mit den kleinen Türmchen.«

Ich zögere. »Sind sie und Willem …?«

»Nur befreundet. Willem hatte einen Lebensgefährten, seit ein paar Jahren lebt er aber allein. Und Élaine … ihr Mann war Anwalt in einem großen Unternehmen, sehr erfolgreich und viel unterwegs. Er war gerade fünfzig, als sein Herz plötzlich nicht mehr mitgespielt hat.«

Schockiert sehe ich Leo an. »Das tut mir leid.«

Er ringt sich ein Lächeln ab, schweigt einen Moment und spricht schließlich weiter. »Seitdem halten sich Willem und Élaine irgendwie gegenseitig. Sie sind kein Paar, nur gute Freunde, aber sie sind glücklich miteinander, und das ist doch das Wichtigste.«

Ich nicke nachdenklich und fange Leos Blick auf, als er den Kopf zu mir dreht. Seine Mundwinkel verziehen sich zu einem kleinen Lächeln; ich kann nicht anders, als ihm weiter in die Augen zu sehen, und weiß plötzlich nicht mehr, was ich eigentlich sagen wollte.

»Hier seid ihr! Kinder, Olivia bittet zum Kaffee.«

Ich zucke regelrecht zusammen, als Willems Stimme von drinnen ertönt. Auch Leo wirkt für den Bruchteil einer Sekunde ziemlich aus dem Konzept gebracht, dann richtet er sich auf und legt mir federleicht die Hand an den Rücken.

»Wir kommen.«

»Habt ihr ein wenig die Aussicht genossen? Wundervoll, nicht? Ein Glück, dass ich diese traumhafte Immobilie damals ersteigern konnte. Im Herzen gehöre ich zwar nach Amsterdam, doch hier möchte ich alt werden«, schwärmt Willem, während wir zu ihm ins Innere der Villa treten.

»Gut, dass du es ansprichst … Du wolltest mir noch den Schlüssel für das Hausboot geben«, meint Leo.

»Richtig, wann fliegst du noch gleich?«

»Ich hab noch nicht gebucht, ich wollte mich erst mit meinen Label-Kollegen absprechen, bevor ich gehe. Vermutlich übernächste Woche.«

»Dann gebe ich ihn dir gleich mit, sonst entfällt mir das wieder, bei meinem Gedächtnis …«

»Du gehst nach Amsterdam?« Meine Frage ist schon gestellt, bevor ich weiter darüber nachdenken kann. Leo und Willem wenden mir gleichzeitig die Köpfe zu. Ich klinge so euphorisch, dass Willem mich auf der Stelle anstrahlt.

»Warst du schon einmal dort, Liebes?«

Etwas beschämt schüttele ich den Kopf und seufze leise. »Noch nie, leider … Ich würde zu gerne, aber es hat sich bisher noch nicht ergeben.«

Ich bemerke den fragenden Blick, den Leo Willem zuwirft, und sehe ihn zustimmend nicken.

»Also, wenn du Lust hast mitzukommen …«, beginnt Leo, und es dauert eine Sekunde, bis ich verstehe, was er da gerade vorschlägt.

»Nach Amsterdam?«, frage ich.

»Wenn du magst.« Er lächelt mich an, und ich schaue kurz zu Willem.

»Ich wollte mich nicht aufdrängen.«, bringe ich heraus.

»Unsinn, ich besitze ein kleines Hausboot auf der Prinsengracht in Jordaan, ganz bezaubernd. Die beste Möglichkeit, das wahre Amsterdam kennenzulernen.«

Ich zögere, obwohl alles in mir bereits Ja schreit, und werfe Leo einen vorsichtigen Blick zu. »Stör ich dich da nicht?«

»Ich bitte dich.« Leo lacht. »Ich wollte übernächstes Wochenende hin, hättest du denn überhaupt Zeit?«

»Ich denke schon, mein erster Abschnitt in der Klinik endet nächsten Freitag, wenn ich mich nicht irre.«

»Und lernen kannst du zur Not auch dort«, sagt er.

»Ich denke nicht, dass ich meine Zeit dann damit verschwenden sollte.«

Leo lächelt. »Das denke ich auch.« Er mustert mich, und mein Magen beginnt zu kribbeln. »Wir gehen nach Amsterdam, Emilia-Mila.«

NEUN

Emilia

Draußen graut der Morgen, als ich um zwanzig nach sechs den Haupteingang der Charité verlasse und meinen Blick über die wartenden Autos in der Kurzparkzone wandern lasse. Ich rechne kaum damit, dass Leo pünktlich ist, und entdecke ihn dann doch, wie er an seinem Wagen lehnt. Meine Haare sind noch etwas feucht, ich habe gerade in Windeseile geduscht, um mir die Reste der Nachtschicht vom Körper zu waschen, für die ich mich dummerweise vor einer Weile gemeldet habe. Das Angebot war rein freiwillig, aber ich wollte nicht so kurzfristig wieder absagen, nachdem man uns Studierenden extra jemanden an die Seite gestellt hat, der uns die Nacht über Frage und Antwort stand.

Ein schlechteres Timing hätte es denn noch kaum geben können, denn eigentlich sehne ich mich jetzt nach nichts sehnlicher als nach meinem Bett. Andererseits können Leo und ich so schon am Freitagvormittag in Amsterdam sein, da er heute keine Pflichttermine hat.

»Hi!«

Leo hebt den Kopf. Er sieht mindestens so müde aus, wie ich mich fühle, und trotzdem geht in seinem Gesicht die Sonne auf, als er mich erkennt.

»Da bist du ja.« Er lächelt mich an, sieht fast ein bisschen blass um die Nase aus, und ich unterdrücke den Drang, meine Hand an seine heute sogar rasierte Wange zu legen. Ohne seinen Dreitagebart wirkt er jünger und gleichzeitig irgendwie erschöpfter, doch vielleicht bilde ich mir das auch nur ein.

»Ich konnte nicht gleich weg. Wartest du schon lange?«

»Fünf Minuten, höchstens. Ich nehm dir das mal ab.«

Ich lasse ihn meinen bis obenhin vollgestopften Rucksack mit den Dingen für die nächsten beiden Tage im Kofferraum verstauen.

»Sind wir schon spät dran?«, frage ich, als ich neben ihm sitze und mich anschnalle.

»Unser Flug geht in zwei Stunden, wir haben noch Zeit.«

Wir wechseln einen kurzen Blick, und ich kann nicht anders, als ihn anzustrahlen. Zu behaupten, dass ich nicht aufgeregt bin, wäre glatt gelogen, und seit klar ist, dass wir wirklich zusammen nach Amsterdam fliegen, schlägt mein Herz vor Freude Purzelbäume. Ich weiß gar nicht, worüber ich mich mehr freue: die Tatsache, dass ich endlich eines meiner lang ersehnten Reiseziele abhaken kann oder dass es Leo ist, der das Wochenende dort mit mir verbringen wird.

»Wie war die Nachtschicht? Konntest du ein wenig schlafen?«, will Leo wissen, als er sich in den Verkehr eingefädelt hat und wir die Spree ein kleines Stück weiter überqueren.

»Leider gar nicht«, gebe ich zu und lehne mich etwas im Sitz zurück. »Wir durften bei mehreren OPs zuschauen, die über Nacht als Notfall kamen.«

»Echt? Ist ja heftig.«

»Schon, aber es war auch superinteressant. Einige Kommilitonen meinten, dass sie bei ihrer Schnupper-Nachtschicht gar nichts Spannendes gesehen haben. Also hatte ich wirklich Glück.«

»Wie man's nimmt …« Leo lacht. »Aber ist es nicht furchtbar langweilig, nur zuzusehen? Ich meine, du stehst dir dort stundenlang die Beine in den Bauch, nur um irgendwann mal selbst nächtelang Schichten machen zu müssen.«

Ich zucke mit den Schultern und betrachte den Himmel, in dessen diesiges Dunkelblau sich allmählich orange-rötlich gefärbte Schlieren ziehen. »Man muss es wirklich wollen, sonst ist es vermutlich echt eher furchtbar. Aber es ist etwas Sinnvolles.

Dieses Gefühl, einem Patienten zu helfen, sein Leben zu retten oder vielleicht auch nur ein klein wenig erträglicher zu machen, das wiegt das alles wieder auf. Egal, ob ich als Anfängerin nur einen Haken halte und assistiere oder später mal selbst operiere. Es geht ums Prinzip, weißt du?«

Leo wirkt nachdenklich, während er die stark befahrene Straße vor sich fixiert. »Wusstest du schon immer, dass du das willst?«

»Schwer zu sagen, ich frage mich manchmal, was ich gemacht hätte, wenn Jojo nicht Arzt geworden wäre. Als er mit dem Studium begonnen hat, war ich gerade in dem Alter, in dem man sich die ersten Gedanken um seine Zukunft macht. Ich konnte mir nie vorstellen, einen Job im Büro zu haben, und durch Jojo habe ich immer mitbekommen, wie viel ihm seine Arbeit gibt.«

»Und dir war klar, dass du das Gleiche machen möchtest«, ergänzt Leo, und ich nicke.

»Wie war das bei dir?«, frage ich.

»Mit der Mode? Gute Frage … Ich habe schon früher viel gezeichnet, mich für Kleidung interessiert, aber nie ernsthaft daran gedacht, das mal beruflich zu machen. Erst als ich nach Berlin kam und mir plötzlich so viele Türen offen standen, habe ich mich für ein Praktikum bei Willem entschieden, und dann gab es eigentlich keine andere Option mehr.«

»Würdest du dich heute noch einmal so entscheiden?«

Ein Lächeln huscht über Leos Lippen, als er nach kurzem Überlegen nickt. »Absolut. Ich hab mein Hobby zum Beruf gemacht und bin auch noch erfolgreich damit. Besser geht's doch gar nicht, oder?«

»Nein, tatsächlich nicht.« Ich drehe den Kopf leicht zur Seite und betrachte Leos Profil, seine glatte Haut, auf die die ersten schwachen Sonnenstrahlen fallen. Seine Augen sind müde, wirken stumpf und ermattet, und seine Wangenknochen zeichnen sich heute besonders deutlich unter der rasierten Haut ab. »Freust du dich …?«, frage ich leise und spüre die Wärme, die Leos kleines Lächeln in meinem Bauch auslöst. Er löst den Blick von der

Straße, und für einen viel zu kurzen Moment sehen wir uns direkt in die Augen.

»Ich freue mich immer, wenn ich nach Amsterdam darf, aber heute freu ich mich noch mehr als sonst.«

*

Amsterdam ist wie in den Filmen.

Nein, eigentlich stimmt das nicht. Es ist schöner als in den Filmen. Magischer. Ich frage mich, wie ein Ort wie dieser überhaupt existieren kann, denn seit ich neben Leo durch die schmalen Straßen gehe, fühlt es sich an, als wären wir von der Realität abgeschnitten worden.

Das Taxi hat uns vom Flughafen bis in die Innenstadt gebracht, und fast war ich froh, dass wir nicht den Zug genommen haben. Nachdem ich im Flugzeug tatsächlich eingeschlafen bin, spüre ich die durchgemachte Nacht nun überdeutlich. Ich zwinge mich, die leichten Kopfschmerzen zu ignorieren und mich ganz auf unsere Umgebung zu konzentrieren.

Vor uns zieht sich einer der endlos langen Kanäle zwischen den schmalen backsteinfarbenen Fachwerkhäusern entlang. Unzählige bunte Blätter treiben auf der glitzernden Wasseroberfläche. Ein Hausboot reiht sich an das nächste, und ich frage mich, welches wohl Willem gehören könnte.

Leo packt mich am Ärmel und zieht mich geistesgegenwärtig zu sich. Im nächsten Moment höre ich das Klingeln eines Fahrradfahrers, der nur den Bruchteil einer Sekunde später an mir vorbeirauscht. Ich stolpere gegen Leos Brust, ziehe erschrocken die Luft ein und bin nach diesem kurzen Adrenalinkick schlagartig wieder wach.

»Willkommen in Amsterdam, hier haben Fahrradfahrer immer Vorfahrt.« Leos belustigte Stimme holt mich zurück in die Gegenwart.

»Oh Gott …«

Er schiebt mich behutsam über den Fahrradweg, und ich versichere mich diesmal doppelt, dass der Weg frei ist.

»Also ist das mit diesen verrückten Fahrradfahrern doch nicht nur ein Klischee?«

»Nein, wirklich nicht. Man muss hier echt ein bisschen aufpassen. Aber immerhin bist du jetzt wieder richtig wach.«

Etwas beschämt nicke ich. »Ich hätte nicht gedacht, dass ich so fertig sein würde.«

»Du kannst dich ja gleich ein bisschen hinlegen, wenn wir angekommen sind.«

Ich gebe einen unzufriedenen Laut von mir, und Leo schmunzelt.

»Oder nicht …«

»Ist es noch weit?«, frage ich und folge ihm über eine kleine Brücke auf die andere Seite des Kanals.

»Nein, schau mal. Das Hausboot ist gleich dort hinten, das weiße mit dem grauen Dach. Das hier ist die Prinsengracht, sie ist die äußerste und längste des Grachtengürtels und umschließt fast das gesamte Stadtzentrum. Wenn wir hier weitergehen würden, kämen wir am Anne-Frank-Haus vorbei, ein ganzes Stück weiter liegt das Museumsquartier mit dem Reichsmuseum.«

Angestrengt starre ich in die Richtung, in die Leo zeigt, brauche einen Moment, bis ich unter all den Hausbooten, die rechts und links am Kanalufer liegen, das richtige entdeckt habe. Tatsächlich wirkt es weniger wie ein traditionelles Boot als ein auf einer hölzernen Plattform treibendes Rechteck im Bauhausstil.

Als wir es erreichen, kramt Leo den Schlüssel aus der Hosentasche seiner hellen Jeans und balanciert vor mir über den schmalen Steg, der das Hausboot mit dem Ufer verbindet. Ich greife dankbar nach seiner Hand, die er mir unaufgefordert hinhält, als ich den letzten großen Schritt vom Steg auf die Plattform des Bootes mache. Er schließt die Tür auf, und ich folge ihm hinein.

An ein Boot erinnert hier im Inneren absolut nichts mehr. Beinahe könnte man vergessen, dass man sich auf dem Wasser befindet, wäre da nicht der Blick durch die bodentiefen Fenster auf die Gracht. Vorsichtig gehe ich die wenigen Stufen bis in den Innenraum hinunter, der nur aus diesem einen großen Zimmer besteht und so hell und lichtdurchflutet ist, dass es sich ebenso gut um ein teures Penthouse in einem schicken Neubau handeln könnte. Links von mir befindet sich eine kleine Küchenzeile, gleich daneben eine Sitzecke mit Tisch und drei Stühlen. Der dunkle Holzboden bildet den Kontrast zu schneeweißen Decken und Wänden, ein Stück weiter steht eine riesige Couchlandschaft, hinter der, drei Stufen erhöht, ein überdimensionales Bett thront, das aus zwei dicken aufeinandergestapelten Matratzen besteht. Auch von dort kann man über eine angrenzende Fensterfront nach draußen sehen. Wie verrückt es sein muss, morgens aufzuwachen und direkt aufs Wasser zu blicken …

»Das ist ja der Wahnsinn«, murmele ich und drehe mich langsam im Kreis.

»Gefällt es dir?«

»Gefallen ist gar kein Ausdruck …« Ich gehe einige Schritte von der Küche ins Wohnzimmer, trete an die Fensterfront und schiebe die sandfarbenen Vorhänge etwas zur Seite, die den Wohnraum vor unerwünschten Blicken schützen. Draußen zieht sich eine schmale Terrasse rund um das Hausboot, ich erkenne einen kleinen Gartentisch samt zwei Stühlen und stelle mir vor, dort morgens mit einer Tasse Kaffee zu sitzen und in den Tag zu starten. Zumindest im Sommer, denn obwohl wir erst Mitte November haben, ist es hier in Amsterdam schon bitterkalt.

»Ich werde mal ein bisschen einheizen.«

Ich nicke zustimmend. »Kann ich dir helfen?«, frage ich, während Leo vor dem kleinen Schwedenofen in die Hocke geht.

»Nicht nötig, danke. Ich würde vorschlagen, du legst dich jetzt ein wenig hin, sonst bist du in einer halben Stunde wieder völlig platt.«

Ich zögere, bis Leo mir einen abwartenden Blick zuwirft und wieder auf die Beine kommt. »Und was machst du so lange?«

»Hast du Angst, dass mir langweilig wird?« Leo grinst, während er die wenigen Schritte auf mich zukommt, ich stehe noch immer am Fenster und zucke mit den Schultern.

»Das ist doch blöd, schlafen kann ich auch zu Hause. Jetzt sind wir schon hier und …«

»Und du bist immer noch total erledigt. Ist okay, Mila, wirklich. Ich wollte sowieso noch ein paar Dinge besorgen. Nachher schauen wir so viel von Amsterdam an, wie du willst.«

Ich versuche, seinem Blick standzuhalten, gebe mir Mühe, nicht müde zu wirken, und kapituliere, als ich ein Gähnen kaum noch unterdrücken kann. Ein vielsagendes Lächeln stiehlt sich auf Leos Lippen, und er deutet mit einem Kopfnicken in Richtung Bett.

»Du musst mich aber spätestens in einer Stunde wecken.«

*

Leonardo

Erst als das Feuer leise knisternd zu lodern begonnen hat, schließe ich die Tür des alten Ofens, verharre einen Moment, um die orangeroten Flammen durch die kleine Scheibe zu beobachten, und stemme mich dann aus der Hocke zurück in die Höhe. Mein Blick geht zum Bett. Ich erkenne Mila und muss die Augen schließen, als die Kopfschmerzen stärker werden, die seit Tagen mein ständiger Begleiter sind. Mir ist kalt, und ich kann das Zittern kaum unterdrücken, seufze leise und hoffe, dass ich nicht krank werde. Eine richtig fette Grippe kann ich mir gerade echt nicht leisten.

Meine Schritte sind schwer, während ich die wenigen Meter zum Tisch gehe. Als eine der Dielen laut knarzt, werfe ich einen verunsicherten Blick in den hinteren Teil des Hausboots. Zum Glück scheine ich Mila nicht geweckt zu haben.

Ich merke kaum, wie ich in ihre Richtung starre, kann den Blick sekundenlang nicht abwenden. Sie mit hierherzubringen hat sich richtig angefühlt, und trotzdem bekomme ich jetzt fast ein wenig Bauchschmerzen, als mir klar wird, dass sie die Erste ist. Selbst Ivana habe ich immer wieder mit irgendeiner billigen Ausrede abgespeist, wenn es darum ging, dass sie mich gerne nach Amsterdam begleiten würde. Warum ich das nie wollte, weiß ich selbst nicht so recht. Vielleicht weil die Tage hier die einzige Möglichkeit waren, mich abzuschotten von ihr, dem ständigen Streit und all den Vorwürfen. Sicher hat Vana längst mitbekommen, dass ich mit Mila hier bin, und während ich nun daran denke, dass sie ihren Frust darüber vermutlich wieder an ihr auslassen wird, bekomme ich ein schlechtes Gewissen.

Ich schüttele mich leicht und zwinge mich, die Gedanken an Ivana und den ganzen Rest in die hinterste Ecke meines Hirns zu zwängen. Ich weiß, dass ich irgendetwas tun muss, um mich vom Nachdenken abzulenken, und beschließe, jetzt gleich einkaufen zu gehen. Ich schnappe mir meinen Rucksack, schlüpfe in die Jacke und befeuere den Ofen mit einem weiteren Holzscheit.

Als ich kurz darauf an der Prinsengracht entlanggehe, muss ich mich abhalten, nicht mein Handy hervorzuziehen. Dabei will ich gar nicht wissen, wer etwas von mir wollen könnte. Nicht, während ich hier bin. Ich konzentriere mich auf das leise Rascheln, das meine Schritte durch das Herbstlaub verursachen, atme die klare Luft ein, die hier so sehr nach Salz, Meer und noch etwas anderem riecht, und erreiche kurz darauf das *Stach*, meinen Lieblingsladen, in dem sich der typische Mix aus Touristen, Einheimischen und Studenten die Klinke in die Hand gibt. Mein Einkaufskorb füllt sich schnell, ich kaufe Getränke und lasse mir eine Auswahl der bekanntesten niederländischen Gebäckspezialitäten einpacken, damit wir nachher noch etwas essen können, bevor ich Mila die Stadt zeige. Nachdem ich die ersten Sätze Niederländisch gesprochen und den Laden wieder verlassen habe, merke ich allein an meinem langsameren Schritttempo, dass ich einen Teil der Berliner Hektik bereits habe ablegen können.

Trotzdem beeile ich mich mit dem Heimweg; die eisigen Temperaturen und der bitterkalte Nordostwind machen meinen kurzen Spaziergang denkbar ungemütlich.

Obwohl die Winter in Amsterdam schon immer kalt, windig und regnerisch waren, bin ich lieber in der kalten Jahreszeit hier als im Sommer. Die Touristen sind sowieso immer da, und im Grunde genommen bin ich ja auch nichts anderes als ein Urlauber, doch die Winternächte so völlig von der Außenwelt abgeschottet auf Willems Hausboot zu verbringen, im Ofen ein Feuer und immer einen Kessel Teewasser auf dem Herd, hat seinen ganz eigenen Charme. Winter in Berlin und Winter in Amsterdam, das kann man nicht miteinander vergleichen.

Mit vor Kälte starren Fingern pfriemele ich am Hausboot angekommen die Schlüssel aus meiner Jackentasche, balanciere über den schmalen Steg, unter dem das Wasser der Prinsengracht tatsächlich schon leicht angefroren ist, und schließe die niedrige Tür auf. Drinnen schlägt mir eine angenehme Wärme entgegen, und ich spüre, wie meine kalten Wangen förmlich zu glühen beginnen.

Mit einem Blick habe ich mich versichert, dass Mila immer noch schläft, räume meine Einkäufe in die Küche und setze Teewasser auf. Als der Teekessel das kochende Wasser mit dem charakteristischen Pfeifen verkündet, beiße ich mir leicht auf die Unterlippe. Ich verbrenne mir fast die Finger und rechne fest damit, Mila geweckt zu haben, doch als ich einen vorsichtigen Blick zu ihr wage, regt sie sich nicht.

Ich muss leicht lächeln, während ich das sprudelnde Wasser in eine Tasse schenke. Ihren Tiefschlaf hätte ich gerne …

Durchgehend müde, das bin ich zwar, und in letzter Zeit oft so am Ende, dass ich ständig mit mir kämpfen muss, um nicht in den unpassendsten Situationen einfach die Augen zu schließen, doch abends, wenn ich im Bett liege und schlafen könnte, hält mich das

Durcheinander in meinem Kopf regelmäßig davon ab, Ruhe zu finden. Gepaart mit diesen seltsamen Kreislaufproblemen und den ständigen Kopf- und Halsschmerzen bereitet mir diese Tatsache langsam, aber sicher ein ungutes Gefühl in der Magengegend. Die sich ankündigende Grippe, auf die ich diese Symptome schiebe, lässt seit fast drei Wochen auf sich warten, und in besonders schlimmen Momenten frage ich mich, ob nicht doch etwas anderes dahinterstecken könnte.

Ich versenke einen Teebeutel in meiner Tasse und stelle sie auf dem Couchtisch ab. Erschöpft lasse ich mich der Länge nach in die Polster von Willems brauner Ledercouch sinken und lehne meine Wange an die Rückenlehne.

*

Emilia

Es ist warm, still und unfassbar gemütlich, als ich aufwache. Ich fühle mich gut, fast schon ausgeschlafen und habe die böse Vermutung, dass es nicht bei einer Stunde Schlaf geblieben ist, die Leo mir zugestanden hat.

Ich richte mich auf und suche die Wände des Hausboots erfolglos nach einer Uhr ab. Stattdessen bleibt mein Blick an der Couch hängen, und ich erkenne Leo, der dort ebenfalls eingeschlafen sein muss. Als ich mein Handy finde und bemerke, dass es tatsächlich schon nach vier ist, kann ich es kaum fassen. In spätestens einer Stunde wird es draußen dunkel werden. Dabei wollte ich heute noch so viel ansehen!

Ich schlucke den seltsamen Geschmack von Schlaf auf der Zunge hinunter und gehe die Stufen vom erhöhten Schlafbereich ins Wohnzimmer hinab. Mein Blick streift Leos Gesicht, und ich spüre das leichte Unbehagen in meiner Magengrube, als ich feststelle, dass er noch immer ziemlich mitgenommen aussieht.

Auf dem kleinen Tisch vor dem Sofa steht eine noch randvolle Tasse Tee, selbst der Teebeutel befindet sich noch im Wasser. Mit einem leichten Kopfschütteln gehe ich vor der Couch in die Hocke.

»Leo?« Auf meine leise Stimme reagiert er nicht, ich lege meine Hand an seine Schulter, und als ich ihm rein reflexartig mit dem Fingerrücken über die Wange streiche, entweicht ihm ein müdes Stöhnen. Ich ziehe meine Hand zurück, als er zu blinzeln beginnt, schlinge meine Arme um mein angezogenes Knie und bleibe still, während Leo den Blick auf mich richtet.

»Hm?«

Ich muss lächeln. »Hi.«

Beinahe kann ich beobachten, wie Leo mit jeder Sekunde ein Stückchen mehr zu realisieren scheint, was geschehen ist. Als er sich erschrocken auf dem Unterarm aufstützt, muss ich endgültig grinsen.

»Hab ich geschlafen?!« Er richtet sich auf, und ich setze mich neben ihn auf die Couch.

»Ich bin auch gerade erst wach geworden«, gestehe ich.

»Wie spät ist es?«

»Kurz nach vier.«

Leo wirft einen entsetzten Blick nach draußen. »Verdammt … sorry, ich wollte echt wach bleiben!« Erst als ich mein Grinsen kaum noch zurückhalten kann, schließt er für einen Moment die Augen und atmet langsam aus. »Wir haben's echt drauf, oder?«

»Das kannst du laut sagen.«

»Wir hätten einen Wecker stellen sollen.«

Ich nicke zustimmend und spüre Leos Blick auf mir.

»Aber dir geht's jetzt besser?«, will er wissen.

»Mir geht's ausgezeichnet, ich fühle mich so ausgeschlafen wie lange nicht mehr.«

Sein Schmunzeln wirkt ehrlich, doch noch immer bilde ich mir ein, dass er irgendwie schlecht aussieht.

»Und dir? Bist du okay?« Wie immer, wenn ich Leo diese Frage stelle, wirkt er für den Bruchteil einer Sekunde irritiert, fast schon ein wenig überfordert, und diesmal kaufe ich ihm sein vorschnelles Nicken nicht ab.

»Alles bestens.«

Ich will etwas erwidern, eigentlich am liebsten noch mal nachfragen, als er mir schon die Worte aus dem Mund nimmt und gekonnt von meiner Frage ablenkt. »Wollen wir los? Es ist noch eine Weile hell, und später können wir etwas essen gehen, ich kenne ein super Lokal in der Gegend.«

Ich nicke, doch werde ich das Gefühl nicht los, dass Leo nicht ehrlich zu mir ist. Als ich nicht sofort antworte, scheint er mal wieder genau zu wissen, was ich gerade denke, und seufzt leise.

»Es ist alles okay, Mila. Wirklich. Ich hab Halsschmerzen und bin müde, vermutlich werde ich ein bisschen krank. Ist aber nicht schlimm.«

»Wenn du dich nicht fit genug fühlst, können wir heute hierbleiben, du legst dich noch mal hin, und ich kümmere mich um das Abendessen.«

»Nein, wirklich. Ich bin keiner deiner Patienten, also hör auf, mich so anzusehen.« Das Funkeln in seinen braunen Augen nimmt seinen Worten die Schärfe. Ich bin nicht zufrieden mit seiner Antwort, nicke aber und unterdrücke den Drang, meine Hand an seine Stirn zu legen, um zu überprüfen, ob er Temperatur hat.

»Immerhin scheinst du keiner dieser Männer zu sein, die meinen, sie würden an einer Erkältung sterben«, bemerke ich und sehe Leo grinsen.

»Das nehme ich mal als Kompliment.« Er drückt sich von der Couch nach oben, zwar geschmeidig, doch nicht ganz so leichtfüßig, wie ich es von ihm gewohnt bin. Als er sich nach der Teetasse bückt und einen vorsichtigen Schluck nimmt, verzieht er angeekelt das Gesicht.

»Bisschen zu lange gezogen?«, stichele ich und erhebe mich ebenfalls.

»Nein, drei Stunden sind genau richtig«, murmelt Leo.

*

»Vorsicht, es ist glatt.«

Ich muss kichern und klammere mich an Leos Hand.

Ja, richtig. Ich kichere. Und ich kichere nie … Mist, ich hätte es wissen müssen, dass eine Flasche Wein zu zweit mehr als genug für mich sein würde.

Hinter uns fällt die Tür des Restaurants ins Schloss, verschluckt all die durcheinandersprechenden Stimmen, ohne die es hier draußen in einer der nächtlichen Straßen, fernab von Amsterdams überlaufenem Zentrum, beinahe ohrenbetäubend still ist.

»Das habe ich gerade auch bemerkt.« Noch immer kann ich nicht aufhören zu lachen und lasse zu, dass er mich zu sich zieht, während wir nebeneinander die verlassene Straße entlanggehen.

Das niedliche Restaurant, in das er mich nach unserer zweistündigen Entdeckungstour durch die Innenstadt geschleppt hat, war die beste Idee des Tages.

»Ist dir kalt?« Leo wendet mir sofort das Gesicht zu, als ich leicht die Schultern nach oben ziehe.

»Nein, alles gut.«

Tatsächlich ist mir wunderbar warm, dem Wein sei Dank, und obwohl noch immer ein eisiger Wind weht, genieße ich die kühle Luft nach den Stunden in dem doch recht stickigen Lokal.

»Du weißt, wo wir hinmüssen?«, frage ich, als mir klar wird, dass ich keine Ahnung habe.

»Ja, keine Sorge. Wenn du willst, können wir auch ein Taxi rufen. Es sind noch ein paar Meter.«

»Ich würde gerne zu Fuß gehen.«

»Alles klar.«

Wir wechseln einen Blick und müssen lächeln, Leo zieht mich leicht nach links und deutet auf eine der schmalen Straßen. »Hier lang.«

Schweigend nicke ich und lausche für einen Moment unseren Schritten.

»Wir sind einfach in Amsterdam ...«

Leos Lachen ist leise, melodisch, und vielleicht ist es nicht nur der frische Wind, der mir eine kleine Gänsehaut über den Rücken jagt. »Das hast du scharf beobachtet.«

»Meinst du, wir können morgen eine Fahrt mit einem dieser Boote auf den Grachten machen? Nachdem wir beim Stoffmarkt waren?«

»Sicher, was immer du willst.«

Ich boxe ihm leicht gegen den Arm, als ich die Prise Ironie in seiner Stimme vernehme, und seufze leise. »Weißt du, dass heute wirklich der schönste Tag seit Langem war?« Es überrascht mich selbst, wie ernst ich plötzlich klinge. »Ich habe so gut wie nie auf mein Handy geschaut und weder an Berlin noch an die Uni gedacht.«

Leo schweigt einen Moment. »Ist es immer noch so, dass du nicht wirklich Anschluss gefunden hast?«, fragt er schließlich.

»Ich weiß nicht ... Die anderen in meinem Jahrgang kennen sich einfach schon so lange, und es gab noch niemanden, mit dem ich mich wirklich gut unterhalten habe. Alle sind nett, klar, aber ... keine Ahnung. Vielleicht sind acht Wochen auch einfach noch zu kurz, um richtige Freunde zu finden.«

»Glaubst du das, ja?«

Ich zucke mit den Schultern und höre Leo kurz lachen.

»Und wie lange kennen wir uns? Doch auch erst seit zwei Monaten. Nur weil du mit deinen Mediziner-Freunden nicht auf einer Wellenlänge bist, muss das doch nichts heißen. Alessa und Jason mögen dich auch total.«

»Ihr kennt euch schon ewig, habt gemeinsame Interessen ... ich weiß nicht, ob ich da so reinpasse.«

»Mila, hör auf, das zu denken.« Leo ist stehen geblieben, und etwas verunsichert stelle ich fest, dass er seinen Arm zurückgezogen hat. »Du wirst immer irgendwo die Neue sein, und genauso wird es immer eine Weile dauern, bis du dich angekommen und wirklich wohlfühlst. Und damit meine ich nicht, sich in seinen eigenen vier Wänden wohlzufühlen, sondern in der Gegenwart anderer Personen. Aber natürlich musst du es erst einmal zulassen, und das machst du gut. Ich meine, sieh mal, du hast dich von mir mit hierherschleppen lassen und erlebst dieses Wochenende definitiv mehr als die Idioten, die sich zweckmäßig befreunden, um zusammen für irgendwelche Klausuren zu lernen.«

»Das hast du schön gesagt«, bemerke ich ironisch.

Leos Züge werden wieder weicher, einen weiteren Moment lang sieht er mich einfach nur an, schüttelt dann kaum merklich den Kopf und greift schließlich so schnell nach meiner Hand, dass ich kaum weiß, wie mir geschieht. »Ich muss dir was zeigen. Aber Achtung, es könnte extrem kitschig werden.«

»Oje, ich erwarte das Schlimmste«, murmele ich, doch dann verstumme ich, als wir aus einer Seitenstraße treten. Die beleuchtete Prinsengracht liegt vor uns.

Leo muss kein Wort sagen, ich verstehe auch so, was er meint, und blicke wie gebannt auf das Bild, das sich mir bietet, während ich mich von ihm auf den höchsten Punkt der schmalen Brücke ziehen lasse, die sich über die Gracht wölbt. Nachtschwarz und völlig unbewegt liegt das Wasser vor uns und spiegelt die Lichter der Straßenlaternen wider, die links und rechts am Ufer stehen. Ein kleines Stück weiter vorn erstreckt sich eine weitere Brücke über den Kanal, beleuchtet mit zahlreichen kleinen Glühbirnen, die am Geländer und den halbrunden Bögen direkt über dem Wasser befestigt wurden.

»Hier ist das ganze Jahr über Weihnachten.«

Ich nicke ein wenig abwesend. »Es sieht wirklich so aus.«

Leo schweigt, lehnt sich neben mich mit der Hüfte gegen das eiserne Geländer der Brücke.

»Und du hast recht … was ich eben gesagt habe, war dumm.«

Sein Blick geht zu mir, als ich wieder zu sprechen beginne, und seine braunen Augen wirken im schwachen Schein der Straßenbeleuchtung noch dunkler, als sie eigentlich sind. Ich spüre, wie sich mein Magen zusammenzieht.

»Du denkst zu viel nach.« Der raue Klang, den seine leise Stimme angenommen hat, lässt mich leicht erschaudern, und als Leo einen kleinen Schritt auf mich zu macht, kann ich mich nicht mehr bewegen. »Und vielleicht denke ich zu wenig nach, aber … ich glaube, ich muss dich jetzt küssen.«

Die Welt stoppt, während ich wie ein Reh im Scheinwerferlicht vor ihm stehe.

Leo zögert, und ich begreife, dass er keinen Schritt weitergehen wird, bis ich etwas sage.

Ich schlucke. »Ich glaube auch, du musst mich jetzt küssen.«

Und dann tut er es, und es ist überwältigend. Ich spüre für den Bruchteil einer Sekunde seinen warmen Atem an meiner Oberlippe und schließe die Augen, als seine Lippen meine finden. Er legt die Hände an meinen Hinterkopf, ich spüre seinen Körper an meinem, selbst durch den dicken Stoff unserer Winterjacken glaube ich, seinen Herzschlag fühlen zu können. Mein Herz scheint vor lauter Emotionen beinahe zu explodieren, während mein Kopf gleichzeitig Nein schreit, leise und doch so laut, dass ich einen winzigen Schritt vor Leo zurückweiche.

Der verwirrte Ausdruck in seinen dunklen Augen tut weh, mehr, als ich es für möglich gehalten hätte, doch die Erinnerung an die Nacht vor wenigen Wochen tut es noch viel mehr.

»Was ist los?« Sein Flüstern klingt verunsichert, und der leise Schmerz seiner Stimme spiegelt sich in seinen Augen wider.

Ich schaue zurück, will ihm etwas antworten, habe so viel zu sagen, doch weiß nicht, wie. »Ich … das geht nicht.« Obwohl meine Stimme leise ist, scheinen meine Worte Leo mit einer Wucht zu treffen, die mir die Tränen in die Augen treibt. Als er mich daraufhin loslässt, fühlt es sich an wie ein Schlag ins Gesicht.

»Ich dachte …« Leo stockt, und seine Augen scheinen noch eine Spur dunkler zu werden, während er schluckt. »Es tut mir leid, ich dachte wirklich …«

»Nein, Leo … Das ist schon mal passiert, aber du weißt es nicht mehr.«

»Was?« Er klingt verwirrt.

»Nach Jasons Geburtstag, als du so betrunken warst. Du hast mich geküsst, als wir bei dir waren. Ich … ich habe es nicht verhindert, obwohl ich wusste, dass du nicht weißt, was du tust. Vor allem nicht, nachdem …«

»Wonach?«, fragt Leo, und ich will es nicht sagen. Die Erinnerung tut zu weh. »Mila …«, fleht er leise, als ich ihn nur anstarren kann.

»Du erinnerst dich echt an gar nichts?«, frage ich, und er schüttelt leicht den Kopf. Und dann erzähle ich es ihm. Und ich fühle mich albern dabei. Weil es nur ein Spiel war, ein Trinkspiel, aber es hat wehgetan.

»Und es ist okay, wirklich, ich weiß ja, dass ihr zusammen wart. Aber keine Ahnung, wenn du noch nicht mit Ivana abgeschlossen hast, dann … Dann sollten wir das lieber nicht tun, denn ich will das hier ganz oder gar nicht. Alles andere kriege ich nicht hin.« Ich schlucke und wage es plötzlich nicht mehr, Leo anzusehen.

»Ich will es auch«, sagt er, und mein Herz bleibt stehen. »Dich. Ganz oder gar nicht.«

Als ich den Kopf hebe, kann ich nicht atmen.

»Gott, Mila, ich bin so ein Idiot. Ich wusste nicht … warum hast du nichts gesagt?«

»Was hätte ich denn sagen sollen? Leo, hör mal, du warst gestern übrigens komplett betrunken, hast mich versehentlich geküsst, und ich habe mich dabei endgültig in dich verknallt?!« Ich begreife erst, was ich da gerade gesagt habe, als Leos Blick noch eine Spur bestürzter wird.

»Mila …«

»Ich fand dich von Anfang an nett, ja, aber ich wollte wirklich nicht, dass es so unnötig kompliziert wird, und ich weiß nicht, wie du das machst, aber seit du da bist, verstehe ich mich selbst nicht mehr!«

»Das geht mir mit dir genauso.« Seine nüchterne Antwort kommt so unerwartet, dass er mir für den Bruchteil einer Sekunde den Wind aus den Segeln nimmt. »Ich … Ja, es kann sein, die Sache mit Ivana ist verdammt kompliziert, und ich würde es absolut verstehen, wenn du darauf keine Lust hast. Aber ich … da ist nichts mehr. Sie hat mir wehgetan, und es ist wirklich nicht leicht, sie trotzdem Tag für Tag sehen zu müssen, aber es ändert nichts daran, wie ich für dich empfinde.«

Die beschützende Stille der Nacht legt sich nach seinen Worten so schwer über uns, dass ich meinen eigenen Herzschlag hören kann. Laut und viel zu schnell.

»Ich muss wissen, ob du das ernst meinst«, bringe ich schließlich hervor.

Leos Nicken ist so unscheinbar, dass ich mir nicht sicher bin, ob ich richtig gesehen habe. »Ich glaube, ich habe noch nie etwas so ernst gemeint wie das gerade.« Er schluckt, und dann fasst er mich fest in seinen Blick. »Ganz oder gar nicht, Emilia-Mila.«

Dass seine Worte von Grund auf ehrlich sind, bezweifle ich nicht, keine Sekunde lang. Ich stehe vor ihm, irgendwie hilflos, und bin ihm unendlich dankbar, dass er derjenige ist, der nun einen zögerlichen Schritt macht. »Darf ich dich noch mal küssen?«

Ich gebe ihm keine Antwort, ganz einfach, weil keine mehr nötig ist, stolpere fast gegen seine Brust, und mein Herz explodiert endgültig, als wir uns noch mal küssen.

Richtiger.

Echter.

Perfekter.

Ganz anstatt gar nicht.

ZEHN

Emilia

Als ich am nächsten Morgen aufwache, weiß ich nicht, wo ich bin. Dann erkenne ich das Hausboot, und es fällt mir wieder ein. Leo liegt nicht mehr neben mir, und ich bin so müde, dass ich eine kleine Ewigkeit benötige, bis ich mich dazu überwinden kann, komplett die Augen zu öffnen.

Ich sehe zur Küchenzeile, als ich ein leises Klappern höre und Leo entdecke. Die Holzdielen im Hausboot sind kalt, und ich schlinge mir die Decke fest um den Körper, während Leo zu mir schaut.

Sein Lächeln ist so schön, dass mir sofort wärmer wird. »Guten Morgen.«

»Morgen.« Ich klinge verschlafener als gedacht, sehe Leo grinsen und muss lächeln, als er mir einen sanften Kuss auf die Lippen drückt. »Warum bist du nicht im Bett geblieben?«

»Ich musste Kaffee machen«, erklärt er.

»Ah ja, natürlich musstest du das.«

»Und der Stoffmarkt beginnt um zehn. Du kannst auch hierbleiben, aber ich würde es gern pünktlich schaffen, um …«

»Natürlich komme ich mit«, sage ich, und Leo verstummt.

Dann lächelt er. »Okay. Wir könnten davor noch frühstücken, ich habe gestern ein paar Sachen eingekauft.«

»Das könnten wir.«

»Wenn du duschen willst, sind hier übrigens Handtücher«, beginnt er und deutet zur Seite. Als er sich einen Moment später an der Wand festhalten muss, schrillen meine imaginären Alarmglocken.

»Leo?«

Er weicht meinem Blick aus.

»Was ist los?«

»Nichts. Es ist alles in Ordnung, wirklich. Bin nur noch ein bisschen müde.«

»Bist du sicher, dass …?«

»Bin ich.« Er lässt mich nicht ausreden, beugt sich vor und drückt mir einen Kuss auf die Lippen. Ich will mich nicht so von ihm abspeisen lassen, doch kann nicht verhindern, dass mein Kopf das Denken einstellt, als ich seinen Mund auf meinem spüre.

Die Decke fällt neben meinen Füßen zu Boden, wir taumeln einen Schritt nach hinten, und ich lasse meine Hände in Leos Nacken wandern.

»Müssen wir … wirklich direkt los?«, bringe ich hervor, und Leo küsst mich erneut.

»Ich denke, ein bisschen Zeit haben wir noch«, murmelt er.

Die Welt um uns herum hört auf sich zu drehen, während ich in das kleine Universum gezogen werde, das sich in diesem Moment zwischen uns auftut. Unsere Küsse werden verlangender, mein Atem schwerer, und etwas beunruhigt stelle ich fest, wie meine Knie weich werden, als mein Körper es kaum schafft, diese Flut an Emotionen zu verarbeiten. Leo drückt mich nach hinten, ich stolpere blind zurück und befürchte einen kurzen Moment lang zu fallen. Ich spüre eine Wand im Rücken, gleichzeitig Leos Lippen an meinem Hals und neige den Kopf etwas zur Seite.

Meine Finger verkrampfen sich im Stoff seines Pullovers, ich ringe nach Atem und spüre sein Becken an meinem. Mit einer Hand stützt Leo sich neben meinem Kopf an der Wand ab, und als er mir für den Bruchteil einer Sekunde genau in die Augen sieht, schaffe ich es kaum, weiter auf den Beinen zu bleiben. Ich reagiere zu langsam, um zu begreifen, was er vorhat, als er mich mit einem kleinen Ruck packt und hochhebt. Er ist stärker als gedacht, hält mich spielend leicht, und ich schlinge meine Beine um seinen Körper, während er die drei Stufen zum Bett hinaufgeht. Einen Moment später legt er mich auf der Matratze ab. Ich ziehe ihn mit mir und habe das Gefühl, zwischen unseren Küssen kaum genügend Luft zu bekommen. Instinktiv hebe ich Leo mein Becken entgegen, weil mir jeder Zentimeter, der unsere Körper voneinander trennt, zu viel vorkommt, und als meine Hände an den Saum seines T-Shirts wandern, spüre ich, wie er innehält.

»Leo …«, flehe ich, als er von mir ablässt, und fühle das Verlangen nach ihm nur noch stärker in mir brodeln.

Er weicht ein kleines Stück zurück. »Willst du das?«, fragt er und sieht mich an.

Alles in mir sehnt sich nach ihm, ich berühre seine Haut und habe das Gefühl, meine Finger würden verbrennen.

»Ja.« Ich schlucke. »Und du?«

Leo sieht mich an, seine Brust hebt sich schwer, während seine dunklen Augen über mein Gesicht gleiten, und beim Anblick seiner leicht geöffneten Lippen wird mein Mund trocken.

»Ich auch«, flüstert er, und ich beuge mich vor, um ihn zu küssen.

Er hält einen weiteren Moment lang inne, dann spüre ich, wie mein Inneres komplett zu zerreißen droht, als er sich ein Stück weiter aufrichtet und von mir entfernt.

»Aber erst muss ich was holen.«

»Ich hab auch … in meiner Tasche«, bringe ich hervor und spüre, wie mir die Hitze in die Wangen steigt, als Leo schmunzelt.

»Ach wirklich?«

»Entweder du beeilst dich jetzt, oder ich …« Ich verstumme, als er mir einen Kuss auf die Lippen drückt, ehe er aufsteht.

Ich schließe die Augen, als ich kurz darauf wieder seinen Atem an meinem Hals spüre. Wir befreien uns von unserer Kleidung, ich vergrabe meine Finger in seinen Haaren und beiße mir leicht auf die Lippe, als ich ihn überall spüre. Ich schließe die Augen, lasse los, und dann sind wir nur noch Küsse und verschwitzte Haut, Festhalten und Keuchen, bevor alles so intensiv wird, dass ich plötzlich nicht mehr atmen kann.

ELF

Emilia

Mit einem Schmunzeln auf den Lippen lehne ich mich leicht gegen die Metallstange des großen Zeltes, in dem eine Vielzahl unterschiedlicher Stoffe zum Verkauf angeboten wird. Leo stützt sich mit beiden Händen auf dem Tisch auf, betrachtet die Textilien, die er vor sich ausgebreitet hat, nickt diejenigen ab, die ihm gefallen, und sortiert andere wieder aus.

Seit fast drei Stunden befinden wir uns auf einem riesigen Freigelände etwas südlich von Amsterdams Zentrum, auf dem Dutzende Stoffhändler ihre Zelte aufgeschlagen haben. Obwohl ich nichts zu tun habe, ist mir nicht im Geringsten langweilig. Allein ihm dabei zuzusehen, wie es in seinem Kopf zu arbeiten beginnt, sobald er ein Material entdeckt hat, das ihn begeistert, reicht aus, um mich mindestens so viel Freude an unserem Ausflug haben zu lassen wie ihn.

Mit einer Mischung aus den wenigen Brocken Niederländisch, die er beherrscht, Englisch und Deutsch tauscht er sich mit den Händlern aus, stellt Fragen und verhandelt Preise. Die meisten Verkäufer lassen gerne mit sich reden, immerhin sind es meist Großeinkäufe, die Leo hier tätigt. Längst habe ich aufgehört, die Scheine zählen zu wollen, die bereits ihren Besitzer gewechselt haben. Für unseren Rückflug morgen Abend muss er wohl definitiv Sperrgepäck aufgeben …

Als würde er meinen Blick auf sich spüren, hebt Leo in genau diesem Moment den Kopf und sieht mich an, mit einem Lächeln in den Augen, das mein Herz ins Stolpern geraten lässt. Unaufgefordert gehe ich die wenigen Meter zu ihm. Er streckt mir die

Hand entgegen, und ich spüre das sanfte Kribbeln in meinem Bauch, als er mir einen Kuss auf den Mundwinkel haucht.

»Langweilst du dich sehr?«, will er leise wissen und sieht mich schuldbewusst an.

»Gar nicht«, antworte ich. »Du bist glücklich, also bin ich es auch.«

Er mustert mich überrascht und fast ein wenig ungläubig. »Du bist so unkompliziert ...«

Zunächst verstehe ich nicht so recht, was er damit sagen will, doch dann muss ich an Ivana denken.

»Es ist schön, dir dabei zuzusehen, wie du dich freust. Ich hab dich noch nie so wirklich in deinem Element erlebt«, erkläre ich leise und spüre, wie Leo mit dem Daumen über meinen Handrücken streichelt. Sein Lächeln wird noch eine Spur breiter, sein Blick wärmer, und als er sich erneut vorbeugt, um mich zu küssen, küsse ich ihn sanft zurück.

»Ich brauche nicht mehr lange.«

»Lass dir Zeit.«

Wenig später bezahlt Leo gerade die Stoffe, für die er sich entschieden hat, während ich an dem großen Regal entlanggehe, in dem die verschiedenen Rollen gestapelt sind. Ich fühle mich völlig erschlagen von all den Mustern und Farben, und doch bleibt mein Blick an einer einzelnen Rolle hängen, die etwas zwischen den restlichen herausragt. Vorsichtig berühre ich die goldenen Strukturen auf dem dunkelroten Stoff, der dadurch beinahe orientalisch wirkt, und zucke leicht zusammen, als ich Leos Hand an meiner Schulter spüre.

»Wir können.« Er hält inne, folgt meinem Blick, und ich bemerke den konzentrierten Ausdruck, den seine dunklen Augen immer dann annehmen, wenn er etwas entdeckt hat, das ihn inspiriert.

»Den hab ich gar nicht gesehen ...«, murmelt Leo und streckt die Hand aus, um ebenfalls über den Stoff zu streichen. Textilien muss man anfassen, fühlen und spüren, das hat er mir bereits heute Vormittag eingetrichtert.

»Seidenbrokat?«, vermute ich, und Leo nickt anerkennend.

»Du lernst schnell.« Ich trete einen kleinen Schritt zur Seite, als er die Rolle etwas weiter hervorzieht. »Der Stoff ist außergewöhnlich schwer und dicht, die Seide macht ihn aber trotzdem geschmeidig und fließend, spürst du das? Die meisten Brokatstoffe werden heute aus Viskose gefertigt, die hochwertigen aus echter Seide sind rar.«

Aufmerksam nicke ich, hätte nie gedacht, dass ich mich tatsächlich einmal für so etwas Banales wie die Beschaffenheit eines Stoffes interessieren würde, doch wenn Leo es mir erklärt, ist es irgendwie spannend.

»Er ist schön, das dunkle Rot passt gut zum Herbst.«

»Leider kaufe ich für die kommende Frühjahrskollektion ein.«

»Oh, richtig ...«

»Aber schön ist er wirklich.« Eine kleine nachdenkliche Falte hat sich zwischen seine Augenbrauen gegraben. »Nein, ich denke, ich brauche den auch noch.«

Er winkt den Verkäufer erneut heran und lässt sich die gewünschte Menge von der Rolle geben. Als wir den Stand kurz darauf verlassen, lächelt Leo mich begeistert an und drückt mir einen enthusiastischen Kuss auf die Lippen. »Danke!«

»Wofür?«, murmele ich etwas überrascht und muss grinsen.

»Dass du den Brokat entdeckt hast. Jetzt fühlt sich mein Einkauf erst komplett an.«

Ich muss lachen und gehe auf die Zehenspitzen, um ihn zurückzuküssen. »Das freut mich.«

»Schon seltsam, oder? Manche Stoffe reden geradezu mit dir, und andere sagen einem so gar nichts.«

»Und was haben sie dir gesagt?«

Leo mustert mich. »Dass ich dich ab jetzt immer mitnehmen muss zum Stoffekaufen.«

Ich lachte. »Ist das so?«

»Zumindest hatte ich heute besonders viel Glück und habe fast alles bekommen, was ich wollte. Es wurde aber auch Zeit.«

»Hast du schon konkrete Ideen, was du damit anstellst?«

»Ein paar, Willem schaut sich momentan viel an. Ich will, dass es besonders wird.«

»Ich bin mir sicher, das wird es.«

Leo zuckt mit den Schultern. »Hoffentlich. Du bist immer nur so gut wie deine nächste Kollektion.«

»Es ist kein einfaches Geschäft, oder?«

»Die Szene ist hart, das stimmt. Ohne Beziehungen schafft man den Einstieg nur mit einer riesigen Portion Glück. Ich hatte beides, Willem mit seinen Kontakten zur Branche und das Glück, für den Nachwuchs-Preis nominiert zu werden.«

»Das klingt so, als würdest du glauben, du wärst nur wegen Willem so erfolgreich.«

Leo zuckt mit den Schultern. »Es gibt sicher eine Menge Leute, die davon überzeugt sind.«

»Wer denn? Ivana?« Meine Frage war nicht wirklich ernst gemeint, doch als Leo daraufhin nickt, sehe ich ihn verwirrt an.

»Unter anderem.«

»Als würde sie dir das nicht gönnen …«

»Nein, sie gönnt es mir nicht und hat auch nie einen Hehl daraus gemacht. Sie wollte früher ständig, dass ich Willem ihre Entwürfe zeige. Irgendwann habe ich es getan, und als seine Meinung leider so gar nicht nach ihrer Vorstellung war, meinte sie, er würde mich nur unterstützen, weil er in mir den Sohn sieht, den er nie hatte.«

Empört stoße ich die Luft aus. »Sie ist doch nur neidisch.«

»Mag sein. Im Endeffekt profitiert sie ja auch von meinem Erfolg, weil wir das gemeinsame Label haben. Seit ich meine erste Show auf der Fashion Week hatte, rennt uns die Presse bei Kiezkind regelmäßig die Türen ein. Ivanas Ego tut die Publicity natürlich gut, sie geht das ganze Modeding seit jeher so was von verbissen an, weil sie ihre Eltern nicht enttäuschen will. Ihre Mutter wollte früher selbst Designerin werden, hat den Einstieg jedoch nie geschafft und leitet nun ihre eigene Änderungsschneiderei.

Ivana hat das Handwerk absolut drauf, keine Frage, sie versteht definitiv mehr vom Nähen als ich, aber sie steht sich mit ihrem krassen Perfektionismus oft selbst im Weg.«

»Ich glaube trotzdem, dass du das alles nicht nur durch Glück und die Hilfe anderer erreicht hast«, sage ich. »Ohne eine Menge Talent wärst du doch nie so weit gekommen.«

»Talent, Fleiß und Glück, zumindest ein bisschen davon.«

Ich gebe mich mit seiner Erklärung zufrieden.

»Wo wollen wir jetzt noch hin?«, fragt er nach kurzem Schweigen und wirft einen prüfenden Blick nach oben, an den heute wolkenlos blauen Himmel.

»Meinst du, wir können noch Boot fahren?«

»Wenn du das möchtest, selbstverständlich.«

»Was möchtest du denn?«, frage ich und bleibe stehen.

Leos Lippen verziehen sich zu einem kleinen Lächeln, während er mich ansieht. »Ich möchte, dass du glücklich bist. Du hast den ganzen Vormittag auf diesem Stoffmarkt ausgeharrt, ohne dich auch nur ein einziges Mal zu beschweren. Ich würde vermutlich sogar Ja sagen, wenn du jetzt darauf bestehen würdest, so etwas Furchtbares wie die Körperwelten-Ausstellung zu besuchen.«

Mir entweicht ein kleines Lachen. »Bist du dir wirklich sicher, dass du das verkraften würdest?«, hake ich nach und sehe ihn eine beleidigte Schnute ziehen.

»Ich würde es zumindest für dich versuchen.«

»Und ich müsste dich dann drinnen nach der ersten Vitrine wiederbeleben, hm?«

»Das ist tatsächlich nicht auszuschließen.«

Noch immer grinsend lasse ich mich wieder von Leo an seine Seite ziehen und blinzele zu ihm hinauf. »Ich hab dich lieber bei Bewusstsein und gut gelaunt. Aber danke für dein tapferes Angebot. Anatomie hatten wir in den ersten vier Semestern zur Genüge.«

»So richtig mit Sezieren und Leichenzerschnippeln?«

»Du meinst den Präp-Kurs? Ja, unter anderem.«

Leo verzieht angeekelt das Gesicht. »Ich darf gar nicht dran denken …«

»Sollst du auch nicht. Denk lieber an das, was wir machen könnten, wenn wir nachher wieder zu Hause sind.«

Ein leises Lachen findet seinen Weg über Leos Lippen, er neigt den Kopf zur Seite, um mich zu küssen.

»Wir sind schlimmer als frisch verliebte Teenager«, murmele ich in unseren Kuss und spüre sein Grinsen.

»Sind wir nicht im Grunde genau das?«

»Frisch verliebt?«, frage ich.

»Nein, schlimme Teenager.«

»Womöglich beides.«

*

Unsere zweite Nacht in Amsterdam hat sich eindrücklich in meine Gedanken gebrannt. Zunächst denke ich mir nichts dabei, als ich mitten in der Nacht aufwache und müde in die Dunkelheit blinzele. Ich bemerke erst einige Sekunden später, dass Leo der Grund dafür sein muss, dass ich wach geworden bin.

Müde wende ich den Kopf in seine Richtung und stütze mich schließlich verunsichert auf, als ich seinen schweren Atem bemerke. Leos Stirn ist schweißnass, er zittert, und der Anblick seiner unruhig flackernden Lider jagt mir eine Gänsehaut über den Rücken. Er scheint zu träumen.

Ich zögere und berühre schließlich doch seine nackte Schulter. »Leo?« Auf mein zaghaftes Flüstern reagiert er nicht. Mein Magen krampft sich schmerzhaft zusammen, als ich meine Hand an Leos Wange lege und beobachte, wie er sofort vor mir zurückweicht.

»Nein, nicht … bitte …« Leise wimmert er, windet sich geradezu unter meinen Händen, während ich immer noch erfolglos versuche, ihn zu wecken.

»Leo, wach auf«, versuche ich es etwas lauter.

Den Bruchteil einer Sekunde später fährt er aus dem Schlaf. Blanke Panik liegt in seinen Augen, und ich greife instinktiv nach seinen eiskalten Händen. Er zittert am ganzen Körper, ist kreidebleich, ringt noch immer nach Luft. Ich lasse ihn los, drehe mich zur Seite und taste auf den Nachttisch.

Leo schließt die Augen, als das Licht aufflammt, und auch ich muss blinzeln, um mich an die plötzliche Helligkeit zu gewöhnen. Er lässt die Ellenbogen auf die Knie sinken und verbirgt das Gesicht in den Handflächen, während sich sein bebender Rücken hebt und wieder senkt. Ich fühle mich völlig überfordert, während ich meine Hand nach kurzem Zögern an seinen Rücken lege.

»Hast du geträumt?«, frage ich leise.

Er nickt nur und wirkt immer noch abwesend.

»Wovon?«

Zwar sieht er mich an, doch irgendwie mit beinahe leerem Blick durch mich hindurch. Meine vorsichtige Frage hängt eine halbe Ewigkeit unbeantwortet zwischen uns.

»Nichts, ich … ich kann mich nicht erinnern. Wir sollten versuchen, wieder zu schlafen.«

Ich fühle mich im ersten Moment zu sehr vor den Kopf gestoßen, um etwas Sinnvolles zu erwidern. Die Panik flackert viel zu offensichtlich in seinen Augen, als dass ich ihm nun glauben könnte. Wovon auch immer dieser Albtraum gehandelt hat, er will darüber nicht sprechen. Zumindest nicht mit mir.

Leo lässt sich wieder zurücksinken, ich lösche das Licht. Es dauert etwas, bis sich meine Augen an die Dunkelheit gewöhnt haben, doch als ich wieder etwas erkennen kann, sehe ich, wie sich seine Brust noch immer schwerer als gewöhnlich hebt.

Lange bewege ich mich nicht, liege still neben ihm und sehe ihn all die Zeit lediglich an, ehe ich schließlich ein wenig zu ihm hinüberrutsche. Leo blinzelt leicht, als ich meinen Kopf auf seine Brust lege und mich mit meinem ganzen Körper an ihn schmiege.

Für den Bruchteil einer Sekunde fühle ich seine Verunsicherung, er wirkt beinahe überfordert, dann schließen sich seine Arme doch um meinen Körper. Fester als gewohnt drückt er mich an sich und atmet einen Augenblick später zittrig in die Stille aus.

Mit den Fingerspitzen beginne ich über seinen Brustkorb zu streicheln. Erst Minuten später wird er ruhiger. Sein beinahe verkrampfter Griff um meine Schulter lockert sich, sein Herzschlag wird langsamer. Ich erhasche einen Blick auf sein Gesicht und sehe, dass er die Augen geschlossen hat.

Ich will ihn in den Arm nehmen, vor den Dämonen in seinem Kopf beschützen und fühle mich so hilflos wie lange nicht mehr, während ich still neben ihm liege und hoffe, dass er die restliche Nacht Ruhe finden kann. Ich merke kaum, wie meine quälenden Gedanken vor lauter Müdigkeit irgendwann leiser werden, und falle so schließlich zurück in einen unruhigen Schlaf, an Leos Seite, irgendwo mitten in Amsterdam.

ZWÖLF

Leonardo

Berlin begrüßt uns mit strömendem Regen und dem gewohnt nervenaufreibenden Feierabendverkehr, sodass wir bereits einen Steinwurf vom Flughafen entfernt in einen Stau geraten.

Genervt beginne ich mit den Fingerspitzen auf meinem Lenkrad herumzutrommeln.

Ich zucke leicht zusammen, als ich spüre, wie Mila ihre Hand auf meine legt und beinahe beruhigend über mein Handgelenk streicht. Ich ringe mir ein kleines Lächeln für sie ab, während ich meine Finger vom Lenkrad löse und mit ihren verschränke.

»Wir haben Zeit.«

Ich nicke auf ihre leise Äußerung, werde fast augenblicklich ruhiger, als ich ihre sanfte Stimme höre, und schließe für den Bruchteil einer Sekunde die Augen. Sie scheint meine Unruhe zu spüren, die seit dem Albtraum von letzter Nacht nicht verschwunden ist. Noch immer jagt mir eine unangenehme Gänsehaut über den Rücken, wenn ich nur daran denke.

Nachdem Mila heute Morgen beim Frühstück vorsichtig nachgehakt hat und ich schärfer reagiert habe als eigentlich gewollt, haben wir nicht mehr darüber gesprochen. Zwar akzeptiert sie mein Schweigen, aber ich merke genau, wie schwer es ihr fällt. Ich wünschte wirklich, ich könnte ihr einfach alles erzählen, aber allein die Vorstellung lähmt mich.

Manchmal jagt es mir nahezu Angst ein, wie Mila jede Facette meines Wohlbefindens zu erfassen scheint. Eigentlich fühlt es sich an, als könnte ich kein einziges meiner wahren Gefühle vor ihr verstecken, und aus irgendeinem Grund will ich das auch gar nicht. Gleichzeitig kommt mir das alles mit ihr fast schon zu perfekt vor. So perfekt, dass es kaum real sein kann. Dabei ist es genau das. Die Realität. Es nervt mich selbst, dass ich die Gefühle nicht einfach zulassen kann, aber vielleicht hat mir das Leben dafür schon zu oft deutlich gemacht, dass Vertrauen Verlieren bedeutet.

»Dieses Wochenende kommt mir jetzt schon vor wie ein Traum«, sagt Mila, als ich eine Dreiviertelstunde später vor ihrer WG halte.

»Mir auch.« Ich zögere. »Aber es ist keiner.«

Sie lächelt, und einen Moment lang sehen wir uns an.

»Willst du noch mitkommen?«, fragt sie dann, und ich nicke, bevor der Satz beendet ist.

»Ja.«

»Oder denkst du …« Mila hält inne und wirft einen Blick die Hausfassade hinauf.

»Selbst wenn sie da ist, es kann uns egal sein«, sage ich sofort.

Mila nickt, doch sie wirkt nicht wirklich überzeugt.

»Wir könnten aber auch zu mir fahren. Du könntest über Nacht bleiben.«

»Das könnte ich«, murmelt sie und sieht wieder zu mir. »Aber morgen ist Uni, und ich brauche meine Sachen.«

»Die kannst du ja kurz holen, und dann fahren wir wieder?«, schlage ich vor.

Mila nickt. Ich weiß nicht, warum ich nicht im Wagen warte, sondern ihr nach oben folge, es ist ein Bauchgefühl, das sich bestätigt, als wir Ivana in der Wohnung prompt über den Weg laufen. Sie steht in der Küche, und ihr Blick liegt schwer auf uns, sobald wir den Flur betreten.

»Hi«, murmelt Mila in ihre Richtung, ehe sie in ihr Zimmer verschwindet, um ihre Sachen zu holen.

Ich bleibe unentschlossen im Flur stehen, schiebe die Hände in die Hosentaschen und nicke Ivana zu.

Ihr Blick huscht über mich, mit einem Mal fühle ich mich beinahe nackt. Ivana lacht kopfschüttelnd auf.

»Was?« Ich presse das Wort so leise wie möglich hervor.

Ivana hebt die Augenbrauen. »Nichts, Leo. Super. Glückwunsch.«

Ich werde dazu nichts sagen. Ganz einfach. Auch wenn es mir unfassbar schwerfällt.

Ivana greift nach einer Tasse und kommt aus der Küche. Während sie an mir vorbeigeht, sieht sie mir nicht ins Gesicht. »War die Amsterdam-Karte nötig, um sie flachzulegen, ja? Schade, dass ich es dir damals so leichtgemacht habe, sonst wäre ich vielleicht auch mal in den Genuss gekommen.«

Sie bleibt stehen, als ich ihr Handgelenk packe. »Pass auf, was du sagst.«

Nun mustert sie mich doch. »Nächstes Mal muss ich also auch ein bisschen Hard-to-get spielen, ich merk's mir. Aber schön, Leo, schön. Ich freu mich *so* für euch.« Ihre Augen sind eiskalt, und mir liegen eine Million Antwortmöglichkeiten auf der Zunge. Doch sie sind alle nur der Beweis dafür, dass mich ihre Worte treffen. Und diesen Triumph werde ich ihr nicht geben.

»Danke«, sage ich stattdessen so freundlich, wie es mir in diesem Moment noch möglich ist. Ich ziehe meine Hand zurück. Für einen Sekundenbruchteil flackert eine Emotion in Ivanas Augen auf, doch noch bevor ich sie einordnen kann, hat sie sich bereits umgedreht.

Als sie in ihrem Zimmer verschwunden ist, atme ich leise aus.

Großartig.

Wirklich, ganz großartig.

*

»Junge, wie siehst du nur aus?!«

Ich werfe einen vorsichtigen Blick an mir herunter, weiß nicht, was an meiner Jeans und dem Strickpullover so verkehrt sein soll, und sehe Élaine den Kopf schütteln, ehe sie mich an beiden Schultern eine Armlänge von sich entfernt hält, kaum dass sie mir die Tür geöffnet hat.

»Isst du genug, Leonardo, oder muss ich mir Sorgen um dich machen?«

Ich verdrehe die Augen und muss lachen. »Natürlich esse ich genug.«

Einen Moment lang fühle ich mich, als würde ich sie anlügen, und genau genommen tue ich das auch, denn ich habe heute noch nicht viel mehr als eine Tasse Kaffee herunterbekommen. Die Sache mit Ivana liegt mir wie ein Stein im Magen und war wohl mitverantwortlich dafür, dass ich die halbe Nacht wach neben Mila im Bett lag und einfach nicht einschlafen konnte.

Heute Morgen habe ich sie an der Charité abgesetzt und bin anschließend weiter ins Label gefahren, wo ich mich zum ersten Mal wieder mit Jason, Alessa und Ivana getroffen habe, seit unsere neue Kollektion erfolgreich über die Bühne gegangen ist.

Nach der Kollektion ist jedoch vor der Kollektion, und so haben wir bereits vorhin darüber diskutiert, wie wir unseren Frühjahrs-Release mit der anstehenden Semesterkollektion unter einen Hut bekommen. Das allein wäre kein allzu großes Problem, doch die Tatsache, dass ich bis Januar nicht nur meine Semesterarbeit, sondern auch die Vorbereitung für meine Show auf der Fashion Week beendet haben muss, bereitet mir jetzt schon Bauchschmerzen. Immerhin stehen Jason, Alessa und Ivana nicht ebenfalls unter dieser zusätzlichen Belastung und können mir im Label den Rücken freihalten.

»Nun komm schon rein. Schön, dass du mal wieder vorbeischaust, Leo.«

Ich lasse mich von Élaine mitziehen. »Ich hatte viel zu tun in letzter Zeit, wir haben eine neue Kollektion für Kiezkind herausgebracht und fast Tag und Nacht daran gearbeitet.«

»Das brauchst du mir nicht zu erzählen, Willem hat bereits erwähnt, dass du ziemlich eingespannt bist.«

»Kommt er auch vorbei?«

»Ja, zum Kaffee. Ich habe extra für euch gebacken.«

Ich muss lächeln und kann den warmen Kuchen bereits riechen. »Danke.« Ich strahle Élaine an und merke wieder, wie sehr sie mittlerweile eine Ersatzmama für mich geworden ist, und das trotz der Tatsache, dass sie nächstes Jahr ihren fünfundsechzigsten Geburtstag feiern wird. Sie ist noch ebenso fit wie Willem, und irgendwie habe ich das Gefühl, dass die beiden sich gegenseitig jung halten.

Wie schon so oft gehe ich durch ihren großzügigen Flur und betrete das Wohnzimmer, das direkt zum Ufer des Heiligen Sees ausgerichtet ist. Heute verschwindet er unter einer schweren Schicht trübem Novembernebel. Der runde Tisch im Erker des Zimmers ist für drei Personen gedeckt.

»Möchtest du schon einen Kaffee?«

Ich zögere und drehe mich zu Élaine. »Wollen wir nicht warten, bis Willem kommt?«

»Gern, er müsste jeden Moment hier sein. Du machst es dir gemütlich?«

Ich nicke, gehe zu ihrer Couch und lasse mich in die Polster fallen.

»Wie geht es Benedikt und Charlotte?« Élaine setzt sich neben mich, und ich spüre, wie mir der Gedanke an meine Geschwister einen leichten Stich versetzt. Um ehrlich zu sein, habe ich keine Ahnung, wie es ihnen geht, und als mir klar wird, dass unser letzter Geschwisterabend schon fast anderthalb Monate her ist, bekomme ich ein schlechtes Gewissen.

»Gut, denke ich.«

»Fliegt Charlotte immer noch durch die Weltgeschichte? Und was machen Benedikts Kleinen?«

»Wir haben uns schon eine Weile nicht gesehen«, gebe ich zu und sehe, wie Élaines Augenbrauen vorwurfsvoll nach oben rutschen.

Zwar war Ben nach Jasons Geburtstag bei mir, doch seitdem haben wir uns kaum getroffen. Er hat es nicht einmal geschafft, beim Kiezkind-Release vorbeizuschauen, da seine Kids krank waren. Sowieso ist Ben, seit er und seine Frau Katha die Zwillinge haben, rund um die Uhr beschäftigt, und wir sehen uns noch seltener als ohnehin schon. Doch das ist okay, denn ich gönne ihm das Glück mit seiner eigenen kleinen Familie, auch wenn er langsam fast dazu neigt, spießig zu werden, mit der angemieteten Doppelhaushälfte in Charlottenburg, der Familienkutsche und dem geregelten Tagesablauf.

Der Kontakt zu Charlie ist weniger geworden, seit sie damals nach Zürich gezogen ist, um Flugbegleiterin zu werden. Eigentlich sehe ich sie nur noch, wenn sie einen Aufenthalt in Berlin hat, ehe sie in die nächste Maschine steigt.

»Ach, Kinder … ihr seid eigentlich schon viel zu beschäftigt für euer Alter.«

Ich muss über Élaines Kommentar grinsen, schließlich knackt Ben nächstes Jahr bereits die dreißig, und Charlie wird achtundzwanzig. Ich selbst werde wohl immer das Nesthäkchen bleiben.

»Sind die beiden über Weihnachten hier?«

»Keine Ahnung, ich könnte mir vorstellen, dass Ben Heiligabend mit Katha und den Kleinen feiern möchte. Und Charlie … ich weiß nicht, ob sie arbeiten muss. Ich werde sie bei Gelegenheit fragen.«

»Wirst wenigstens du vorbeikommen?«

Ich nicke ein wenig zaghaft, denn tatsächlich habe ich bisher noch keinen Gedanken an Weihnachten verschwendet, trotz der Tatsache, dass es in einem Monat bereits vor der Tür steht. »Ich denke schon.«

Mit Sicherheit werden wir wie immer am 23. ein Weihnachtsessen im Label veranstalten, doch was ich mit den darauffolgenden Feiertagen anstelle, weiß ich nicht. Ich beschließe, erst Mila zu fragen, ob sie über Weihnachten in Berlin bleiben wird, und schaue dann wieder zu Élaine.

»Rein hypothetisch … würde es dir etwas ausmachen, wenn ich jemanden mitbringe?«

Das wissende Lächeln, das sich auf ihre Lippen schleicht, bringt meine Wangen zum Glühen.

»Was möchtest du mir erzählen, Leo?«

»Ich war doch übers Wochenende in Amsterdam und … na ja, ich war diesmal nicht allein.«

»Das weiß ich, Willem hat mir bereits von deiner Begleitung erzählt.«

Natürlich hat er das … Was habe ich denn erwartet?

»Was hat er gesagt?«

»Dass du nur Augen für deine Freundin hattest, als du sie kürzlich mit zu ihm gebracht hast. Ich muss schon sagen, ich bin enttäuscht von dir, mein Lieber. Warum darf Willem sie kennenlernen und ich nicht?« Mit einem tadelnden Blick sieht sie mich an, und ich seufze leise.

»Das war doch keine Absicht. Als ich mit Mila bei Willem gewesen bin, war noch nichts zwischen uns. Sie musste auch nach Potsdam, ihr Bruder wohnt hier, und ich wollte ihr schon länger die Arbeit im Atelier zeigen.«

»Sie ist also nicht deine Freundin?« Élaine mustert mich eingehend.

»Doch, seit Amsterdam.« Ich kann nicht verhindern, dass sich ein Lächeln auf meinem Gesicht ausbreitet, und ziehe meine besockten Füße auf die Couch. »Sie ist ziemlich toll.«

Ich verstumme, als Élaine sich mit ausgebreiteten Armen zu mir beugt. »Wie schön! Deshalb strahlst du so, ich hatte das doch gleich vermutet. Willem meinte, sie sei ein bezauberndes Mädchen.«

Ich muss lachen, lasse mich von Élaine drücken und rieche den vertrauten Geruch ihres Parfüms.

»Doch dass eines klar ist, du wirst sie mir vorstellen, versprich mir das. Wie schade … du hättest sie direkt heute mitbringen können!«

»Sie hat heute den ganzen Tag Uni.«

»Willem sagt, sie wird Ärztin?«

»Was weißt du eigentlich noch nicht?«

»Wenn du mir nichts erzählst, muss ich eben auf anderem Wege an meine Informationen kommen.« Das Funkeln in ihren hellen Augen nimmt ihren Worten die Schärfe.

»Du weißt, dass ich dir noch von ihr erzählt hätte. Es war nur etwas kompliziert in den letzten Wochen. Aber, ja … Ich werde sie definitiv noch mitbringen.«

»Sehr gut.« Élaine lächelt und steht auf, als es an der Tür klingelt. »Das muss Willem sein.«

*

»Darf's bei euch noch was sein?«, sage ich mein Standardsprüchlein auf und notiere die Bestellung der zwei Frauen.

Eigentlich hätte ich heute freigehabt, doch natürlich wurde ich vorhin in der Uni angerufen, weil eine Kollegin im Café ausgefallen ist. Statt eines freien Nachmittags habe ich nun also die Spätschicht abbekommen.

Ich stehe mit dem Rücken zum Sitzbereich, als ich erneut das leise Klingeln der Eingangstür vernehme, ein genervtes Seufzen unterdrücke und mich frage, warum manche Menschen auf die Idee kommen, zwanzig Minuten vor Ladenschluss noch einen Kaffee trinken zu müssen.

Schließlich werfe ich doch einen kurzen Blick über die Schulter.

»Hi, du.«

Ich muss lächeln, vergesse all meine negativen Gedanken, als ich Mila entdecke. Sie geht auf die Zehenspitzen, um mich zu küssen, und mit einem Mal ist alles ganz schön okay. Dann fällt mein Blick auf die Person neben ihr.

Phil hat die Hände in den Jackentaschen vergraben und schaut zu Boden.

»Wie geht's?«, frage ich aus Reflex. »Wollt ihr was trinken?«

»Ihr macht gleich zu, oder?« Mila beißt sich schuldbewusst auf die Unterlippe.

»Für Freunde gibt es auch nach Ladenschluss noch Kaffee«, meine ich und bemerke Phils argwöhnischen Blick. »Ich bin übrigens Leo, hi.«

Natürlich ist mir klar, dass er das weiß, aber wir sind uns noch nie persönlich begegnet.

»Phil«, murmelt er, und wir schütteln uns die Hände. »Und ich glaube, mir ist es zu spät für Kaffee. Aber danke.«

»Dann was anderes?«, frage ich und deute zu einem der freien Tische, ehe ich mich wieder der Bestellung der anderen Gäste widme.

Phil schüttelt den Kopf. »Ich muss auch eigentlich gleich wieder weiter«, sagt er, und ich frage mich, warum er dann überhaupt mit hergekommen ist. Nur um mich abzuchecken? Es würde mich nicht wundern.

Ich bemerke den auffordernden Blick, den Mila ihrem besten Freund zuwirft, und sehe ihn geradezu mit sich ringen. Dann schaut er mich an.

»Leo, ich muss mich bei dir entschuldigen. Ich hab mich neulich ziemlich blöd verhalten.«

Eine kleine steile Falte gräbt sich zwischen Phils Augenbrauen, als ich lachen muss. »Wie lange hat sie gebraucht, um dich dazu zu bringen, mir das zu sagen?«

»Ich, äh …«

»Leo!« Mila sieht mich empört an.

»Ist doch wahr …«, gebe ich ziemlich kleinlaut zurück.

»Jungs, ihr seid echt das Letzte, wisst ihr das? Ihr würdet euch super verstehen und uns einiges an Theater ersparen, wenn du …«, sie deutet zu Phil, »… endlich aufhören könntest, mich zu bemuttern, und du, Leo, deinen blöden Stolz vergessen und seine Entschuldigung annehmen würdest.«

»Ich bin überhaupt nicht …«

»Das stimmt doch gar nicht!«

Phil und ich stocken, als wir uns gleichzeitig verteidigen, halten inne und wechseln einen kurzen Blick. Er ist es schließlich, der leise seufzt und sich ein wenig unwillig durch die Haare fährt. »Vielleicht war ich wirklich ein bisschen voreingenommen. Man hört so einiges über dich.«

»Nur nichts Gutes?«, ergänze ich und sehe ihn nicken.

»Aber irgendwie scheinst du doch ganz in Ordnung zu sein. Und ich meine, wenn Mila dich mag, muss das ja was heißen.«

»Du willst auf sie aufpassen, das ist echt korrekt von dir, auch wenn sie das nicht wirklich zu schätzen weiß«, sage ich und fange mir direkt einen bösen Blick von Mila ein.

»Nein, das weiß sie wirklich nicht.«

»Ich stehe neben euch …«

»Ja, du wolltest doch, dass ich mitkomme«, meint Phil, und Mila schweigt. »Aber meine Entschuldigung war ernst gemeint. Ich habe überreagiert, und ich fände es sehr schade, mich nicht mit dem Freund meiner besten Freundin zu verstehen.«

»Frieden also?«, hake ich nach.

»Frieden«, versichert Phil. »Und ich freue mich für euch, wirklich.«

Seine Worte kommen Ivanas so nah, und trotzdem sind sie von Grund auf anders gemeint. Ehrlicher. Ich spüre, wie eine Anspannung von mir abfällt, derer ich mir zuvor nicht einmal bewusst war. Es ist nicht so, als bräuchte ich Phils Erlaubnis, doch zu wissen, dass er mich nicht verabscheut, erleichtert mich trotzdem.

Ich beeile mich, die letzten Bestellungen zu servieren. Als eine neue Gruppe ins Café kommt, werfe ich einen Blick zur Uhr. »Sorry, wir schließen gleich.«

»Ich mache mich dann auch mal auf den Weg«, meint Phil, als ich zurück zu Mila und ihm komme. »Ich habe den ganzen Vormittag gearbeitet und muss morgen einen Essay abgeben.«

»Wo arbeitest du?«, frage ich.

»In der Gemäldegalerie am Kulturforum. Nur ein paar Stunden die Woche.«

»Im Museum? Wie cool.«

Phil zuckt mit den Schultern. »Es ist nichts Besonderes, Tickets abreißen und so.«

»Habt ihr nicht gerade diese Sonderausstellung mit Botticelli?«

Er hebt erstaunt die Augenbrauen, und ich würde mir für diesen cleveren Schachzug am liebsten selbst auf die Schulter klopfen. Vielleicht haben wir doch mehr gemeinsam, als ich dachte.

»Das ist richtig, ja. Noch bis Januar.«

»Ich lebe für die italienische Renaissance. Michelangelo ist mein Vorbild«, sage ich lachend.

»Es ist der Wahnsinn. Warst du schon mal in Florenz? Völlig irre, das alles mal wirklich zu sehen.«

»In Florenz noch nicht, leider. Aber die Sixtinische Kapelle im Vatikan war schon genial.«

»Total! Ich hätte gar nicht gedacht, dass du dich dafür interessierst.«

»Besonders viel Ahnung habe ich nicht, aber an der UdK wird Wert drauf gelegt. Und ich war auf einem kunstorientierten Gymnasium, da ist ein bisschen was hängen geblieben.«

»Echt? Ist ja cool. Ich studiere Kunst und Geschichte auf Lehramt.«

Wir wechseln ein kurzes Lächeln, und mir entgeht nicht, wie Mila genervt die Augen verdreht.

»Ihr seid ja so gebildet und intellektuell …«

»Nur weil du keine Ahnung davon hast.«

»Geschichte hat mir fast den Abischnitt versaut«, grummelt Mila.

»Da hat nicht mal Nachhilfe von mir geholfen«, meint Phil mit einem Schulterzucken in meine Richtung.

»Ihr wart auf der gleichen Schule?«

»Ja, verrückt, oder? Und jetzt sind wir alle in Berlin.« Mila lacht.

Phil nickt. »Das Schicksal wollte es so.«

»Finde ich gut.« Mila lächelt erst ihn, dann mich an, und mein Bauch wird warm.

»Na ja, ich muss dann wirklich los. Hat mich gefreut, Leo.«

»Mich auch«, sage ich und meine es wirklich ehrlich. »Hab 'nen schönen Abend.«

»Ihr auch, ihr auch. Bis dann!«

Phil verlässt den Laden, ich kassiere kurz darauf die letzten Gäste ab und drehe das Geöffnet-Schild in der Tür um. Mila beobachtet mich schmunzelnd, als ich zurück zu ihr komme.

»Was ist?«

»Ihr habt doch diese tolle Ausstellung mit Balotelli …«, sagt sie, und ich muss mich sehr zusammenreißen, um nicht laut loszulachen.

»Botticelli, Babe. Du hast noch viel zu lernen.« Ich drücke ihr einen Kuss auf die Stirn.

»Du bist so ein Schleimer, Leo.«

»Das war mein Ernst. Ich finde es richtig cool, dass Phil da arbeitet.« Ich nehme das Tablett mit dem schmutzigen Geschirr wieder an mich und verschwinde in der Küche.

Mila hat die Ellenbogen auf der Theke abgestützt, das Kinn in den Handflächen abgelegt und sieht mich nachdenklich an, als ich zurückkomme und den Knoten meiner Schürze löse.

»Worüber denkst du nach?«

Sie deutet ein Schulterzucken an und seufzt leise, ehe sie den Kopf hebt und sich etwas streckt. Ich gehe währenddessen um die Theke. Mila legt die Arme um meinen Nacken, als ich vor ihrem Barhocker stehe.

»Leo, ich habe gehört, was Ivana am Sonntag gesagt hat.«

Ich schließe die Augen, denn auch wenn wir nicht mehr darüber gesprochen haben, habe ich es schon fast vermutet.

»Ich wollte nicht … Es ist eine Sache zwischen ihr und mir, und ich möchte nicht, dass du da mit reingezogen wirst.«

Sie lacht leise auf. »Sie ist meine Mitbewohnerin. Ich befürchte, ich bin längst mittendrin.«

Ich sage nichts, dabei befürchte ich das auch. »Es tut mir leid«, murmele ich dann. »Dass du das gehört hast.«

»Das ist doch nicht deine Schuld.«

»Ich weiß. Aber ... keine Ahnung. Alles tut mir leid. Ich hasse es, dass es so furchtbar kompliziert ist.«

»Ich hasse es auch«, sagt sie leise und streicht über meine Schultern. »Aber das macht nichts.«

»War sie noch mal blöd zu dir?«, frage ich.

Mila schüttelt den Kopf. »Ich habe sie kaum gesehen.«

»Immerhin ...«

Sie seufzt leise. »Warum kann Ivana nicht auch so sein wie Phil? Ich meine, er hat auch erst mal rumgezickt, aber nicht annähernd so ein Theater gemacht wie sie.«

»Er war nicht mit dir zusammen.«

Mila schweigt und hält den Blickkontakt, sodass ich das Gefühl bekomme, sie könne mir direkt in die Seele sehen. »Aber sie hat sich doch damals getrennt ...«

»Versuch nicht, ihr Verhalten zu verstehen. Daran kann man nur scheitern.«

»Nicht verstehen, nur nachvollziehen ... Hat sie denn zu dir noch mal was gesagt? Ihr habt euch bestimmt im Label gesehen?«

Ich nicke. »Ja, gestern. Aber sie hat nichts mehr gesagt. Es war alles wie immer.«

»Und jetzt?«

»Sie wird sich wieder beruhigen«, sage ich, auch wenn ich mir da nicht so sicher bin.

Mila mustert mich skeptisch. Ich schließe meine Arme fester um sie und ziehe sie sanft vom Hocker.

»Lass uns nicht mehr an Ivana denken, okay? Du kannst immer bei mir schlafen. Wir gehen ihr einfach aus dem Weg.«

»Sehr sinnvoll, dass ich dort weiterhin Miete bezahle.«

»Du könntest ausziehen.«

»Und dann?«

»Zu mir ziehen?«

Mila lacht leise. »Leo, wir kennen uns gerade mal zwei Monate.«

»Ja, aber … egal.«

»Vielleicht finde ich bald was anderes. Es wäre vermutlich besser.«

Ich zucke mit den Schultern. »Vermutlich wäre es das.«

Sie schließt für einen Moment die Augen. »Warum ist alles so anstrengend?«

»Ich weiß es nicht. Aber ich weiß, was wir jetzt machen«, sage ich.

»Was denn?«

»Zu mir, kochen und dann nur noch auf der Couch liegen.«

Mila seufzt. »Traum!«

Ich muss lächeln und küsse sie, bevor ich mich von ihr löse.

Wir benötigen eine kleine Ewigkeit, bis wir das Credo verlassen und die Rosenthaler Straße entlanggehen. Verrückt, wie lang es her scheint, dass ich Mila zum ersten Mal das Café gezeigt habe. Und noch viel verrückter, wie komplett ich mich fühle, wenn sie an meiner Seite ist.

Als hätte sie meine Gedanken gehört, wendet sie mir in diesem Moment den Kopf zu, sucht meinen Blick und schenkt mir ihr beinahe schüchternes Mila-Lächeln.

»Weißt du noch …?«, beginnt sie, und ich begreife sofort, was sie meint, als ich die Kreuzung vor uns erkenne, an der ich sie damals zufällig getroffen habe.

»Natürlich weiß ich es noch.«

»Was wohl gewesen wäre, wenn wir uns hier nicht über den Weg gelaufen wären?«

»Ich wäre spätestens am nächsten Abend unter irgendeinem Vorwand wieder in der WG aufgekreuzt«, gebe ich zu und sehe sie grinsen.

»Ich hätte nicht wirklich etwas dagegen gehabt.«

»Eigentlich müssten wir heute wieder Pfannkuchen machen.«

»Aber erst mitten in der Nacht«, meint Mila. »Vielleicht als Nachtisch?«

»Klingt gut. Und davor? Worauf hast du Lust?«

»Wir könnten auch einfach etwas bestellen, oder? Ich glaube, ich bin zu müde, um noch zu kochen.«

»Sushi?«, schlage ich vor, und Milas Augen leuchten auf.

»Oh, ja!«

Nur wenig später erreichen wir meine Wohnung. Unterwegs haben wir einen Halt bei meinem liebsten Sushi-Laden gemacht und es womöglich etwas übertrieben.

»Ich glaube, ich kann nie wieder aufstehen«, murmelt Mila und hält sich den Bauch, während sie sich auf die Couch fallen lässt, nachdem wir gegessen haben.

»Das ist ungünstig, ich muss dir nämlich noch was zeigen.«

»Wird es wieder extrem kitschig?«, fragt Mila mit geschlossenen Augen.

»Womöglich …« Ich zucke mit den Schultern.

»Dann bin ich so was von dabei.«

Ich muss lächeln und ziehe sie an der Hand zu mir. Mila folgt mir in den Flur.

»Was, wir brauchen wirklich Schuhe?«, seufzt sie. »Leo, ich habe mich darauf eingestellt, heute niemandem mehr unter die Augen zu treten.«

»Musst du auch nicht, versprochen.«

»Es ist viel zu kalt«, jammert sie, und ich halte ihr ihre Jacke hin. »Es sollte sich besser lohnen …«

Ich muss grinsen und schiebe sie Richtung Balkontür. Mila wirft mir einen verwirrten Blick zu, als wir nach draußen treten. Ich deute zu der schmalen Wendeltreppe, die nach oben aufs Dach führt, und sie versteht.

Der typische Großstadtlärm aus ratternden Straßenbahnen, Autos und dem leisen Heulen eines weiter entfernten Martinshorns dringt an meine Ohren, während wir nach oben gehen.

»Wow, okay …« Mila verstummt. »Es lohnt sich tatsächlich.«

»Siehst du?«

»Ich fasse es nicht, dass du hier wirklich wohnst«, sagt sie, ohne den Blick von der nächtlichen Skyline zu nehmen.

Ich nickte und betrachte den blinkenden Fernsehturm. »Ich auch nicht.«

»Ihr dürft diese Wohnung niemals hergeben.«

»Keine Sorge, das hat Élaine nicht vor.« Ich zögere und sehe Mila dann an. »Sie ist übrigens sauer auf mich, weil Willem dich schon kennenlernen durfte und sie nicht.«

Mila lacht. »Oh, nein. Das tut mir leid.«

»Sie besteht darauf, dass du bald mal vorbeikommst.«

»Das würde ich gerne.«

»Ja?«

»Es klingt, als wäre sie eine großartige Frau«, sagt Mila, und ich muss lächeln.

»Das ist sie auch.«

Einen kurzen Moment lang überlege ich, sie zu fragen, wo sie die Weihnachtstage verbringen wird. Doch etwas in mir wehrt sich heftig dagegen. Es ist die Gewissheit, dass ich nicht darum herumkommen werde, ihr von meinen Eltern zu erzählen.

Mir ist klar, dass ich das in absehbarer Zukunft tun muss. Vielleicht bin ich feige, vielleicht will ich einfach nicht, dass Mila mich anders anschaut, wenn sie erst weiß, was vor all den Jahren passiert ist.

»Was ist?«, fragt sie leise, fast so, als hätte sie meine Gedanken gehört.

Mein Lächeln fühlt sich wie festgefroren an. »Nichts … Wollen wir wieder rein?«

Sie nickt und nimmt meine Hand. »Danke, dass du mir das gezeigt hast.«

Ich folge ihr die Stufen hinab und fühle mich furchtbar. Weil ich nicht einfach ehrlich bin und keinen verfluchten Schimmer habe, wovor ich überhaupt Angst habe. Es ist nicht so, dass ich befürchte, sie würde sich von mir abwenden. Ich bin mir nahezu sicher, dass sie das nicht tun würde. Aber ich bin es leid, dass meine Vergangenheit auch nach all den Jahren wie ein Schatten an mir klebt und mich einfach nicht loslässt. Vermutlich war es naiv zu glauben, dass ich in Berlin auf einmal ein völlig neuer Leo bin.

Es stimmt zwar. Ich bin nicht mehr der Gleiche wie damals. Doch ebenso wenig kann ich leugnen, dass diese Erfahrungen für immer zu mir gehören. Ob es mir nun gefällt oder nicht.

DREIZEHN

Leonardo

Ich kann kaum beschreiben, wie gering meine Lust ist, einige Tage später ins Label zu fahren und Ivana gegenüberzustehen. In letzter Zeit habe ich sie so gut es ging gemieden. In der Uni hat das erstaunlich gut geklappt, doch bei Kiezkind bleibt mir nichts anderes übrig, als gute Miene zum bösen Spiel zu machen.

So toll es ist, gemeinsam mit Freunden an einer Sache zu arbeiten, so unangenehm wird es, sobald durch einen Streit plötzlich alles furchtbar kompliziert ist. Dass auch Jason und Alessa von der Todesstimmung zwischen Ivana und mir mitbekommen haben, bezweifle ich nicht. Obwohl wir nicht darüber gesprochen haben, scheinen sie eins und eins zusammenzählen zu können, seit sie erfahren haben, dass mehr zwischen Mila und mir ist.

Ivana hockt auf einem der schwarzen Ledersofas und ignoriert mich so konsequent, dass es fast schon albern ist. Doch aufgrund der ohnehin schon gedrückten Stimmung, die zwischen uns herrscht, seit Jason uns vorhin das Pressefeedback zu unserer letzten Kollektion gezeigt hat, fällt das nicht allzu sehr auf.

Alessa scrollt auf ihrem Handy durch die weiteren Rückmeldungen. »Sogar die *Cut* hat über uns geschrieben …«, murmelt sie, und Ivana hebt den Kopf.

»Wirklich?«

»Ja.« Alessa seufzt.

»Was sagen sie?«

»Lies es lieber nicht …«, rutscht es mir heraus, denn tatsächlich habe ich den Artikel bereits gestern entdeckt. Das Magazin ist dafür bekannt, aus Prinzip zu zerreißen, was gerade angesagt ist, also können wir diesen Text vermutlich sogar als Kompliment auffassen, doch das ändert nichts daran, dass hauptsächlich Teile kritisiert werden, die Ivana entworfen hat. Ich habe den Artikel absichtlich nicht erwähnt, weil er kein bisschen konstruktiv ist und sie nur unnötig verletzen würde.

»Wieso nicht?« Ivana wirft mir einen scharfen Blick zu und nimmt ihr Handy. Als sie kurz darauf zu lesen beginnt, wird ihre Miene eine glatte Maske.

»Erbärmlichste Kollektion der letzten zwei Jahre …«, zitiert sie murmelnd aus dem Artikel.

»Das ist so frech, die wollen doch nur Aufmerksamkeit«, meint Alessa, doch Ivana beachtet sie nicht.

Mein Magen krampft sich zusammen, als ich mich an die Stelle erinnere, die sie vermutlich gleich lesen wird.

»Vana, leg es einfach weg«, sage ich und würde ihr das dumme Handy am liebsten wegnehmen.

»Es nützt ja alles nichts«, erklärt Jason. »Ich denke, wir haben die wirklich sinnvolle Kritik gelesen. Jetzt können wir es nur besser machen, damit bei der nächsten …« Er verstummt, als Ivana auflacht und einen Abschnitt des Artikels zitiert.

»Dabei beruht die gesamte Relevanz des Labels längst nur noch auf dem aufstrebenden Jungdesigner Leonardo Wagner, der zumindest auf der Fashion Week beweisen konnte, dass er etwas von seinem Fach versteht.«

»Du weißt, dass das Bullshit ist«, sage ich, und Ivana springt auf.

»Oh, na klar. Wenn du das sagst, dann ist ja alles gut. Da werden nur Teile kritisiert, die ich entworfen habe, hast du das mal bemerkt? Verdammte Scheiße, den Schrott liest ganz Deutschland!«

Ich halte die Luft an, als ich tatsächlich Tränen in Ivanas hellen Augen glitzern sehe. Ich weiß nicht, wann ich sie zuletzt habe weinen sehen.

Alessa und Jason sitzen wie vom Blitz getroffen da. Einen Moment lang bewegt sich keiner von uns, dann stehe ich ebenfalls auf.

»Ivana …«

Sie schüttelt den Kopf und greift nach ihrer Jacke.

»Ich weiß, es ist beschissen, aber wir …«

»Nein«, sagt sie, und ihre Stimme ist eiskalt. »Hör einfach auf. Du hast keine Ahnung, wie sich so was anfühlt.«

»Wir werden als gesamtes Label kritisiert, es geht nicht nur um dich, und außerdem …«

»Ach, nein? Tut es das nicht?«

Ich muss mich zwingen, nicht zurückzuweichen, als sie einen Schritt auf mich zugeht.

»Dann erklär mir eine einzige Sache. Warum fällt dein beschissener Name mal wieder nur, um uns andere wie erbärmliche Mitläufer dastehen zu lassen? Soll ich dir sagen, warum? Weil sie sich das bei dir nicht erlauben würden. Weil du dieses Jahr schon zum zweiten Mal auf der Fashion Week präsentieren darfst und ich weiter nur die Dumme im Hintergrund bin, die lieber bei der Änderungsschneiderei hätte bleiben sollen. Weil ich keinen einflussreichen Designer im Rücken habe, der mir alles in den Arsch schiebt, aber das darf man hier ja nicht laut sagen! Dieses ganze Business ist so dermaßen fake, und ohne die richtigen Kontakte kann man es auch gleich sein lassen, denn Qualität ist anscheinend überhaupt nichts mehr wert.«

Ich beiße die Zähne aufeinander. »Ich verstehe, dass du sauer bist«, beginne ich, und Ivana lacht freudlos auf.

»Ja? Tatsächlich, verstehst du das? Wie schön, Leo, dann ist ja alles gut. Hauptsache, du kannst noch in den Spiegel schauen, wenn andere sich ihren Erfolg im Gegensatz zu dir hart erarbeiten müssen.«

»Ivana, es reicht«, entfährt es Alessa.

Ivana nimmt den Blick nicht von mir, während sie mit den Schultern zuckt. »Du hast recht.« Sie schlüpft in ihre Jacke. »Es reicht, es reicht schon so unglaublich lange ... Das war's, okay? Ich bin raus.«

»Ivana, bitte, das meinst du nicht ernst«, sage ich, noch bevor ich darüber nachdenken kann.

Sie fährt zu mir herum. »Erzähl du mir nicht, was ich ernst meine und was nicht.«

Ich öffne den Mund, doch dann schließe ich ihn wieder, denn was habe ich ihr jetzt noch zu sagen?

Ein paar Sekunden lang sehen wir uns an, Ivana kommt mir mit einem Mal so fremd vor wie noch nie zuvor, und dann schüttelt sie den Kopf. Nimmt ihre Tasche, dreht sich um und geht, ohne noch einmal in unsere Richtung zu schauen.

VIERZEHN

Emilia

»Hi.« Ich lasse mich von Alessa in eine feste Umarmung ziehen. »Alles klar?«

Sie nickt und ringt sich ein Lächeln ab, doch die dunklen Ringe unter ihren müden Augen sprechen Bände. »Kommt rein.«

Leo und ich betreten den Flur und begrüßen nun auch Jason, der aus dem Wohnzimmer in den Flur tritt. Er sieht mindestens so geschafft aus wie Alessa und Leo.

Ich war fassungslos, als Leo letzte Woche erzählt hat, wie Ivana plötzlich aus dem Label ausgestiegen ist. Erst habe ich das alles für eine Kurzschlussreaktion gehalten und war mir sicher, dass sie sich wieder beruhigen würde, doch das war nicht der Fall. Stattdessen ließ Ivana ihren Worten tatsächlich Taten folgen. Laut Leo waren ihre persönlichen Dinge ein paar Tage später aus dem Label verschwunden, dafür lagen ihre Schlüssel auf dem Schreibtisch. Auch wenn ich inzwischen häufiger bei Leo übernachte und nur noch selten in der WG bin, habe ich sie auch dort nicht gesehen. Die anderen scheinen keinerlei Lebenszeichen mehr von ihr erhalten zu haben, und auch zu den Univeranstaltungen ist sie wohl nicht mehr erschienen.

Seitdem steht Kiezkind Kopf, zu dritt scheinen all die Verpflichtungen kaum zu schaffen zu sein. Zum Glück sind kurzfristig ein paar Unifreunde eingesprungen, um beim Verkauf im Label zu helfen, sodass sie zumindest weiter an den Öffnungszeiten festhalten können. Für Leo bedeutet das alles dennoch doppelten Stress, denn eigentlich hatte er vorgehabt, sich nun einigermaßen in Ruhe seinen Fashion-Week-Plänen und der

Projektabgabe für die Uni zu widmen. In den letzten Tagen saß er meist bis spät in die Nacht an seinen Entwürfen und kam erst in den frühen Morgenstunden zu mir ins Bett.

Alessa greift nach meiner Hand, und ich lasse mich von ihr ins Wohnzimmer ziehen. Obwohl ich schon einmal hier war, wirkt ihre Wohnung nun, ohne Dutzende Partygäste, völlig anders. Womöglich bin ich langweilig, aber zu viert auf der Couch zu sitzen und Wein zu trinken gefällt mir deutlich besser als irgendwelche stressigen Trinkspiele.

Eine Weile lang drehen sich die Gespräche um alles andere als Ivana und die Probleme bei Kiezkind, doch nach einer Weile landen wir doch wieder bei diesem Thema.

»Hast du denn noch mal irgendwas von ihr gehört?«, fragt Alessa, und Leo schüttelt den Kopf.

»Ich kann mir vorstellen, dass sie zu ihren Eltern nach Leipzig gefahren ist. Aber ich weiß es nicht.«

»Im Seminar letztens wurde ihre Anwesenheit nicht kontrolliert«, meint Jason. »Denkt ihr, sie hat sich exmatrikuliert?«

»Das wäre heftig …«, murmelt Alessa.

Leo zuckt nur mit den Schultern. »Könnte sein. Ich weiß nicht, aber … Dieses Studium, die Branche, vielleicht war das doch zu viel Druck für sie.«

»Sie hat mir mal von ihrer Mutter erzählt«, sagt Alessa. Ich denke sofort an Leos Worte, als wir in Amsterdam auf dem Stoffmarkt waren und über sie gesprochen haben. Er schließt die Finger fester um sein Weinglas und schweigt. »So wie ich das verstanden habe, wollte sie sich mit Ivana den Traum erfüllen, an dem sie selbst gescheitert ist.«

»Puh, das ist mies.« Jason nimmt einen Schluck aus seinem Glas. »Aber ich dachte es mir schon. Wisst ihr noch, als ihre Mutter mal im Label zu Besuch war? Super unangenehme Person …«

»Ivana hat mir total leidgetan. Sie war komplett anders, als ihre Mutter in der Nähe war.«

»Schon übel, wie sehr einen die eigenen Eltern kaputt machen können.« Jason zuckt mit den Schultern. »Aber eigentlich kein Wunder, dass Ivana genauso verbissen geworden ist wie sie.«

»Warum kein Wunder?«, fragt Leo, und ich sehe kurz zu ihm, als ich den angespannten Unterton in seiner Stimme bemerke.

»Na ja, schau sie dir doch an. Als Kind hat man eigentlich gar keine andere Wahl, als so zu werden wie die Eltern.«

»Totaler Schwachsinn …«, murmelt Leo, doch Jason zuckt nur mit den Schultern.

»Gut, entweder du wirst wie sie, oder du wirst das komplette Gegenteil.«

Ich höre nicht, was er weiter erzählt, denn mein Blick liegt auf Leo, der das Weinglas in seiner Hand fixiert. Seine Augen sind so ausdruckslos geworden, dass sich mein Magen leicht zusammenzieht. Als ich meine Hand auf seinen Arm lege, zuckt er heftig zusammen, und ich weiche unmerklich zurück.

»Alles okay?«, frage ich leise.

Plötzlich ist da etwas in Leos Blick, das ich erst ein einziges Mal gesehen habe.

In Amsterdam. Nachts, in Willems Hausboot. Als er nach diesem Albtraum zu sich kam und minutenlang nicht reden konnte.

Bevor ich verstehe, was gerade passiert, hat Leo sich weggedreht. Er stellt das Weinglas auf den Wohnzimmertisch und steht auf. Alessa und Jason verstummen.

»Ich … ich muss …« Leo stockt und schüttelt den Kopf. »Sorry, ich muss noch was erledigen.«

»Leo?« Jason klingt mindestens so irritiert, wie ich mich fühle, während Leo sich umdreht und den Raum verlässt.

Einen Moment lang sitzen wir wie erstarrt da, dann stehe ich auf.

»Was hat er?«, fragt Alessa.

»Ich weiß nicht, aber … Ich glaube, ich sollte nach ihm schauen.«

»Ja.« Alessa nickt. Im gleichen Moment höre ich, wie die Wohnungstür ins Schloss fällt.

»Sorry, tut mir total leid, dass das jetzt so abrupt endet«, sage ich, aber Jason schüttelt nur den Kopf.

Mein Herz schlägt schneller, als ich im Flur in meine Schuhe und die Jacke schlüpfe.

Die Tatsache, dass Leo nie über seine Eltern spricht, der Albtraum in Amsterdam, Willem und Élaine, die eine Art Ersatzfamilie für ihn zu sein scheinen ... Das alles lässt das ungute Gefühl in meiner Magengegend wachsen.

Ich verharre einen winzigen Augenblick, lausche in das dunkle Treppenhaus und laufe die Stufen hinab, als ich einige Etagen unter mir hallende Schritte wahrnehme. Draußen fegt mir ein eisiger Wind ins Gesicht.

Ich entdecke Leo einige Meter entfernt. Entschlossen geht er in die Richtung, aus der wir vorhin von der U-Bahn-Station kamen. Meine Beine setzen sich wieder in Bewegung.

»Leo ...« Ich greife nach seinem Arm, und er wendet sich mir zu. Plötzlich fühle ich mich ihm so fern, dass es einfach nur wehtut.

Er sagt nichts, weicht meinem Blick aus, und dann bricht mein Herz, als er sich von mir losreißt.

»Lass mich, bitte ...« Einzelne Schneeflocken verfangen sich in seinen dunklen Haaren, ich registriere kaum, dass es gerade zum ersten Mal diesen Winter schneit, während Leo sich wieder dem Gehen zuwendet.

»Was war das eben?«

»Nichts, mir ist eingefallen, dass ich Willem versprochen hatte ...«

»Leo!«

Er bleibt tatsächlich stehen.

»Verdammt, rede mit mir!«

»Ich kann nicht, okay?«, fährt er mich an.

»Warum nicht? Ich bin hier, um dir zuzuhören!«

Er stößt einen beinahe verzweifelten Laut aus, ehe er den Kopf schüttelt. »Es ist nichts, ich bin nur ...«

»Ganz oder gar nicht«, falle ich ihm ins Wort. »Das hast du gesagt, Leo. Und was du gerade machst, ist das exakte Gegenteil von *ganz.*« Seine dunklen Augen liegen schwer auf mir. Ich mache einen Schritt auf ihn zu. »Bitte.« Als ich nach seiner Hand greife, scheint etwas in ihm zu brechen. Die Härte in seinen Zügen weicht einer solchen Erschöpfung, dass ich ihn am liebsten in den Arm nehmen möchte. Stattdessen sehe ich ihn weiter an. »Lass uns zu dir fahren, okay?«

Er nickt, und während er weiter in der spärlichen Beleuchtung einer einzelnen Straßenlaterne vor mir steht, befürchte ich, er könnte jeden Moment anfangen zu weinen.

Die Fahrt zu seiner Wohnung kam mir nie länger vor. Ich lasse seine Hand nicht los, als wir nebeneinander in der U-Bahn sitzen, und spüre seine Anspannung, als wäre sie meine eigene. Obwohl Leo kein Wort mehr gesprochen hat, bereite ich mich darauf vor, gleich etwas zu erfahren, das mich bis ins Mark erschüttern wird.

In seiner Wohnung wage ich zum ersten Mal wieder einen Blick in sein Gesicht, und plötzlich weiß ich nicht mehr, ob ich es überhaupt wissen will. Er ist blass, als wir Schuhe und Jacken ausziehen. Schließlich bleibt er untätig im Wohnzimmer stehen.

Ich weiß nicht, was ich nun am besten sagen soll, doch dann sind keine weiteren Worte nötig, als Leo sich unaufgefordert zu mir dreht.

»Was ich dir gleich erzählen werde, wissen weder Jason noch Alessa oder Ivana. Élaine und Willem wissen Bescheid und meine Geschwister natürlich, sonst niemand.« Leo zögert und scheint abzuwarten, ob ich etwas sagen will. Er lässt zu, dass ich ihn auf die Couch ziehe, und atmet tief durch, als er neben mir sitzt. Dann spricht er weiter. »Mein Vater war Alkoholiker, vielleicht ist er es immer noch, ich weiß es nicht, denn wie du schon mitbekommen hast, habe ich keinen Kontakt mehr zu ihm und meiner Mutter. Wirklich ausschlaggebend dafür war diese Nacht im Februar vor fünf Jahren. Ich bin gerade sechzehn geworden, meine Geschwister waren damals schon aus dem Haus, doch über meinen Geburtstag waren sie in Stuttgart. Charlie musste bereits wieder zurück in die Schweiz, Ben ist länger geblieben, er hatte Semesterferien und war an diesem Abend mit seinen alten Schulfreunden weg. Ich war allein zu Hause, hatte schon fast geschlafen, als ich wieder wach geworden bin. Ich hab sie streiten gehört, das war nichts Neues, doch dieses Mal war es anders. Meine Mutter, sie hat geschrien und geweint, ich konnte die Todesangst in ihrer Stimme hören, und bis heute ist dieses Geräusch das schlimmste, das ich je in meinem Leben gehört habe. Obwohl Ben mir immer eingetrichtert hat, mich ruhig zu verhalten und nicht einzumischen, wenn sie streiten, bin ich in dieser Nacht aufgestanden. Es … ich kann mit Worten nicht beschreiben, was ich fühlte, als ich meine Mutter gehört habe. Er muss sie gewürgt haben, es war einfach nur grauenvoll. Also bin ich runter.« Leo stockt, schließt die Augen, scheint einen Moment zu brauchen, um Worte zu finden, für dass was er mir nun erzählen wird. »Sie waren in der Küche, ich hab Glas splittern gehört, Bierflaschen im Wohnzimmer stehen sehen und gewusst, dass er hackedicht war. Keine Ahnung, weshalb sie gestritten haben, er hat sowieso nie einen richtigen Grund gebraucht, um auf sie loszugehen, und vermutlich wäre in diesem Augenblick das einzig Vernünftige gewesen, die Polizei anzurufen und Hilfe bei den Nachbarn zu holen. Aber ich habe keine Sekunde lang daran gedacht. Ich konnte nur an die Messer im Küchenblock denken und daran, wie unberechenbar er im Rausch ist. Mama hat in der Ecke gekauert, sie war schon am Boden, und er hat … er hat trotzdem nicht aufgehört. Ich bin dazwischen, und ich hatte Angst, so sehr wie noch nie in meinem Leben, aber das war in diesem Moment irgendwie egal. Erst hat er mich kaum wahrgenommen, weiter auf sie eingeschlagen, und ich dachte wirklich, er bringt sie um, einfach so, aber dann … Es ging schnell, erst hat er zugeschlagen, ein paar Mal, und dann hatte er plötzlich eine der leeren Bierflaschen in der Hand. Ich kann mich nicht mal daran erinnern, wie er mir die Flasche über den Kopf gezogen hat, ich bin erst wieder im Krankenhaus zu mir gekommen. Ben war da, er muss nur Sekunden, nachdem ich das Bewusstsein verloren hatte, nach Hause gekommen sein, gleichzeitig mit Polizei und Notarzt, die von den Nachbarn alarmiert worden sind, als sie die Schreie gehört haben. Ich weiß nichts mehr davon, aber ich muss ziemlich viel Blut verloren haben, er hatte mir mehrere Rippen gebrochen, die dann meine Milz aufgespießt haben. Ich wurde notoperiert, und laut den Ärzten grenzt es an ein Wunder, dass ich nicht bereits auf dem Weg in den OP verblutet bin. Als ich wieder zu mir kam, war eine Mitarbeiterin vom Jugendamt da, die Polizei wollte Zeugenaussagen. Nach einer Woche in der Klinik kam ich in die Notaufnahmegruppe eines Kinderheims in Stuttgart, weil das Amt das vorläufige Sorgerecht für mich übernommen hatte.« Leos Kiefermuskeln spannen sich an, er blinzelt, und als er die Augen wieder öffnet, rollt ihm eine einzelne Träne über die Wange.

Ich bin zu schockiert, um auch nur irgendetwas zu sagen, während er für einen Moment nach oben sieht, um sich wieder zu beruhigen. Noch nie habe ich ihn wegen irgendetwas weinen gesehen.

»Die Leute waren nett, es war überhaupt nicht so, wie man es sich immer vorstellt, und trotzdem waren die zwei Wochen dort die schlimmste Zeit meines Lebens. Ich war komplett allein und hatte unfassbare Angst, wieder zurück nach Hause zu müssen, obwohl das völlig außer Frage stand. Meine Mutter, sie … sie hat sich geweigert, gegen ihn auszusagen, und ist zurück zu ihm gegangen. Sie meinte, es wäre ein Unfall gewesen, und ich … ich konnte nicht zurück da hin. Ich hab mitten im Schuljahr die Schule gewechselt und bin zu Ben nach Berlin gekommen, er konnte ein Freisemester nehmen und hat sich um mich gekümmert. Élaine hat das Sorgerecht für mich übernommen und uns die Wohnung hier überlassen, damit ich in Bens Nähe sein und zur Schule gehen konnte. Seitdem bin ich in Berlin und habe keinen Kontakt mehr zu meinen Eltern. Meinen Vater hab ich zuletzt vor Gericht gesehen, er wurde wegen gefährlicher Körperverletzung verurteilt.«

Als Leo nun schweigt und mich ansieht, habe ich keine Ahnung, was ich sagen soll. Bittere Tränen brennen in meinen Augen, nehmen mir die Sicht, und als ich spüre, wie Leo zögerlich nach meinem Arm tastet, presse ich die Lippen aufeinander, um nicht loszuheulen.

»Sorry.« Leos Stimme klingt betroffen, und ich frage mich, wie er nun auch noch derjenige sein kann, der sich entschuldigt.

»Nein, ich … mir tut es leid«, bringe ich heraus und spüre, wie mir die Tränen über die Wangen laufen. »Ich bin so wütend und schockiert. Wieso … ich meine … wie hat es nie jemand merken können? Warum hat man dich da nicht früher rausgeholt?!«

Ich kann nicht verhindern, dass alle Dämme brechen, als Leo mich wortlos in seine Arme zieht und an seinen Körper drückt. Er schweigt, streichelt mir lediglich über die bebenden Schultern, während ich noch immer nicht aufhören kann zu weinen. So vieles ergibt plötzlich Sinn. Leo wirkt gefasst, viel zu gefasst für das, was er mir da eben erzählt hat. Ich weiß nicht, was ich sagen soll, jedes Wort kommt mir zu banal vor, und ich glaube zu verstehen, was es wirklich bedeutet, wenn es keine richtigen Worte für etwas gibt. Hier gibt es keine.

Dutzende Fragen stürzen auf mich ein, und Leo scheint es zu bemerken, nickt mir kaum wahrnehmbar zu und erlaubt mir damit, sie zu stellen.

»Dein Traum in Amsterdam …?«, beginne ich.

»Ich träume noch oft davon«, gibt er zu. »Anfangs war es schlimmer. Die ersten zwei Monate nach dem Unfall habe ich kaum eine Nacht durchgeschlafen, es war fürchterlich … Seit ich in Therapie bin, ist es besser. Heute träume ich nur noch gelegentlich, und es wirft mich nicht mehr so aus der Bahn wie damals.«

»Und dein Vater … war das das einzige Mal, dass er dich …?« Ich bringe es nicht über die Lippen und schlucke, als Leo den Kopf schüttelt.

»Nein, häufiger. Aber es ist nie so eskaliert wie in dieser Nacht.«

»Aber wieso? Ich meine … wieso?!« Verständnislos sehe ich ihn.

»Ich weiß es nicht, Mila, und ich werde es wohl nie herausfinden. Ich war kein Problemkind, rebellisch, aufmüpfig oder so, wenn du das damit meinst. Die meiste Zeit habe ich versucht, so wenig Aufmerksamkeit wie möglich auf mich zu ziehen, doch wenn er betrunken war, hat das alles nichts genutzt.«

»Aber irgendjemand hätte es doch merken müssen. Ihr hättet euch Hilfe holen können!«

Leo seufzt tief und schließt für einen Moment die Augen. »Es klingt so leicht, einfach Hilfe holen, dann ist alles vorbei, doch in der Realität ist es so viel komplizierter. Nach außen hin hat es niemand bemerkt, so unvorstellbar das auch klingt. Élaine macht sich bis heute wahnsinnige Vorwürfe, doch wie hätte sie es mitkriegen sollen? Mein Vater war berufstätig, hatte Freunde, er war beliebt und nach außen hin völlig vorbildlich. Getrunken hat er nur abends nach der Arbeit. Und erst als meine Geschwister aus dem Haus waren, fing er an, nicht nur meiner Mutter, sondern auch mir gegenüber gewalttätig zu werden. Und es wurde von Mal zu Mal schlimmer. Es ist traurig, aber manche Ärzte sind froh, wenn man ihnen erzählt, dass man beim Fahrradfahren gestürzt ist und sich deshalb den Arm gebrochen hat, auch wenn die blauen Flecken etwas anderes sagen. Und glaubst du wirklich, dass das ein Einzelfall war? Es passiert so oft, hinter so vielen Türen, und es ist einfach so viel komplexer, als es von außen wirkt. Er hat einen Fehler gemacht, als er mich so zusammengeschlagen hat, dass ich in die Klinik musste, und obwohl ich dabei fast gestorben wäre, hat es mir das Leben gerettet, denn ab da war es endlich für mich vorbei. Du wirst es vielleicht nicht verstehen können, aber das sollst du auch nicht, denn es gibt niemanden, dem ich das wünsche.«

»Doch … ich glaube, ich verstehe es. Es tut nur unfassbar weh, wenn ich daran denke, dass du das alles erleben musstest.«

»Es ist vorbei, und wenn man sich das oft genug sagt, glaubt man es irgendwann, und dann wird es Realität. Ich konnte hier in Berlin ein komplett neues Leben beginnen, und ich bin glücklich. Es geht gerade erst los, mein Start war etwas holprig, doch das ist auf lange Sicht unwichtig.«

»Du sprichst so reflektiert darüber, als ginge es nicht um dich, sondern um jemand anderen.«

»Das war nicht immer so. Mittlerweile ist es fünf Jahre her, und ich habe es geschafft, einigermaßen Abstand zwischen mich und meine Vergangenheit zu bringen. Mein jetziges Leben fordert mich und zwingt mich dazu, anwesend zu sein. Ich kann es mir nicht leisten zurückzuschauen, und ich will es auch gar nicht. Ich habe so viel, wenn man darüber nachdenkt. Ich habe meine Geschwister, Élaine und Willem, ich habe Jason und Alessa, das Label und meine eigenen Kollektionen. Ich tue, was ich liebe, und ich lebe ein ziemlich privilegiertes Leben. Und ich habe dich. Trotzdem gibt es gute und schlechte Tage. Die guten, das sind die, an denen die Sonne scheint, ich im Label oder bei Willem bin, Ideen habe und sie in die Tat umsetzen kann, für Stunden oder sogar den ganzen Tag vergesse, was war. Und dann gibt's noch die schlechten. Die, an denen ich schon um zwei Uhr nachts aufwache, weil ich geträumt habe und Panik bekomme, ohne wirklich zu wissen, wovor. Die Tage, an denen meine Freunde Besuch von ihren Eltern bekommen und mich fragen, warum ich eigentlich nie nach Hause fahre. Tage, an denen Erinnerungen hochkommen und mich zu ersticken drohen. Aber Aufgeben ist keine Option.«

»In diesem Fall war heute ein schlechter Tag?«, vermute ich leise.

»Heute war ein ganz komischer Tag«, sagt Leo mit einem Schulterzucken.

Einen Moment lang schweigen wir. Ich suche nach Antworten in Leos Augen, finde keine und frage dann doch weiter. »Haben sich deine Eltern nie gemeldet?«

»Ihnen wurde das Sorgerecht entzogen, mein Vater hat vier Jahre Haft bekommen, mittlerweile ist er also vermutlich wieder raus, und das hat mir eine Zeit lang ziemliche Probleme bereitet. Vor einem knappen Jahr hatte ich heftige Schlafstörungen, permanent Angst, dass er nach mir suchen könnte, da ich ja durch die Fashion Week in den Medien war, doch es ist nichts passiert. Und meine Mutter ... ich habe keinen blassen Schimmer, wie es ihr geht. Sie stand immer nur daneben, wenn er auf mich losgegangen ist, und hat nichts getan. Ich war elf, als es das erste Mal passiert ist, wie hätte ich mich wehren sollen? Das ist das Einzige, was ich an der ganzen Sache nicht verstehe. Sie hat sich nie für mich eingesetzt, hat nie versucht, mich zu schützen. Vielleicht hat sie ihn in gewisser Weise in mir wiedererkannt und es deshalb nicht getan, ich weiß es nicht. Über solche Dinge habe ich stundenlange Gespräche mit meiner Therapeutin geführt. Meine größte Angst ist, ehrlich gesagt, dass ich wirklich so sein könnte wie er. Anfangs habe ich Alkohol boykottiert, ich hatte so dermaßen Angst, betrunken so zu sein wie er, ich meine, kann man das ausschließen? Manche Menschen werden lustig, manche müde, andere aggressiv, wenn sie getrunken haben. Und wer kann schon sagen, wie viele dieser Gene man abbekommen hat?«

Als Leo mich nun wieder ansieht, erkenne ich einen solchen Schmerz in seinen dunklen Augen, dass mir der Atem stockt.

»Ich hab schon jetzt Angst vor jedem Streit, jeder Auseinandersetzung, die wir beide irgendwann mal haben werden. Davor, dass ich mich nicht im Griff habe und doch genau so sein könnte wie er ...« Seine Stimme bricht, und er senkt den Kopf, als ihm mit einem Mal die Tränen in die Augen schießen.

»Leo, nein! Das ist Unsinn, das ist doch totaler Quatsch!«

Er verbirgt das Gesicht in den Handflächen und weint so bitterlich, dass mein Herz zu zerreißen droht. Als ich ihn nun in den Arm nehme, verkrampft er zunächst, lässt es dann jedoch zu. Leo weint beinahe lautlos, und doch höre ich die Verzweiflung ohrenbetäubend laut in jedem seiner heiseren Schluchzer.

»Baby, wenn du eines nicht bist, dann so, wie du mir eben deinen Vater beschrieben hast«, sage ich schließlich. »Du bist der liebevollste, harmoniebedürftigste und fürsorglichste Mensch, den ich kenne, und selbst betrunken ist das kein bisschen anders, im Gegenteil. Du wirst total kuschelig und anhänglich, glaubst du mir das? Leo, ich bitte dich, du bist unfassbar wertvoll, genau so, wie du bist, und ich liebe dich, in jeder deiner wunderschönen Facetten, die ich bisher kennenlernen durfte, also hör auf, so was auch nur zu denken. Bitte, tu's nicht.« Meine Stimme ist immer leiser geworden, zum Schluss nicht mehr als ein Flüstern, und als ich begreife, dass ich ihm gerade zum ersten Mal die drei Worte gesagt habe, flammt die Zuneigung in meinem Inneren nur noch stärker auf.

Leo weint weiter in meinen Pulli, scheint nun, nachdem es raus ist, nicht länger die Fassung bewahren zu können, doch das ist okay, denn wenn ich daran denke, wie nüchtern er mir eben noch von früher berichtet hat.

Seine Augen sind gerötet, als er sich irgendwann wieder von mir löst. Ich wische ihm mit dem Ärmel meines Pullis die Tränenspuren von den Wangen, und dann sehe ich ihn einfach nur an. Leo schließt die Augen und lehnt den Kopf gegen die Rückenlehne der Couch.

»Tja«, flüstert er, ohne mich anzusehen. »Jetzt weißt du das auch.«

Ich ziehe die Knie enger an meinen Körper und schlinge die Arme darum. »Danke, dass du es mir erzählt hast«, sage ich. »Wirklich, Leo.«

Er blinzelt und versucht ein Lächeln, das ihm jedoch ziemlich misslingt. »Ich weiß nicht, wovor ich Angst hatte. Es ist nur … ein Kapitel meines Lebens, das ich als abgeschlossen betrachte. Und ich wollte nicht, dass die Vergangenheit wieder so viel Raum einnimmt.«

»Das verstehe ich«, sage ich leise. »Aber ich bin trotzdem froh, dass du es doch getan hast.«

»Ich bin auch froh«, sagt Leo nach einem kurzen Zögern, und während ich ihn nun ansehe, bin ich mir sicher, dass er es auch wirklich so meint.

Und trotzdem drehen sich meine Gedanken weiter.

Als wir nebeneinander im Bad stehen und uns die Zähne putzen.

Als ich zu Leo ins Bett schlüpfe und mich an ihn schmiege.

Als er nur Minuten nachdem wir das Licht ausgeschaltet haben an meiner Seite einschläft.

Ich lasse ihn nicht los, ich lausche nur seinen tiefer werdenden Atemzügen, während ich irgendwie zu verstehen versuche, was ich gerade gehört habe.

FÜNFZEHN

Emilia

»Der Tumor ist draußen, Marie.«

Ein lautloses Aufatmen geht durch den Raum, als Dr. Weber, noch mit Klemme und Skalpell in der Hand, den Kopf hebt und seine Patientin anspricht, die vor ihm auf dem OP-Tisch liegt.

»Ja?« Die Stimme der jungen Frau vibriert geradezu vor Nervosität, und obwohl sie diejenige ist, die dort bei vollem Bewusstsein am Hirn operiert wird, fühle ich mich selbst so angespannt, als läge ich an ihrer Stelle.

Als ich Dr. Weber heute Morgen in seinen OP folgen durfte, wusste ich noch nicht, worauf ich mich da einlasse. Zwar beschränkt sich meine Tätigkeit der letzten anderthalb Stunden darauf, zu beobachten und Fragen zu stellen, doch das Adrenalin pulsiert durch meinen Körper, wenn ich mir bewusst mache, dass diese Frau, kaum älter als ich selbst, reagiert und spricht, während man ihr gleichzeitig im Hirn herumschneidet. Ich kann mich kaum entscheiden, ob ich das gruselig oder einfach nur beeindruckend finden soll, tendiere jedoch eher zu Letzterem.

»Schaffen Sie es, meine Hand zu drücken?« Die Neuropsychologin, die neben der Patientin sitzt und die ganze Zeit schon beruhigend ihre Hand hält, sieht sie auffordernd an, und sofort richtet sich die Aufmerksamkeit aller Anwesenden auf die beiden.

»Ich kann nicht …« Maries Stimme zittert, und ich muss schlucken, als ich die unterdrückte Panik hören kann, die in ihr mitschwingt.

»Versuchen Sie es noch mal, Marie. Sie machen das fantastisch«, redet die Psychologin weiter auf sie ein, und als nach einigen Sekunden tatsächlich ein leichter Druck ihrer Finger zu erkennen ist, spüre ich die Anspannung geradezu von mir abfallen.

»Hat es funktioniert?«

»Ja, das hat es.« Obwohl durch den Mundschutz nur Dr. Webers Augenpartie sichtbar ist, erkenne ich, dass er lächelt. »Wir spritzen Ihnen ein leichtes Schlaf- und Beruhigungsmittel, Marie. So bekommen Sie nichts vom Nähen mit. Sie haben das toll gemacht.«

Die konzentrierte Ruhe im Saal weicht einer allgemeinen Erleichterung, als Dr. Weber und sein Assistenzarzt das OP-Besteck eine knappe Viertelstunde später zur Seite legen und ihre Patientin der Obhut des Anästhesisten überlassen. Ich fühle mich noch Minuten später wie in Trance, während ich den Umkleideraum betrete und mir den Mundschutz vom Gesicht ziehe. Alles, was ich bisher während meines Studiums gelernt habe, wurde definitiv von dieser Erfahrung getoppt.

Abwesend versenke ich Handschuhe, Mundschutz und Haube im Abfalleimer. Das Adrenalin verwandelt sich allmählich in eine Euphorie, die mich meinen schmerzenden Rücken und knurrenden Magen vergessen lässt. Meine Füße tun weh, und ich würde mich gerne erst einmal hinsetzen, doch dafür zieht es mich nun zu sehr nach oben auf die Intensivstation, wo Dr. Weber später noch einige Tests mit Marie durchführen wird, um sicherzugehen, dass weder ihr Zentrum für Motorik noch das für Sprache Schaden genommen haben.

Ich beeile mich, in meine Kleidung, Sneaker und den weißen Kittel zu schlüpfen, und laufe draußen auf dem Flur direkt einer Gruppe Studenten aus meinem Semester in die Arme. Auch Rahel, mit der ich mich recht gut verstehe, ist dabei, und ich setze ein Lächeln auf, als sie mir die Köpfe zuwenden. Meine gute Laune sinkt augenblicklich, als die drei ihr Gespräch sofort beenden, kaum dass ich näher komme, und außer einem kühlen Nicken nichts für mich übrighaben.

»Hey, alles klar? Was macht ihr?«, frage ich eher aus Höflichkeit als wahrem Interesse und ernte nur genervte Blicke.

»Verbandswechsel und Blutabnahmen ... schon den ganzen Morgen.« Rahel dämpft während ihrer letzten Worte die Stimme.

»Es gibt Spannenderes«, gebe ich zu und spüre mein schlechtes Gewissen, wenn ich daran denke, was ich währenddessen getan habe. Dabei kann ich nichts dafür, dass nach der Morgenvisite ausgerechnet mir angeboten wurde, für den Eingriff mit in den OP-Trakt zu kommen. Normalerweise dürfen wir während der Praktika in der Klinik meist zu mehreren mit in den OP, doch bei einem Eingriff mit wachen Patienten werden die Zuschauer verständlicherweise auf ein Minimum reduziert.

»Kann eben nicht jeder das Glück haben, die kleine Schwester eines Stationsarztes zu sein, der einen in die krassen OPs schleust.«

Ich muss mich beherrschen, meine Gesichtszüge zu kontrollieren, als Jan, der am herablassendsten von allen aussieht, mir nach dieser Äußerung direkt in die Augen schaut. Mein Lachen klingt verunsichert, ich will erklären, dass Jojo damit überhaupt nichts zu tun hat, doch ich weiß, dass sie mir kein Stück glauben werden.

»Dr. Weber hat mir das heute Morgen angeboten, ich war selbst total überrascht«, rechtfertige ich mich nun doch und sehe an den undurchdringlichen Mienen der anderen, dass sie mir meine Worte nicht abnehmen.

»Kein Wunder, nachdem du ihm bei der letzten Lehrvisite so dermaßen in den Arsch gekrochen bist.«

Ich schnappe ungläubig nach Luft, will gerade etwas erwidern, als ich eine weitere Stimme vernehme.

»Emilia, hätten Sie einen Moment?«

Dr. Weber steht einige Meter von uns entfernt. Jan wird auf der Stelle feuerrot, und auch die anderen wirken plötzlich nicht mehr halb so selbstbewusst wie noch vor wenigen Sekunden. Selbst mir ist es unangenehm, dass er womöglich alles gehört hat.

»Sicher.« Ich sehe noch, wie sie mir giftige Blicke zuwerfen, während ich mich umdrehe.

»Ganz kurz nur, Ihre Fragen zeigen, dass Sie sich intensiv mit der Thematik auseinandergesetzt haben, das war sehr gut. Ich habe Sie nicht ohne Grund als Gast in meinen OP gebeten, Emilia. Sie sind mir bereits bei besagter Chefarzt-Visite …«, er wirft einen kurzen Blick zu Jan, der nun endgültig aussieht, als würde er am liebsten im hässlichen PVC-Boden versinken, »… positiv aufgefallen. Vielleicht wissen Sie, dass ich gerade eine Studie zu Wachkraniotomien durch die Ethikkommission genehmigt bekommen habe. Ich suche noch nach einer engagierten studentischen Hilfskraft und würde mich freuen, Sie in meiner Arbeitsgruppe begrüßen zu dürfen.«

Ungläubig starre ich Dr. Weber an.

»Wären Sie generell interessiert? Die Mehrarbeit wird selbstverständlich angemessen vergütet, und Sie erhalten ein aussagekräftiges Arbeitszeugnis, das Ihnen auf Ihrer weiteren Berufslaufbahn sicher zugutekommen wird.«

»Oh, ich … das würde ich sehr gerne!«, entfährt es mir.

Dr. Weber lächelt. »Sie können es sich in Ruhe überlegen und mir Bescheid sagen. Am besten schicken Sie mir eine kurze Mail, dann lässt meine Sekretärin Ihnen die Details zukommen.«

»In Ordnung. Danke, das freut mich wirklich.«

»Gut. Ich hätte Sie gerne auf der Intensiv zur OP-Nachsorge unserer Patientin dabei. Trinken Sie aber erst einen Kaffee, den haben Sie sich jetzt verdient«, meint er und wendet sich den anderen zu, die etwas entfernt stehen. »Und Sie sind selbstverständlich auch willkommen.«

Mir bleibt lediglich Zeit für ein Nicken, während er davongeht. Die anderen senken beschämt die Blicke, und ich drehe mich in die entgegengesetzte Richtung. Wenn ich eines während der Praktika im Krankenhaus gelernt habe, dann, dass jede Möglichkeit genutzt werden muss, etwas zu trinken und zu essen oder auf die Toilette zu gehen.

Ich verspüre das dringende Bedürfnis, der nächstbesten Person von dieser phänomenalen Neuigkeit zu erzählen, und als hätte das Schicksal davon Wind bekommen, entdecke ich Jojo, der ein Stück weiter noch in OP-Kleidung vor dem Eingang der Umkleide lehnt und gerade sein Telefon vom Ohr nimmt.

»Jojo!«

Er sieht in meine Richtung und lächelt. »Ich werde mich nie daran gewöhnen, dich in diesem Kittel zu sehen«, sagt er, und ich unterdrücke ein Augenrollen.

»Du hast nicht zufällig mit Dr. Weber über mich gesprochen, oder?«, frage ich.

»Sebastian? Nee, wieso? Ich hatte ewig keine OP mehr mit ihm.«

»Ich war gerade bei einer dabei, und er hat mich anschließend gefragt, ob ich als HiWi für seine aktuelle Studie anfangen will.«

»Oh, das ist cool. So kam ich damals auch an meine Stelle für die Doktorarbeit. Falls du eine machen willst, ist das ein super Einstieg. Hast du Zeit für ’nen Kaffee?«

»Musst du nicht zurück in den OP?«

»Mein nächster Punkt beginnt erst in einer Stunde, ich wollte kurz eine Pause einlegen.«

»Ich wollte tatsächlich auch gerade eine machen.«

»Und was gibt’s sonst an Neuigkeiten?«, fragt er, nachdem er mir in der Cafeteria ein Getränk ausgegeben hat und mir gegenüber an einem der Tische Platz nimmt. »Wie geht’s Leo?«

Seit ich ihm von Leo und mir erzählt habe, muss ich mir diese Frage bei jedem Treffen anhören.

»Gut geht’s ihm. Denke ich zumindest, er hat so viel mit den Plänen für seine Kollektion zu tun, dass ich ihn kaum zu Gesicht bekomme.«

»Das klingt stressig … Also wird das nichts mit dem Weihnachtsmarkt?«

»Doch, das kriegen wir hin«, versichere ich. »Leo und ich sind am Samstag erst bei seiner Großtante zum Kaffee eingeladen, und danach haben wir Zeit. Unser Treffen steht!«

»Perfekt, Louisa und ihr kleiner Mitbewohner freuen sich schon.« Jojo lächelt und seufzt einen Moment später, als sein Telefon zu klingeln beginnt. »Ach, Mensch …«

»Ich muss sowieso weiter. Dr. Weber hat mich auf die Intensiv bestellt«, erzähle ich, während er mit zusammengezogenen Augenbrauen auf das Display starrt.

»Okay, wir sehen uns spätestens Samstag.«

Ich greife nach meinem Becher und verlasse die Cafeteria, nachdem Jojo den Anruf angenommen hat. Leichtfüßig gehe ich den Flur entlang und rufe den Fahrstuhl, um nach oben auf die Intensivstation zu gelangen. Während ich warte, kann ich noch immer nicht so wirklich realisieren, was vorhin alles passiert ist.

*

Eine Mischung aus kitschiger Weihnachtsmusik, knisterndem Lagerfeuer und leisen Gesprächen der Menschen um uns herum dringt an meine Ohren, die ich unter einer dicken Strickmütze vor der eisigen Dezemberkälte schütze.

»So, Glühwein und einmal Kinderpunsch.« Schwungvoll drückt mein Bruder seiner schwangeren Frau die Tasse mit dem alkoholfreien Getränk in die Hand, woraufhin sie leise seufzt.

»Es ist schon ein hartes Leben als Schwangere …«

»Eigentlich hättest du aus Solidarität auch auf Punsch umsteigen können«, meine ich in Jojos Richtung.

Er sieht einen Moment lang getroffen aus. »Stimmt.« Er schaut zu Louisa. »Tut mir leid, ich bin der schlechteste Ehemann der Welt.«

»Dafür wirst du ein umso besserer Papa.«

Amüsiert beobachte ich die beiden und nehme dankbar die Tasse entgegen, die Leo mir einen Augenblick später reicht. Ein wohliger Schauer durchläuft meinen Körper, als sich unsere Fingerspitzen für den Bruchteil einer Sekunde berühren. »Danke dir.«

Er schenkt mir ein Lächeln und erwidert den sanften Kuss, den ich ihm auf die Lippen hauche.

»Waren wir auch mal so jung und verliebt?«, stichelt Jojo in genau diesem Moment, und ich wende beinahe beschämt den Kopf zur Seite.

»Sie sind doch total niedlich.« Louisa lächelt, und Jojos Grinsen wird nur noch breiter, während Leo ihre Bemerkungen geflissentlich überhört und den Arm um mich legt.

»Und außerdem könntest du dir ruhig ein Beispiel nehmen«, meint meine Schwägerin nun. Ich verdrehe die Augen, als mein Bruder sie mit einem Kuss zum Schweigen bringt, und vergrabe das Gesicht in Leos dicken Schal.

»Schlimm, oder?«, murmele ich und höre ihn leise lachen.

»Total.«

Da Jojo und Louisa mit sich selbst beschäftigt sind, schließe ich für einen kurzen Moment die Augen, als ich Leos Lippen an meinem Kieferwinkel spüre. Sein Dreitagebart kratzt sanft über meine empfindliche Haut, und während ich gerade noch bitterlich gefroren habe, wird mir nun schlagartig heiß.

Ich erhasche einen Blick in seine dunklen Augen, bevor er von mir ablässt.

»Vielleicht sollten wir doch zurück nach Berlin fahren«, flüstere ich. Ein Schauer durchläuft meinen Körper, als er sich noch mal zu mir beugt.

»Élaine hat einen sehr festen Schlaf.«

»Und das weißt du woher?«

»Ich hoffe es jedenfalls.«

»Du liegst besser richtig …«

Er antwortet mir nicht, sondern wendet seine Aufmerksamkeit der Glühweintasse zu, die er auf dem runden Stehtisch abgestellt hat.

Meine Emotionen kühlen wieder etwas ab, als Jojo Leo in ein Gespräch über seine Arbeit für die Fashion Week verwickelt. Ich muss lächeln, als ich beobachte, wie vertraut die beiden bereits miteinander umgehen, und auch zwischen Louisa und Leo scheint die Chemie zu stimmen. Leo wirkt so unbeschwert und entspannt wie damals, als ich ihn kennengelernt habe, und obwohl ich es nicht will, sehe ich ihn mit anderen Augen, seit er mir von seiner Vergangenheit erzählt hat.

Als würde sich ein Puzzle vervollständigen, ergeben nach und nach immer mehr Dinge Sinn: Leo, der nie über seine Eltern spricht, kein Bier trinkt, Krankenhäuser furchtbar findet und seine wahren Gefühle so beeindruckend gut hinter seiner Fassade verbirgt. Ob er Ivana auch davon erzählt hat, als die beiden ein Paar waren? Wenn es wirklich stimmt, dass nur seine Geschwister, Willem und Élaine davon wissen, muss ich tatsächlich die Einzige sein, der er sich anvertraut hat. Diese Tatsache fühlt sich zu gleichen Teilen beängstigend und wunderschön an.

Während ich nun beobachte, wie er, Jojo und Louisa in ein ansteckendes Lachen ausbrechen, würde ich nie vermuten, was er bereits alles hat erleben müssen. Im Grunde ist es traurig, wie ich zunächst dachte, er sei einer dieser seltenen Menschen, denen das Glück vom Leben immer nur in die Hände gespielt wird.

»Was schaust du denn so traurig?« Ich schrecke aus meinen Gedanken, als Louisa mich leicht in die Seite stößt und mit großen Augen anschaut. »Ist alles okay?«

Obwohl sie ihre Frage bewusst leise gestellt hat, geht Leos aufmerksamer Blick sofort zu mir. Ich kann ihm nicht ausweichen und sehe, wie sich etwas in seinen Augen verändert. Sein Blick lässt mich nicht los, als er mich vorsichtig anlächelt, unsicher und beinahe etwas bedrückt. Er macht sich Vorwürfe, weil er spürt, wie sehr mich seine Vergangenheit beschäftigt, da bin ich mir sicher.

»Alles gut!«, versichere ich und setze ein Lächeln auf, mit dem ich jedoch nur Louisa täuschen kann. Jojo sieht mindestens so skeptisch aus wie Leo, scheint sich dann jedoch mit meiner Antwort zufriedenzugeben, nachdem wir einen kurzen Blick gewechselt haben.

»Sicher?«, murmelt Leo, als er mich einen Augenblick später in seine Arme zieht. Ich nicke lediglich, lehne mich leicht gegen ihn und zwinge mich, meine dunklen Gedanken beiseitezuschieben.

Jojo sammelt ungefragt unsere leeren Tassen ein und bringt sie zurück zum Glühweinverkauf, ehe wir weiter über den Weihnachtsmarkt schlendern. Es ist dunkel, bitterkalt und trotzdem irgendwie gemütlich, was wohl hauptsächlich daran liegt, dass Leo mich noch immer mit einem Arm bei sich hält. Ich betrachte die Lichter der unzähligen Stände, rieche Lebkuchen und geröstete Kastanien und erkenne einige Meter weiter sogar eine kleine Eislaufbahn, auf der Schlittschuhläufer ihre Runden ziehen. Wir essen frische Waffeln mit Puderzucker; Louisas Schwangerschaftsgelüste verlangen anschließend noch nach einer Portion Schupfnudeln mit Sauerkraut, gefolgt von gebrannten Mandeln.

Mit fortschreitender Zeit und allmählich erfrierenden Gliedmaßen verabschieden wir uns schließlich von Jojo und Louisa. Ihr Angebot, uns mit dem Auto mitzunehmen, schlagen wir dankend aus, und obwohl mir wirklich kalt ist, freue ich mich darauf, die zwanzig Minuten zu Élaine mit Leo zu Fuß zu gehen. Als er vor ein paar Tagen vorgeschlagen hat, dass wir die Nacht auch einfach bei seiner Großtante verbringen könnten, war nicht nur sie hellauf begeistert. Ich verstehe mich ausgezeichnet mit Élaine und habe sie nach den wenigen Stunden, die ich sie kenne, schon ins Herz geschlossen. Obwohl wir uns nur einen Katzensprung von Berlin entfernt befinden, sind der Unistress und all meine Verpflichtungen plötzlich so weit entfernt, dass es sich beinahe anfühlt, als wären wir ein Wochenende im Urlaub.

Leo lächelt still in die Dunkelheit und zieht mich etwas näher zu sich, als ich meine letzten Gedanken äußere.

»Ja, das stimmt«, meint er. »Immer wenn dir Berlin zu viel wird, ist Potsdam glücklicherweise nie weit entfernt.«

»Es ist wirklich nett von Élaine, dass wir über Nacht bleiben dürfen.«

»Sie freut sich immer, wenn sie ein volles Haus hat.«

Ich nicke nachdenklich und glaube Leo aufs Wort, wenn ich an die Herzlichkeit denke, mit der wir heute Nachmittag von ihr empfangen wurden. Mit einem Mal freue ich mich unfassbar auf Heiligabend, die ruhigen Tage mit der Familie, und muss schlucken, als mir wieder in den Sinn kommt, worüber ich in letzter Zeit häufiger nachgedacht habe.

»Was ist los?« Leo klingt sanft.

»Wirst du Weihnachten in Berlin bleiben?«

Kurz zögert er und schüttelt dann den Kopf. »Ich werde über die Feiertage zu Élaine fahren, so wie immer.«

»Nur du allein?«

»Die letzten Jahre waren wir immer zu fünft, meine Geschwister, Élaine, Willem und ich. Dieses Jahr feiert Ben das erste Weihnachten mit seiner eigenen kleinen Familie, und Charlie hat keinen Urlaub genommen.« Er verstummt, ich merke ihm an, wie enttäuscht er darüber ist.

»Und du?«, fragt er dann, noch bevor ich etwas antworten kann.

»Ich denke, ich werde zu meinen Eltern fahren.«

»Voll schön.« Leo versucht ein Lächeln, das seine Augen jedoch nicht erreicht.

»Meinst du, Élaine wäre sehr böse, wenn sie auf dich verzichten müsste?« Meine Frage ist gestellt, noch ehe ich sie wirklich überdacht habe, und Leo wirkt für den Bruchteil einer Sekunde verwirrt.

»Wieso …?«

»Du könntest mit zu uns kommen. Zu meiner Familie, wir feiern Weihnachten immer bei meinen Eltern auf Amrum, ganz klein und ruhig.« Je länger ich spreche, desto unsicherer klinge ich, als mir bewusst wird, was ich ihm da gerade vorschlage. Weihnachten mit meiner Familie zu feiern, sich ansehen zu müssen, was er all die Jahre nie hatte. Mit einem Mal fühle ich mich furchtbar rücksichtslos und würde meinen Vorschlag gerne zurücknehmen.

»Vielleicht ist das aber auch eine blöde Idee … es tut mir leid, vergiss es einfach wieder.« Ich schlucke, während Leo mich noch immer schweigend ansieht, und bemerke schließlich, wie sich seine Mundwinkel leicht nach oben bewegen.

»Echt?« Er klingt so zaghaft, wie ich es noch nie bei ihm erlebt habe.

»Würdest du denn gerne?«, hake ich nach und sehe ihn lächeln.

»Wenn ich darf …?«

Ich erwidere sein Lächeln und ziehe ihn vorsichtig zu mir. »Es gibt nichts, was ich schöner fände«, flüstere ich, ehe sich unsere Lippen treffen und Leo beide Hände an meinen Kopf legt.

»Meinst du wirklich, deine Eltern hätten nichts dagegen?«

»Unsinn, sie würden sich freuen. Mama überlegt sowieso schon, wann sie dich endlich mal kennenlernen kann.«

»Du kannst ja noch mal nachfragen, und dann sehen wir weiter.«

»Leo, sie würden niemals Nein sagen. Ich hätte dich nicht gefragt, wenn ich mir nicht sicher wäre, dass sie sich freuen würden. Jojo bringt Louisa schon seit Jahren mit.«

Obwohl Leo nickt, erkenne ich, dass er noch nicht restlos überzeugt ist.

»Dass es eine blöde Idee ist, meinte ich nur, weil ich nicht wusste, ob es dir guttun würde, wenn du siehst, was es bei dir so vermutlich nicht gab …« Ich stocke und sehe ihn schlucken.

»Das kann man wohl vorher nicht wissen.«

»Was sagt dein Gefühl?«

Er zögert einen Moment, schaut an mir vorbei in die Scheinwerfer eines vorbeifahrenden Autos und lächelt schließlich, als sein Blick meinen wiederfindet. »Dass ich es schön fände, deine Familie kennenzulernen.« Er klingt ehrlich. »Und wegen Élaine«, meint er, »ich bin mir sicher, dass sie nichts gegen ein Weihnachten nur mit Willem hat.«

Hand in Hand gehen wir weiter die Kurfürstenstraße entlang, und obwohl ich diese nächtlichen Spaziergänge mit Leo liebe, bin ich froh, als er einige Minuten später die Tür zu Élaines Villa aufschließt und uns sofort eine angenehme Wärme entgegenschlägt. Möglichst leise schlüpfen wir aus Jacken und Schuhen, ich lasse mich von Leo die Treppe hinaufschieben und muss kichern, als eine der Stufen unter meinen Schritten zu knarzen beginnt. Ich spüre seine Hände die ganze Zeit über an meinen Hüften, wünsche mir, er würde sie auf der Stelle unter meinen Pullover wandern lassen. Als er es tut, bekomme ich eine Gänsehaut, und das nicht, weil seine Finger kalt sind. Ich fange seinen dunklen Blick auf, kann plötzlich nicht mehr klar denken, und kaum dass er die Tür zum Gästezimmer hinter sich ins Schloss gezogen hat, fallen wir geradezu übereinanderher.

Schließlich liege ich splitterfasernackt an seiner Seite unter der Decke, schwer atmend und verschwitzt, während sich meine Emotionen langsam wieder beruhigen. Leo hat den Blick auf unsere ineinander verschränkten Finger gerichtet, schweigt und grinst schließlich, ehe er mich etwas näher zu sich zieht und mir einen Kuss auf die Lippen haucht.

»Ich hoffe, sie hat tatsächlich einen festen Schlaf«, murmelt er.

Entsetzt starre ich ihn an. »Meinst du, wir waren zu laut?«

Er lacht leise. »Ach, Quatsch.«

Ich rolle mich neben ihn auf die Seite, sodass wir uns ansehen können. Leo betrachtet mich schweigend, der Anflug eines Lächelns liegt auf seinen Lippen. Seine Lider sind schwer, und er schließt sie, als ich ihm eine der dunklen Locken aus der Stirn streiche.

»Erzähl mir von deiner Familie«, flüstert er.

Ich frage nicht nach, wie er so plötzlich darauf kommt, nicke nur und überlege einen Moment, wo ich anfangen soll. »Meine Großeltern mütterlicherseits besitzen einen Gutshof auf Amrum, der schon seit Ewigkeiten in der Familie ist und in ein Hotel mit Restaurant umgewandelt wurde«, beginne ich schließlich. »Meine Mutter ist dort aufgewachsen, und es stand außer Frage, dass sie den Familienbetrieb später übernehmen würde. Sie ist die geborene Gastgeberin, liebt die Arbeit in der Pension und das Leben auf der Insel. Nachdem sie auf Amrum die Schule beendet hat, wollte sie aber eine Weile aufs Festland. Sie hat die Ausbildung zur Hotelfachfrau in einem Hotel am Bodensee gemacht. Gemeinsam mit meinem Vater.«

Leo blinzelt mich an und lächelt. »Nee, oder?«

»Doch. Das war wohl einfach Schicksal.«

»Total.«

»Ein paar Jahre sind sie dort dann auch geblieben, haben geheiratet, erst Jojo, dann mich bekommen. Ich war in den Ferien immer auf Amrum bei Oma und Opa. Jojo ist nach der Schule zum Studieren nach Berlin gegangen, und als auch ich das Abitur hatte und nach München gezogen bin, sind meine Eltern auf die Insel gezogen, um das Hotel meiner Großeltern zu übernehmen, denen das allmählich zu viel wurde.«

»Und seitdem bist du ein Inselkind?« Leos Stimme klingt träge. Ich deute ein Schulterzucken an und betrachte nachdenklich seine Hand, während er mir mit dem Daumen über die Fingerknöchel streicht.

»Schon irgendwie. Auf jeden Fall ein Seekind. Ich brauche das Wasser in der Nähe, entweder den Bodensee oder die Nordsee.«

»Wo bist du lieber?«

Vorsichtig rolle ich mich auf den Rücken und betrachte die Zimmerdecke, ehe ich Leo antworte. »Schwer zu sagen, die beiden Orte könnten unterschiedlicher nicht sein. Am Bodensee siehst du die Alpen, es fühlt sich fast schon nach Italien an. Amrum ist ganz anders, aber mindestens genauso schön. Man hat die Nordsee direkt vor der Nase, kann Salz und das Meer in der Luft schmecken und wird morgens vom Kreischen der Möwen geweckt. Im Sommer sind natürlich viele Touristen da, doch abends, wenn die letzte Fähre zum Festland abgelegt hat, wird es still. Und diese Ruhe habe ich noch nirgends so erlebt wie auf der Insel. Der Strand ist der breiteste in ganz Europa, und abends barfuß über die Dünen zu gehen ist einfach wunderschön …« Ich halte inne und erlaube meinen Gedanken, etwas abzuschweifen. Einen Moment lang hänge ich den Sonnenuntergängen am Strand nach und bemerke erst dann, dass es leise neben mir geworden ist.

Leo ist eingeschlafen. Seine Finger sinken auf das Laken, als ich meine Hand aus seiner ziehe und ihm behutsam über die Wange streiche. Seine Kiefer sind locker, seine Stirn glatt, und für einen Moment sehe ich ihn einfach nur an.

Es ist das erste Mal, dass ich jemanden an Weihnachten mit nach Hause bringe.

Und es fühlt sich so absolut richtig an.

SECHZEHN

Leonardo

Ich schrecke auf, als mir jemand unsanft den Ellenbogen zwischen die Rippen rammt, und blicke in Jasons warnende Augen.

Shit, bin ich schon wieder einfach im Seminar eingeschlafen?

Mein Hals ist trocken, ich unterdrücke ein Husten und versuche, tief durchzuatmen, als mir schwindelig wird, und das, obwohl ich sitze. Zu behaupten, es ginge mir mies, wäre maßlos untertrieben, und während ich mich mit jedem Atemzug darauf konzentriere, nicht auf den Tisch vor uns zu kotzen, frage ich mich, warum ich mich heute überhaupt in die Uni gequält habe. Seit ich das Wochenende mit Mila bei Élaine in Potsdam verbracht habe, fühle ich mich mit jedem Tag noch ein bisschen elender und habe keine Ahnung, warum.

»Herr Wagner, wenn Sie das Seminar so einschläfernd finden, ist hinter Ihnen die Tür. Tun Sie sich keinen Zwang an …«

Ich habe nicht bemerkt, dass sich unser Professor still und leise neben dem Tisch aufgebaut hat und mich nun mit gefährlich ruhiger Stimme anspricht, während vorne der Gastdozent der Londoner Royal Arts referiert.

»Nein, ich …«, bringe ich hervor, doch er lässt mich nicht zu Wort kommen.

»Ein bisschen mehr Respekt unserem Gastdozenten gegenüber wäre angebracht. Beim nächsten Mal vermerke ich Sie als nicht anwesend, wenn Sie sich nicht zusammenreißen können.«

Ich weiß nicht, ob er das überhaupt darf, doch in diesem Moment ist es mir absolut egal. Professor Krause hat sich bereits wieder weggedreht. Ich versuche, mich auf das zu konzentrieren, was sich vorne an der Projektionswand abspielt, doch ich kann den englischen Worten des Gastredners kaum folgen. Stattdessen habe ich das Gefühl, nur noch mein eigenes Blut in den Ohren rauschen zu hören. Ich lasse die Stirn für einen Moment in meine Handfläche sinken. Mein Schädel fühlt sich an, als würde er jeden Moment platzen.

Ich taste nach meinem Rucksack, als mir schlecht wird. Die Blicke der anderen liegen auf mir, während ich meinen Stuhl zurückschiebe und aufstehe. Wie ich es in die Herrentoilette am Ende des Flurs schaffe, ist mir ein Rätsel. Mit einer Hand fange ich mich an der Wand ab und sinke in die Hocke.

Atmen. Einfach atmen, Leo.

Doch egal, wie sehr ich es versuche, meine Kehle fühlt sich wie zugeschnürt an. Gleichzeitig kriecht die Panik in mir hoch, während ich einfach nur bete, dass es besser wird. Wie lange ich so am Boden kauere, weiß ich nicht, doch als die Tür in meinem Rücken aufschwingt, bereue ich es sofort, mich nicht in einer der Kabinen eingeschlossen zu haben. Um mich zurück auf die Beine zu quälen, fehlt mir die Kraft, und so schließe ich lediglich die Augen, als ich die Schritte hinter mir näher kommen höre.

»Leo.« Jasons Hand legt sich schwer auf meine bebende Schulter.

Ich lehne die Stirn gegen die kühlen Fliesen der Wand. Noch immer sehe ich nicht richtig, höre wie durch eine dicke Schicht Watte und habe Mühe, Jasons viel zu schnellen Worten zu folgen, die nun auf mich einprasseln.

»Was ist los mit dir?«

»Nichts.« Ich weiche seinem durchbohrenden Blick aus, lasse meinen Kopf sinken und stütze die Stirn in der Hand ab.

»Hast du einen sitzen? Oder irgendwas genommen?«

Ich schließe für einen Moment die Augen und hebe dann den Kopf. »Junge … fragst du mich das gerade wirklich? Ich bin stocknüchtern.« Ich unterdrücke ein Stöhnen, als ich erneut einen Würgereiz in meiner Kehle pochen spüre.

»Ich ruf 'nen Krankenwagen.«

»Nein.« Meine Stimme klingt heiser, und Jasons Gesichtszüge werden härter, als ich ihn anfunkele. Er hat Angst, und obwohl ich die auch habe, zwinge ich mich dazu, sie in den hintersten Winkel meines dröhnenden Schädels zu verbannen.

»Du siehst aus, als ob du jeden Moment zusammenklappst, das ist nicht mehr witzig! Mann, Leo, wem willst du was beweisen? Mir? Dir selbst? Dir geht's scheiße und das schon seit 'ner ganzen Weile, und ich werde sicher nicht tatenlos dabei zusehen, wie es dich irgendwann völlig umhaut.«

Ich bemerke das Handy in seiner Hand und werfe Jason einen beinahe flehenden Blick zu. »Jason, bitte ... keinen Krankenwagen.«

»Was dann?! Sprich mit mir, sag mir um Gottes willen einfach, was los ist!«

»Nichts, ich ... ich weiß es nicht! Ich bin müde, ich muss einfach nur schlafen.« Meine Stimme bricht, und Jasons Blick liegt weiter durchbohrend auf mir. Ich hocke vor ihm, mit dem letzten bisschen Selbstbeherrschung, das mein Körper in diesem Moment noch hergibt, und schließe erleichtert die Augen, als er sein Handy wieder in die Hosentasche schiebt.

»Gibt es irgendwas, das ich wissen sollte? Nimmst du Medikamente? Du weißt, dass du mir so was sagen kannst.«

»Es ist nichts. Wenn was wäre, hätte ich's gesagt.«

»Warst du beim Arzt?«

»Nein ... aber ich lass mir einen Termin geben, wenn es nicht besser wird.«

Ich fühle mich scheiße und bin mir sicher, dass Jason mir meine Lüge nicht abkauft. Beinahe bin ich erstaunt, als er trotzdem nickt.

»Bist du mit dem Auto da? Ich fahr dich heim.«

»Ich schaff das schon.«

»Leo, halt jetzt bitte einfach den Mund und mach es nicht immer noch komplizierter.«

Ich will etwas erwidern, beschließe dann jedoch, dass ich die Nerven meines besten Freundes für heute nicht weiter auf die Zerreißprobe stellen sollte, und nicke.

»Mach langsam, okay?« Jasons Hand schließt sich um meinen Arm, als ich aufstehe.

Ich bin froh über die wenigen Sekunden, die Jason mir lässt, um tief Luft zu holen. Er bückt sich nach meinem Rucksack, und es kostet mich einiges an Mühe, nicht zu protestieren.

»Hat der Krause was gesagt, als ich gegangen bin?« Ich klinge verunsicherter, als ich will, und höre Jason abfällig schnauben.

»Nein, und selbst wenn er dir eine Fehlzeit einträgt, du bekommst garantiert ein Attest ausgestellt, wenn du jetzt zum Arzt gehst.«

Ich will aber nicht zum Arzt gehen … Doch das sage ich nicht laut. Stattdessen nicke ich nur und freunde mich in Gedanken damit an, dass damit wohl einer meiner wenigen Fehltermine des Semesters draufgegangen ist, die ich mir eigentlich für den Endspurt zur Fashion Week aufsparen wollte.

Ich habe keine Nerven mehr zu diskutieren und bin unfassbar froh, als wir Minuten später an die frische Luft kommen. Jason fischt ungefragt die Autoschlüssel aus meiner Jackentasche, deutet mit einem Kopfnicken zur Beifahrerseite und rutscht selbst hinters Lenkrad, während ich einsteige.

Es ist so unendlich schwer, die Augen aufzuhalten, während Jason den Wagen Richtung Zentrum lenkt. Dass ich tatsächlich eingeschlafen bin, merke ich erst, als wir wieder halten. Und zwar nicht vor meiner Wohnung.

»Wo sind wir?«

»Wir stehen vor der Praxis meines Hausarztes. Du kannst es dir aussuchen: Entweder wir gehen da jetzt rein und du lässt dich durchchecken, oder ich rufe Mila an und erzähle ihr, dass es dir echt scheiße geht.«

Ich stoße verächtlich die Luft aus. Schließlich löse ich meinen Sicherheitsgurt, als mir klar wird, dass Jason hier so lange stehen bleiben wird, bis ich einwillige. »Du kannst so unerträglich sein«, motze ich vor mich hin.

»Wenn du nicht auf dich aufpassen kannst, muss es eben jemand anderes tun.«

Das Wartezimmer der Arztpraxis ist brechend voll, ich hoffe schon, dass wir wieder weggeschickt werden, aber keine zwei Minuten später werde ich schon ins Behandlungszimmer gerufen. Weiß der Geier, was Jason bei der Anmeldung erzählt hat.

Eine Ärztin streckt mir ein wenig kopflos die Hand entgegen und nimmt mir gegenüber am Schreibtisch Platz. »Herr Wagner, was führt Sie so dringend zu mir? Ihr Freund ist sehr besorgt.«

Ich habe schon jetzt keine Lust mehr auf dieses Gespräch und verfluche Jason dafür, dass er mich hierhergeschleppt hat. »Ich denke, es ist nicht der Rede wert«, sage ich also. Die Ärztin mustert mich kritisch. *Dr. Mareike Schäfer* lese ich auf dem Namensschild an ihrem weißen Kittel.

»Sie sind beinahe kollabiert? Ich würde gerne Ihren Blutdruck messen.«

Ich halte ihr den Arm hin und beantworte ihre Fragen, ob ich Medikamente nehme oder irgendwelche Krankheiten habe. Als ich schließlich von den seltsamen Kopfschmerzen, der Müdigkeit und Übelkeit erzähle, wird sie hellhörig.

»Wie lange halten diese Beschwerden schon an?«

Ich schweige, während ich gedanklich nachrechne. »Weiß nicht … einen Monat, vielleicht sechs Wochen.« *Vielleicht auch länger.* »Ich bin mir nicht sicher«, füge ich hinzu.

Die Stille im Raum wird vom Klackern der Computertastatur ausgefüllt, während ihr Blick am Monitor klebt. »In Ordnung, Herr Wagner. Ich möchte Sie noch abhören, anschließend werden wir Ihnen Blut abnehmen und die Proben ins Labor schicken. Nur, um sicherzugehen.«

Ich ringe mir ein Nicken ab, lasse die Untersuchung über mich ergehen und frage mich zum wiederholten Mal, was ich hier soll.

»Ist Ihr Freund noch hier, Herr Wagner?«

Ich runzele leicht die Stirn. »Ich denke schon, wieso?«

»Kann er Sie nachher nach Hause bringen? Ihr Blutdruck war tatsächlich niedrig, und ich würde Sie unter diesen Umständen ungern allein losziehen lassen.« Sie wartet meine Antwort nicht ab, tippt etwas in den Computer und sieht mich dann wieder an. »Ich schätze, für Sie wäre es das Beste, wenn Sie sich zu Hause erst einmal hinlegen würden. Sie wirken auf mich sehr unruhig und gestresst. Sie sind Student? Benötigen Sie ein Attest?«

Ich nicke zögerlich.

Sie gibt etwas in den Computer ein und schaut wieder zu mir. »Schlafen Sie genug?«

»Ja, ich … eigentlich schon.«

»Was heißt *eigentlich*?«

»Ich kann meistens nicht so gut einschlafen«, gebe ich zu und unterdrücke den Drang, dem durchbohrenden Blick der Ärztin auszuweichen.

»Ich schreibe Ihnen etwas auf.«

Ich schweige und beobachte, wie sie sich erneut ihrem Computer widmet. Wieder klackert die Tastatur, einen Moment später springt ein Drucker an, und sie schiebt mir schließlich das Attest und ein Apothekenrezept über den Tisch entgegen.

»Das wird Ihnen beim Einschlafen helfen, Herr Wagner. Probieren Sie es aus; wenn es nicht besser wird, stellen Sie sich bitte noch einmal bei mir oder Ihrem eigenen Hausarzt vor. Zur Blutabnahme gehen Sie ins Behandlungszimmer am Ende des Flurs, in Ordnung?«

Ein wenig irritiert nicke ich, taste nach dem Rezept und schaue auf, als die Ärztin bereits wieder aufgestanden ist und mir die Hand entgegenstreckt.

»Alles Gute, Herr Wagner.«

»Danke.«

Ich fühle mich überrumpelt, abgefertigt wie am Fließband und erhebe mich zögerlich von meinem Stuhl.

Etwas widerwillig schlage ich tatsächlich den Weg Richtung

Blutabnahme ein, starre konsequent auf einen imaginären Fleck an der Wand, während mir die Sprechstundenhilfe mit der Nadel in der Vene herumstochert und mache innerlich drei Kreuze, als der Spuk endlich vorbei ist. Ich fühle mich wackelig auf den Beinen, als ich die Tür zum Wartezimmer öffne und Jason auffordernd zunicke, nachdem er seinen Blick vom Handy gelöst hat.

»Schon fertig?«

Ich nicke und gehe bereits einen Schritt Richtung Ausgang, während er mir folgt. Erst als wir draußen auf den Bürgersteig treten, sehe ich ihn wieder an und würde auf sein erwartungsvolles »Und?« am liebsten die Augen verdrehen.

»Nichts *und* … es ist alles okay.«

Jasons Stirn legt sich in Falten, während er mich kritisch ansieht. »Also geht's dir besser? Was haben die gesagt?«

»Dass ich gestresst wirke und mal wieder 'ne Runde schlafen soll.« Ich klinge genervter als gewollt und kann Jason ansehen, wie unzufrieden er mit diesem Ergebnis ist.

»Ernsthaft? Hast du erzählt, dass du vorher fast zusammengeklappt bist? Vielleicht hätte ich doch gleich 'nen Krankenwagen …«

»Es ist nichts, Alter! Die Ärztin hat mich angeschaut, als wäre ich der reinste Idiot. Zwing mich bloß nie wieder, wegen so was zum Arzt zu gehen, ich habe mich da drin völlig lächerlich gemacht.«

Jasons Miene verfinstert sich, als ich mich wieder an das Rezept in meiner Jackentasche erinnere. Das Stück Papier ist zerknittert, und ich zupfe es widerwillig glatt, ehe ich Jason einen Blick zuwerfe.

»Ich muss noch zur Apotheke.«

»Sie hat dir was aufgeschrieben?«

»Nur was zum Einschlafen, keine Ahnung.«

Jason schweigt einen Moment, dann hält er mir auffordernd die Hand hin. »Ich kümmer mich drum. Setz dich schon ins Auto.«

Eigentlich will ich widersprechen, reiche ihm das Rezept dann aber doch, als ich merke, wie mir nach diesen lächerlich kurzen drei Minuten, die ich jetzt auf den Beinen bin, schon wieder schwindelig wird. Jason wartet ab, bis ich mich zur Beifahrertür meines Wagens bewegt habe, ehe er die Straße überquert und die Apotheke gegenüber betritt.

Er braucht nicht lange, bis er mit einem kleinen Plastiktütchen im Gepäck neben mir hinters Steuer rutscht, mir einen kurzen Blick zuwirft, ehe er kommentarlos den Motor anlässt und sich in den Verkehr einfädelt, während ich nach und nach vom dumpfen Dröhnen in meinem schmerzenden Kopf verschluckt werde.

*

Emilia

Es ist beinahe beängstigend still, als ich die Tür zu Leos Wohnung hinter mir ins Schloss ziehe. Als vor wenigen Minuten eine Nachricht von Jason auf meinem Handy eingetrudelt ist, in der er wissen wollte, ob ich nach der Uni bei Leo vorbeikommen könne, habe ich mich direkt nach meinem Seminar auf den Weg gemacht. Leo selbst konnte ich nicht erreichen, eigentlich dachte ich, er sei heute erst in der Uni und anschließend im Label, doch als ich nun in der Tür zum Wohnzimmer stehe, wird mir klar, dass sich seine Pläne wohl spontan geändert haben.

Jason hockt auf der Couch, hat sein MacBook auf dem Schoß, Kopfhörer auf den Ohren und scheint mich noch nicht bemerkt zu haben. Mit einer Hand bedient er sein Trackpad, die andere ruht wie beruhigend auf Leos Schulter, der neben ihm auf der Couch liegt und schläft.

Ich spüre das Unbehagen in meinem Bauch, als ich bemerke, wie blass Leo ist. Vorsichtig komme ich einen Schritt näher, und Jasons Kopf schnellt erschrocken in die Höhe. Er nimmt die Hand von Leos Schulter und zieht sich die Kopfhörer herunter.

»Hey.« Er klappt seinen Laptop zu und steht vorsichtig auf. »Gut, dass du kommen konntest.«

»Was ist mit ihm?« Ich klinge besorgt und stelle meine Tasche neben dem Couchtisch ab, als Jason leise seufzt.

»Wenn ich das nur wüsste …«

Ich werfe ihm einen skeptischen Blick zu, während ich vor der Couch in die Hocke gehe und Leo vorsichtig über die Wange streiche. Er liegt auf der Seite, hat sich die Kapuze seines schwarzen Hoodies über den Kopf gezogen und scheint zu frieren, obwohl es angenehm warm im Raum ist.

»Es ging ihm in der Uni total beschissen. Ich dachte echt, er kippt jeden Moment um, aber er wollte nicht, dass ich einen Krankenwagen rufe.« Jason dämpft die Stimme, und Leo regt sich nicht. Mit einem unguten Gefühl in der Magengegend stehe ich wieder auf.

»Was er in so einem Moment glaubt zu wollen, ist zweitrangig.«

Jason rauft sich die Haare. »Scheiße, ja … aber du kennst ihn doch. Was hätte ich denn machen sollen?«

»Mich anrufen, zum Beispiel.«

»Das wollte er auch nicht.«

Ich werfe Leo einen kurzen Blick zu. Wie kann ein Mensch derart uneinsichtig sein?

»Dann hast du ihn heimgebracht?«, vermute ich.

»Wir waren erst bei meinem Hausarzt.«

Überrascht hebe ich die Augenbrauen. »Und?«

»Ich war nicht mit drin, aber Leo meint, laut der Ärztin sei alles okay. Er sei gestresst und soll sich ein bisschen ausruhen. Sie hat ihm Tabletten mitgegeben …« Jason macht einen Schritt zur Seite und greift nach der kleinen Pappschachtel, die auf dem Couchtisch liegt.

»Die sind doch verschreibungspflichtig«, bemerke ich, als ich den Namen des Medikaments gelesen habe, und sehe Jason hilflos mit den Schultern zucken. »Hat er schon eine genommen?«

»Ja, vorhin.«

»Und seitdem schläft er?« Mit einem leichten Kopfschütteln drehe ich die Schachtel zwischen den Fingern und lege sie schließlich zurück.

»Ich weiß ja nicht, aber irgendwie habe ich überhaupt kein gutes Gefühl bei der Sache. Ich kenne Leo jetzt schon eine ganze Weile, und die letzten Wochen … er hat irgendwie echt abgebaut. Wir hatten schon immer viel Stress mit der Uni und dem Label, aber bisher hat er das immer gut verkraftet, und jetzt muss er sich mit irgendwelchen Tabletten wegknallen, um schlafen zu können.«

Ich nicke schweigend. Zwar kenne ich ihn bei Weitem nicht so lang, doch auch mir ist nicht verborgen geblieben, wie schlecht er in letzter Zeit wirkt.

»Ist dir nichts aufgefallen? Ich meine, du bist Ärztin …«

Ich seufze leise. »Jason, ich bin noch lange keine richtige Ärztin.«

»Aber du hast definitiv mehr Ahnung als ich.«

»Natürlich macht mir die Sache mit Leo langsam Sorgen, aber wir müssen auch aufpassen, uns jetzt nicht in was reinzusteigern. Vielleicht ist er wirklich nur erschöpft und braucht mal eine Pause.«

»Er ist nicht nur erschöpft, schau ihn dir doch an.«

»Das tue ich.«

Jason seufzt resigniert. »Mir gefällt die Sache einfach nicht.«

»Mir doch auch nicht, aber wir sollten uns jetzt nicht verrückt machen. Wenn es ihm nicht besser geht, können wir ihn immer noch zu einem anderen Arzt schicken.«

Er nickt, mehr widerwillig als zustimmend, und wirft schließlich einen kurzen Blick auf sein Handy. »Hast du heute Mittag Termine, oder kannst du noch ein bisschen hierbleiben? Ich muss eigentlich dringend ins Label, Leo hätte die Nachmittagsschicht gehabt, und ich wollte ihn nicht allein lassen.«

»Ich bleibe hier, ja.«

»Meldest du dich später mal?«

»Ich schreib dir, mach dir keine Sorgen, Jason.«

Ich folge Jason in den Flur, wir verabschieden uns, und als ich die Wohnungstür wieder schließe, stoße ich leise die Luft aus. Leo scheint wach geworden zu sein, er blinzelt in meine Richtung, als ich zurück ins Wohnzimmer komme.

»Hey«, flüstere ich und gehe vor der Couch in die Hocke. »Wie geht's dir?«

Leo schließt die Augen, während ich ihm über die Schläfe streiche. »Müde. Jason war mit mir beim Arzt.«

»Ich weiß, er hat mich herbestellt.«

»Voll schön.«

Ich muss betroffen lächeln. Leo lässt den Kopf in meine Handfläche sinken. Als ich seine glühend heiße Haut an meiner spüre, runzele ich die Stirn. »Hast du Fieber?«

Auf meine besorgte Frage seufzt er lediglich, hebt den Kopf etwas an und versucht, meinem eindringlichen Blick standzuhalten. Überraschenderweise lässt er zu, dass ich ihm die Kapuze vom Hinterkopf streife und erneut seine Stirn befühle, sinkt dann jedoch wieder zurück auf die Kissen und schließt die Augen. »Ich muss einfach nur schlafen«, nuschelt er und lässt mich ziemlich ratlos vor der Couch am Boden sitzend zurück. Seinen beinahe apathischen Zustand schiebe ich auf das Medikament, doch trotzdem gefällt mir das alles nicht.

»Hast du heute schon was gegessen?«, frage ich leise. Leo bringt ein kurzes Kopfschütteln zustande. Wenigstens versucht er nicht, mich anzulügen. »Worauf hast du Lust?«

»Auf Schlafen …«

»Leo …« Auf meinen betroffenen Ton hin öffnet er tatsächlich die Augen und lässt mich seine Hand nehmen. »Du musst was essen, um wieder zu Kräften zu kommen.«

»Ich bin superkräftig.«

»Ja, das seh ich.«

»Ich mag echt nix.«

Jetzt mit ihm zu streiten wird mich nicht weiterbringen, und so erspare ich ihm die Diskussion und hoffe, dass er nach einer Mütze Schlaf tatsächlich wieder fitter sein wird.

»Willst du dich im Schlafzimmer hinlegen oder hierbleiben?«

Ein Blick in seine ermatteten Augen genügt, und ich greife wortlos nach der dünnen Decke, die über dem Sessel hängt.

»Kannst du noch bleiben?«

Seine zaghafte Bitte lässt mich lächeln, und ich nicke, während ich mich neben ihn auf die Couch setze. Er lässt sofort den Kopf in meinen Schoß sinken.

»Klar.«

»Danke, Mila.«

»Alles gut.«

Unzählige Gedanken, quälende Vermutungen gehen mir durch den Kopf, während ich Leo schweigend durch die Haare streiche, seinen ruhiger werdenden Atemzügen lausche und von ganzem Herzen hoffe, dass es wirklich nur Schlaf ist, was er benötigt, um endlich wieder richtig auf die Beine zu kommen. An alles andere versuche ich gar nicht erst zu denken.

SIEBZEHN

Emilia

»Mama!« Ich falle meiner Mutter um den Hals, kaum dass sie so recht aus ihrem Auto ausgestiegen ist.

»Mäuschen, wie schön! Wie geht es dir?«

»Blendend.« Ich kann mein Strahlen nicht verbergen und freue mich wie ein kleines Kind darüber, sie nach mehr als zwei Monaten endlich wiederzusehen. »Wie war die Fahrt?«

»Gut, es war nicht allzu viel los auf den Straßen.« Sie wirft einen Blick die Straße hinab. »Denkst du, ich kann den Wagen hier stehen lassen? Berlin in allen Ehren, aber die Parksituation ist wirklich grauenhaft.«

Ich muss lachen und nicke. »Ich weiß, Leo sagt das auch immer. Aber mit Parkticket sollte es hier kein Problem sein. Wir fahren mit der Bahn nach Mitte, nehme ich an?« Irritiert runzele ich die Stirn, als Mama schmunzelt.

»Was ist?«

»Er muss es dir wirklich sehr angetan haben.«

Im ersten Moment verstehe ich nicht, was sie meint, dann spüre ich die Hitze in meine Wangen steigen, als mir klar wird, dass ich bereits nach den ersten drei Sätzen, seit Mama hier ist, von Leo geredet habe. »Möglicherweise hat er das.«

»Kommt er auch mit?«

»Er muss heute arbeiten.«

»Schade.«

»Du wirst ihn schon noch früh genug kennenlernen«, bemerke ich und erinnere mich im gleichen Moment daran, dass ich sie dringend noch fragen muss, ob es okay ist, dass Leo an Weihnachten mit zu uns kommt. Doch um nicht sofort mit der Tür ins Haus zu fallen, beschließe ich, diese Frage auf später zu verschieben. Wir haben noch den ganzen Tag zusammen und werden Weihnachtseinkäufe erledigen, bevor Mama gegen Abend zu Jojo und Louisa nach Potsdam fährt.

»Wie geht's Papa?«

»Gut, sehr gut. Die Vorweihnachtszeit ist stressig, aber das ist ja nichts Neues.«

»Habt ihr dieses Jahr Gäste über Weihnachten?«

»Nein, wir öffnen nur das Restaurant. Papa und ich wollen die Feiertage ganz in Ruhe mit euch verbringen.«

Ich lächele. »Ich freue mich schon so«, sage ich wahrheitsgemäß. »Wollen wir los? Oder willst du erst noch mein Zimmer sehen?«

»Ich finde, ich sollte durchaus wissen, wo meine Tochter wohnt«, meint sie, und ich schließe die Eingangstür auf. »Ist deine Mitbewohnerin da?«

Ich schüttele den Kopf, während wir nach oben gehen. »Nein … das ist ein bisschen kompliziert gerade. Ivana ist ausgezogen, so mehr oder weniger. Es gab da Probleme mit dem Label und ihren Freunden, und momentan ist sie wohl bei ihren Eltern.«

»Sie kennt Leo auch, hattest du erzählt?«

Ich nicke. *Und wie sie ihn kennt …*

»Ich glaube, auf lange Sicht will ich mir dann sowieso was anderes suchen«, bemerke ich, während wir den Flur betreten. »Die Wohnung ist megaschön, aber irgendwie bin ich mit Ivana nicht wirklich auf einer Wellenlänge. Echt schade eigentlich …«

»Es ist wirklich schön! Und alles wirkt viel größer als über Skype.«

Ich muss lächeln, während Mama sich umsieht.

»Wohnt Leo auch in einer WG?«

»Nein, er wohnt alleine«, sage ich.

»Na, ein Glück.«

»Mama!«

»Vielleicht findest du bald etwas, das dir besser passen würde. Und bis dahin kannst du ja sicher zu ihm flüchten.« Mama mustert mich wissend. »Wollen wir dann los? Wie sieht unser Schlachtplan aus?«

Stunden später haben wir erst den Ku'damm, dann Mitte und die Hackeschen Höfe unsicher gemacht und viel zu viel Geld ausgegeben. Draußen wird es bereits wieder dunkel, als wir eines der kleinen Geschäfte in der Rosenthaler Straße verlassen. Über den Häusern thront der Fernsehturm, so unbeeindruckt vom vorweihnachtlichen Großstadttrubel wie immer, und ich mache meiner neuen Heimat zum wiederholten Mal eine stille Liebeserklärung. Sosehr ich anfangs mit Berlin gehadert habe, so wenig will ich mittlerweile weg von hier.

»Möchtest du noch irgendwohin?« Ich wende mich Mama zu, die nach mir auf den Bürgersteig tritt.

»Ich glaube, mein Geldbeutel ist dagegen«, meint sie und rafft ihre zahlreichen Tüten zusammen.

»Meine Füße auch«, gebe ich ihr recht. »Ich kenne ein Café in der Nähe. Wollen wir …?«

»Ja«, ruft Mama. »Ich bitte darum.«

Als wir das Credo erreichen, ist sie begeistert. Etwas verlegen stelle ich fest, dass ich noch immer Herzklopfen bekomme, sobald ich Leo nur sehe. Ich beobachte ihn einen Moment lang durch die Glasscheibe des Cafés. Sein Kopf geht zu uns, als sich die Ladentür mit einem leisen Klingeln öffnet, er murmelt wie automatisch eine Begrüßung in unsere Richtung und muss schließlich ein zweites Mal hinschauen.

Das Lächeln, das sich auf seinem Gesicht ausbreitet, ist mit Worten kaum zu beschreiben. Hastig kritzelt er die Bestellung auf seinen Block, nickt den Gästen zu und kommt zu dem Tisch, an dem Mama und ich uns in der Zwischenzeit eingefunden haben.

»Ich hätte gerne einen großen Cappuccino und … oh.« Mama verstummt, als ich Leo mit einem Kuss begrüße.

Er wirkt etwas verlegen, streift meine Stirn beinahe züchtig mit seinen Lippen. Dann lächelt er Mama vorsichtig an.

»Mama, das ist Leo«, erkläre ich überflüssigerweise, während sie ihn weiter anstarrt.

Er selbst räuspert sich leise, löst sich von mir und streckt ihr die Hand entgegen. »Schön, Sie endlich kennenzulernen, Frau Faber.«

Mama scheint unter seinem Lächeln geradezu hinzuschmelzen, ergreift seine Hand. Bei seinem leicht überforderten Gesichtsausdruck, als sie ihn kurzerhand in eine Umarmung zieht, muss ich fast lachen. »Ach nein, wie schön!«

Leo blinzelt mich überrumpelt an, und ich zucke grinsend mit den Schultern, während er sich drücken lässt.

»Das habt ihr ja ganz geschickt eingefädelt, ihr zwei. Aber dass das klar ist: Ich bin Julia, in Ordnung?«

Leo lacht, nickt, und Mama scheint die leichte Unsicherheit nicht aus seiner Stimme herauszuhören. »Okay, gerne.«

Ich schenke ihm ein Lächeln, als sein Blick für einen kurzen Moment beinahe suchend zu mir geht.

»Geht's dir gut?«, frage ich leise, und er nickt sofort.

»Total. Und euch? Wart ihr erfolgreich?«, fragt Leo und deutet auf unsere Tüten.

»Absolut. Es war kaum anstrengend«, bemerke ich.

»Denke ich mir. Was darf ich euch bringen? Einen großen Cappuccino und einen Karamell Macchiato?«

Mama wirkt noch immer wie verzaubert, während ich nicke. Egal, was er tut, Leo wird bei ihr nur noch Pluspunkte sammeln, da bin ich mir jetzt schon sicher.

»Wollt ihr auch was essen?«

Wir geben unsere Bestellungen auf, und Leo verspricht, gleich wieder da zu sein.

Mama dreht sich zu mir, kaum dass er hinter der Theke

verschwunden ist, und schafft es kaum, ihre Gesichtszüge zu kontrollieren.

»Was?«, frage ich leise.

»Mäuschen, dein Leo ist ja ein absoluter Traum!«

Ich muss mich sehr zusammenreißen, um nicht die Augen zu verdrehen. »Hab ich dir doch gesagt«, murmele ich.

Mama kriegt ihr Strahlen kaum aus dem Gesicht, als Leo einige Minuten später mit dem Tablett zu uns kommt.

»Setzt du dich kurz zu uns, oder ist gerade viel los?«, frage ich.

»Es ist gerade etwas ruhiger, perfektes Timing also.«

Leo bringt das Tablett weg und kommt schließlich mit seinem obligatorischen Espresso-Schnapsglas zurück zu uns. Als er neben mir sitzt, lege ich ihm für einen Moment unter dem Tisch die Hand aufs Bein und sehe ihn lächeln.

»Alles gut?«

»Ich bin froh, wenn ich Feierabend machen kann«, gibt er zu und streckt sich leicht, ehe er sich Mama zuwendet. »Gefällt Ihnen … äh, gefällt dir Berlin?«

»Ja, sehr. Auch wenn es mir auf Dauer zu hektisch wäre. Aber für euch Studenten muss die Stadt ja perfekt sein.«

»Das ist sie wirklich. Selbst Mila findet das ja mittlerweile.«

Ich senke etwas beschämt den Kopf, wenn ich daran denke, wie ich mich anfangs noch bei ihm über Berlin beschwert habe.

»Kommst du aus Berlin?«, fragt Mama, und mein Magen grummelt nervös, als wir uns diesem kritischen Thema nähern. Leo wirkt völlig entspannt, während er den Kopf schüttelt.

»Nein, aus Stuttgart. Ich bin vor ein paar Jahren hergezogen.«

»Ach, schön. Dann fährst du für die Feiertage sicher in den Süden, um deine Familie zu sehen?«

Leo bewahrt sein Lächeln, doch mir entgeht nicht, wie sein Blick wie suchend zu mir geht. Ich greife rasch nach seiner Hand.

»Um ehrlich zu sein, hatten wir überlegt, ob Leo an Weihnachten mit zu uns kommen könnte«, sage ich.

Mama wirkt nur für den Bruchteil einer Sekunde überrascht. Dann lächelt sie. »Wirklich? Das wäre ja schön.«

Sie meint es ehrlich, dessen bin ich mir absolut sicher.

»Ja?« Leo sieht von ihr wieder zu mir. »Ich wollte mich nicht aufdrängen, oder …«

»Oh Gott, das tust du nicht. Wirklich nicht. Wir würden uns alle wahnsinnig freuen. Warst du schon mal auf Amrum, Leo?«

»Noch nie, aber Mila hat schon viel berichtet. Es muss ein Traum sein.«

Schleimer … Allzu viel von meinen Erzählungen wird er sowieso nicht behalten haben, nachdem er dabei einfach eingeschlafen ist.

»Mal sehen, wie dir das Inselleben gefallen wird.«

Leo nickt und hebt einen Moment später den Kopf, als ein Gast einige Meter weiter einen genervten Blick in seine Richtung wirft.

»Ich muss kurz …«, murmelt er und erhebt sich von seinem Stuhl.

Mama hört nicht auf zu strahlen, nachdem er weg ist. »Das werden mit Sicherheit schöne Weihnachten!«

*

Leonardo

»Leonardo, dein Telefon!«

Willems durchdringende Stimme lässt mich von den Entwürfen aufschrecken, über denen ich seit einer guten Stunde brüte. Tatsächlich leuchtet mein Handy lautlos auf. Den Vibrationsalarm höre ich kaum, da es auf den Stoffen mitten auf dem Tisch liegt.

Ich greife nach dem Telefon und stehe auf. »Wagner«, melde ich mich.

»Herr Wagner, Dr. Schäfer am Apparat. Sie waren letzten Freitag bei mir in der Praxis«, höre ich eine Frauenstimme am anderen Ende der Leitung und brauche einen ziemlich langen Moment, bis es bei mir klick macht.

»Ich erinnere mich«, bringe ich heraus und werfe einen vorsichtigen Blick in Willems Richtung.

»Herr Wagner, weshalb ich anrufe ...«

»Einen Moment bitte«, unterbreche ich sie und verlasse das Atelier aus einem unguten Gefühl heraus. Erst als ich ein paar Türen weiter im Archiv bin, das durch die zahlreichen Stoffe außerordentlich gut schallisoliert ist, wage ich es, wieder zu sprechen. »Entschuldigen Sie, ich war gerade bei der Arbeit.«

»Selbstverständlich.« Dr. Schäfer räuspert sich leise, und ich bekomme es langsam mit der Angst zu tun, da sie selbst durchs Telefon besorgniserregend ernst klingt. »Der Grund, weshalb ich anrufe, sind die Laborergebnisse Ihrer Blutuntersuchung. Ihre Schilddrüsenwerte waren auffällig und passen zu den Symptomen, die Sie mir geschildert haben. Waren Sie schon bei Ihrem Hausarzt? Er kann das Labor bei mir anfordern, oder möchten Sie die Ergebnisse selbst abholen?«

»Nein, ich ... ich war nicht mehr dort.«

»Verstehe«, sagt Dr. Schäfer, und etwas an ihrem Tonfall gefällt mir nicht. »Dieser Befund ist auf den ersten Blick nicht tragisch, aber tatsächlich sind bestimmte Parameter aufgefallen, die in Ihrem Alter untypisch sind. Ich würde Sie gerne an einen Facharzt überweisen, um den Befund abzuklären. Dr. Falk ist Internist und Fachmann für Endokrinologie an der Charité. Er könnte Ihnen heute um dreizehn Uhr einen kurzfristigen Termin anbieten.«

Überrascht hebe ich die Augenbrauen, während ich einen Blick auf die Uhr an der Wand werfe. »Um dreizehn Uhr? Das ist ...«

»In einer Stunde, ich weiß. Ich habe eben angerufen, normalerweise müssen Sie für einen solchen Termin mit einer Wartezeit von mehreren Wochen rechnen. Vielleicht schaffen Sie es spontan?«

»Ich werde versuchen, da zu sein.«

»In Ordnung. Und Herr Wagner … alles Gute.«

Willems verwirrter Gesichtsausdruck, nachdem ich meinte, ich müsste dringend noch mal weg, geistert mir noch vor dem inneren Auge herum, als ich wenig später die Charité erreiche.

Einen Moment lang befürchte ich, Mila über den Weg zu laufen, dann fällt mir wieder ein, dass sie heute Nachmittag eine Prüfung schreibt und den Tag über freihat, um dafür zu lernen. Etwas erleichtert betrete ich das Foyer und spüre, wie sich die beklemmende Krankenhausatmosphäre sofort wie ein eiserner Mantel um mich legt. Schließlich sitze ich mit pochendem Herzen und schwitzigen Händen auf einem unbequemen Plastikstuhl an der Wand eines klischeehaft weißen Stationsflures und schlucke mein Unbehagen herunter, als ich in den Behandlungsraum gerufen werde.

Ein Arzt mittleren Alters kommt nach mir herein und reicht mir sofort die Hand. »Leonardo Wagner? Schön, dass Sie es geschafft haben. Ich hatte mit Dr. Schäfer telefoniert. Dr. Falk«, stellt er sich vor und greift nach einem Stoß Blätter, der auf dem Schreibtisch am Ende des Zimmers liegt. »Nehmen Sie bitte Platz, Herr Wagner. Dr. Schäfer hat bereits mit Ihnen über die Ergebnisse Ihres Blutbildes gesprochen, nehme ich an?«

Ich nicke zögerlich und zucke gleichzeitig mit den Schultern. »Sie hat von erhöhten Blutwerten gesprochen und davon, dass was mit der Schilddrüse nicht stimmt«, beginne ich und ärgere mich selbst darüber, wie verunsichert ich plötzlich klinge.

Dr. Falk hebt den Kopf und mustert mich, während er sich etwas zurücklehnt. »Ich würde Ihnen gerne einige Fragen stellen und Sie anschließend kurz untersuchen. Wir werden ein Ultraschall machen, um eventuelle Auffälligkeiten Ihrer Schilddrüse abzuklären. In Ordnung?«

Ich nicke und ringe mir ein unsicheres Lächeln ab, während er ein weiteres Blatt Papier heranzieht.

»In Dr. Schäfers Überweisung ist die Rede von Schlafstörungen. Sie hat Ihnen deshalb ein Medikament verschrieben. Ich muss Sie dringend bitten, dieses abzusetzen, da es sich auf Ihren derzeitigen Zustand ungünstig auswirken könnte.«

»Ich habe es nur einmal genommen«, gebe ich zu.

»Wie fühlen Sie sich aktuell?«

»Es geht, ich ... die meiste Zeit fühle ich mich eigentlich gut.«

»Haben Sie geschlafen?«

Ich schlucke. »Die letzten Tage waren recht stressig«, sage ich ausweichend.

»Irgendwelche weiteren Symptome, die auf Sie zutreffen? Abgeschlagenheit, Appetitlosigkeit, Konzentrationsmangel, Übelkeit, Kreislaufbeschwerden, Halsschmerzen und Heiserkeit, eventuell Schluckbeschwerden oder sogar Atemnot?«

Ich nicke stumm.

»Welche genau, Herr Wagner?«

»Alle.«

Absolut nichts verändert sich im Gesicht des Arztes, während er ein Kopfnicken andeutet und nach dem Kugelschreiber greift. »Haben Sie, ohne es zu wollen, Gewicht verloren?«

Zögerlich nicke ich.

»Wie viel?«

»Ich weiß es nicht, ich habe mich länger nicht gewogen.«

»Das lässt sich ändern.« Dr. Falk bittet mich zu einer Waage in der Ecke des Behandlungszimmers, und als er die Zahl abliest, muss ich mich beherrschen, um ihn nicht entsetzt anzustarren.

»Das kann nicht stimmen.«

»Wie weit sind wir von Ihrem Ausgangsgewicht entfernt?«

»Acht Kilo.«

»Acht Kilo weniger?«

Ich nicke, ohne es so recht zu begreifen. *Wie, zum Teufel, hab ich bitte einfach so acht Kilo verloren?*

»Sind Ihnen geschwollene Lymphknoten oder sonstige Besonderheiten wie Schmerzen oder Rötungen der Haut im Halsbereich aufgefallen?«

»Nein … aber ich habe, um ehrlich zu sein, auch nicht darauf geachtet.«

»Dann würde ich mir das gerne einmal ansehen.«

Unter Dr. Falks Anweisung setze ich mich auf die Behandlungsliege und muss ein Würgen unterdrücken, als ich seine Finger an meinem Hals spüre. Sofort habe ich wieder das Gefühl, nicht genügend atmen zu können. Ich muss mich beherrschen, um nicht vor ihm zurückzuweichen.

»Entschuldigen Sie. Ihre Lymphknoten sind tatsächlich vergrößert. Sind bei Ihren Eltern oder Geschwistern Schilddrüsenerkrankungen bekannt?«

»Nicht dass ich wüsste.«

»In Ordnung. Ich würde nun gerne die Sonografie vornehmen. Legen Sie sich bitte hin.«

Dr. Falk rollt auf einem kleinen runden Stuhl durch die Gegend, zieht ein Monstrum von Ultraschallgerät heran, dessen Kopf er mit dem typischen Gel vollschmiert, und dimmt schließlich das Licht, um etwas auf dem Bildschirm erkennen zu können. Er spricht nicht viel, teilt mir nur gelegentlich mit, was er da gerade zu sehen glaubt, und hält die Ergebnisse als Fotos fest. Innerlich mache ich drei Kreuze, als er endlich fertig ist. Als Dr. Falk das Licht wieder angemacht hat und auf dem Stuhl zu mir rollt, meine ich zum ersten Mal, Emotionen in seinem Gesicht ablesen zu können.

»Haben Sie etwas gesehen?«

»Die Ultraschallaufnahmen Ihrer Schilddrüse weisen tatsächlich Veränderungen auf, die mir verdächtig erscheinen. Was diese genau bedeuten, würde ich gerne in einer sogenannten Szintigrafie, einem nuklearmedizinischen Verfahren, abklären. Im besten Fall wäre das ein harmloser Knoten, im schlechtesten ein bösartiger, sprich ein Schilddrüsenkarzinom, das umgehend behandelt werden muss.«

Die anschließende Stille verschluckt mich mit voller Wucht, und während Dr. Falks Blick weiter auf mir ruht, schnürt sich mir der Hals nur noch weiter zu.

»Krebs?«

»Leider nicht auszuschließen, ja.«

»Okay ...«

»Ich möchte nicht vorschnell die Pferde scheu machen, Herr Wagner. Vielleicht irren wir uns, und die Veränderungen erweisen sich als harmlos, doch in Verbindung mit Ihrem Allgemeinzustand und den Laborergebnissen vermute ich eher Letzteres. Sie sollten sich also durchaus auf schlechte Nachrichten gefasst machen, so leid es mir tut.«

»Und ... was wäre dann?« Meine Stimme klingt so rau wie körniges Schleifpapier.

»Wir würden zusammen mit den Kollegen aus der Onkologie einen Therapieplan für Sie erarbeiten. Doch das besprechen wir erst, wenn wir mehr wissen.«

Diesmal schaffe ich kein Nicken.

»Ich werde mich um einen Szintigrafie-Termin für Sie kümmern. Haben Sie jemanden, der Sie nach Hause bringt?«

»Nein, ich ... nicht nötig.«

»Ich denke, es wäre besser, wenn Sie jetzt nicht allein sind.«

»Es ist wirklich in Ordnung. Es geht mir gut.«

»Sind Sie sicher?«

Ich halte dem ernsten Blick des Arztes stand und nicke.

»Wie Sie meinen. Für die weiteren Termine würde ich Ihnen jedoch sehr ans Herz legen, eine Begleitung mitzubringen. Wir würden Ihnen nun gerne auch noch mal Blut abnehmen, um es gezielt auf bestimmte Parameter untersuchen zu lassen.«

Ich habe nur halb zugehört und hebe irritiert den Kopf, als ich die junge Frau, kaum älter als ich selbst, bemerke, die den Raum betreten hat. Sie meint etwas von wegen Studentin und Blutabnahme, und ich halte ihr wie in Trance den Arm hin, an dem sie sich auch direkt zu schaffen macht. Die Geräusche um mich herum klingen seltsam gedämpft, während ich bewegungslos auf der Behandlungsliege sitze, erst den Stauschlauch an meinem Oberarm und dann das kalte Desinfektionsmittel an der Armbeuge spüre.

Schilddrüsenkrebs … Fuck.

Ich ziehe scharf die Luft ein, als die Nadel wohl alles andere als meine Vene punktiert.

»Entschuldigung.«

Ich weiß nicht, warum ich es tue, doch als ich einen viel zu langen Blick auf meinen Unterarm werfe und das dunkelrote Blut sehe, das dort durch den dünnen Schlauch sickert, wird mir fast augenblicklich schlecht. Die Wände des sowieso schon engen Raumes scheinen sich geradezu auf mich zuzubewegen, und ich habe das Gefühl, nicht mehr atmen zu können.

»Gleich vorbei, Herr Wagner.«

Ich will etwas antworten, doch meine Lippen sind plötzlich wie gelähmt. Ich merke, wie ich das Gefühl in den Fingern verliere, weiß, was als Nächstes kommt, und kann nichts dagegen tun, als Sekunden später ein dunkler Vorhang fällt und mich haltlos mit sich reißt.

ACHTZEHN

Leonardo

Seit einer geschlagenen halben Stunde hocke ich auf der Behandlungsliege von Dr. Falk, darf weder aufstehen noch nach Hause gehen und nippe vorsichtig an der Cola, mit der sie mich, nachdem ich bei der Blutabnahme umgekippt bin, wieder aufpäppeln. Wie lange ich weg war, weiß ich nicht. Ich erinnere mich lediglich an die durchdringende Stimme des Arztes und die entsetzte Studentin, die sich ungefähr eine Milliarde Mal bei mir entschuldigt hat.

Obwohl er vermutlich eine ganze Reihe anderer Patienten hat warten lassen, ist Dr. Falk die ganze Zeit über hiergeblieben und bestand nun natürlich erst recht darauf, einen meiner Familienangehörigen anzurufen.

Als ich von draußen ganz gedämpft eine Stimme vernehme, die für mich seit jeher der Inbegriff von Geborgenheit und Vertrauen bedeutet, schließe ich die Augen. Mit einem Mal will ich nur noch weinen.

Kurz darauf kommt mein Bruder mit Dr. Falk in den Raum, und ich fühle mich plötzlich zurückkatapultiert in eine Zeit, die ich längst glaubte, verdrängt zu haben.

Ben ist das Entsetzen deutlich ins Gesicht geschrieben. »Leo …« Er kommt näher, und ich zögere einen kurzen Moment, als ich Dr. Falks warnenden Blick bemerke, während ich von der Behandlungsliege rutsche.

»Hi.« Meine Stimme klingt brüchig, und als er mich einen Augenblick später in den Arm nimmt, schießen mir die Tränen in die Augen. Ben legt die Hand fester an meine Schulter, und es kostet mich meine gesamte Selbstbeherrschung, die Tränen wieder in mein Inneres zu verbannen.

»Schon gut … es wird alles gut, okay?«

Die Angst frisst sich schmerzhaft durch meine Brust, dennoch ringe ich mir ein Nicken ab. Für mich und für Ben, der gar nicht erst fragt, wie es mir geht, weil er mit Sicherheit weiß, dass ich gerade absolut keine Ahnung mehr habe. Für Dr. Falk, der zwei Meter weiter an seinen Schreibtisch gelehnt steht, diskret den Blick abgewandt hat und erst wieder zu uns hinübersieht, als ich mich vorsichtig aus Bens Armen löse, mir über die Augen wische und tief durchatme.

»Sorry.«

Er deutet ein Nicken an, kaum wahrnehmbar, und zum ersten Mal meine ich, so etwas wie Mitleid in seinem eigentlich so professionell-ernsten Blick zu erkennen. Unwillkürlich frage ich mich, wie jemand wie Mila, die einer der mitfühlendsten Menschen ist, die ich kenne, in einem Beruf wie diesem arbeiten soll, ohne auf lange Sicht daran kaputtzugehen.

»Wie fühlen Sie sich jetzt, Leonardo?«

Ich registriere kaum, dass er mich plötzlich mit Vornamen anspricht, und nicke. »Geht schon wieder.«

»So wie vorhin auch, ja?«

Ich verkneife mir einen Kommentar und lehne mich leicht gegen die Kante der Behandlungsliege. »Ich habe draus gelernt.«

»Das will ich hoffen. Zur nächsten Untersuchung erscheinen Sie nicht mit nüchternem Magen, haben wir uns verstanden?«

Ich nicke, während sich Dr. Falk meinem Bruder zuwendet.

»Achten Sie darauf, dass er etwas isst. Leonardo, das ist wirklich wichtig. Die Behandlungen werden Ihnen einiges abverlangen.«

»Ich versuch's.«

Dr. Falk nickt und macht schließlich einen Schritt auf uns zu, während er mir die Hand entgegenstreckt. »Sobald ich einen Termin für Ihre nächste Untersuchung bekomme, werde ich mich bei Ihnen melden. Sie können in den nächsten ein bis zwei Tagen mit meinem Anruf rechnen. Anschließend besprechen wir auch ganz in Ruhe, wie es für Sie weitergehen wird, ob Sie einen längeren stationären Aufenthalt vor sich haben und welche Therapien wir für angemessen halten. Es wäre sicherlich hilfreich, wenn Sie Ihren Bruder zum Gespräch mitbringen. Bis dahin versuchen Sie sich nicht verrückt zu machen. Wir sind an Ihrer Seite, okay?«

Ich nicke und bringe ein ziemlich heiseres »Danke« heraus, während Dr. Falk nun auch meinem Bruder zum Abschied die Hand schüttelt.

Als wir anschließend den Raum verlassen und den Flur bis zum Fahrstuhl entlanggehen, fühlt sich alles so absurd an, dass ich einen Moment lang meine Zweifel habe, ob das gerade wirklich passiert. Als ich jedoch einen Blick auf Bens ernstes Gesicht erhasche, werde ich ziemlich unsanft zurück auf den Boden der Tatsachen geholt.

»Danke, dass du so schnell gekommen bist.«

Ben schweigt, während sich die Türen des Fahrstuhls schließen, sieht mich lediglich an und schüttelt kaum merklich den Kopf. »Warum hast du nichts gesagt?«

Seine Frage kommt unerwartet, und so zucke ich lediglich mit den Schultern.

»Scheiße … Leo. Du hast vielleicht …«

»Krebs. Ich hab vielleicht Krebs.«

Die Worte klingen unwirklich, und obwohl sie aus meinem eigenen Mund kommen, kann ich sie nicht begreifen.

»Seit wann geht's dir so schlecht?«

»Ben …«

»Seit wann, Leo?!«

»Du hättest es nicht merken können. Ich hab mir ja selbst nicht eingestanden, dass was nicht stimmt.«

»Aber warum, verdammt? Stell dir vor, du wärst nicht irgendwann zum Arzt gegangen, sondern draußen zusammengeklappt.«

»Das war nur wegen dem Blutabnehmen. Ich hätte nicht hinschauen sollen. Außerdem war es Jason …«

»Was?«

»Ich bin nicht zum Arzt gegangen. Jason hat mich gezwungen. Am Freitag, nach der Uni.«

»Und da hast du es nicht für nötig gehalten, mir mal Bescheid zu sagen?«

»Die meinten, mir fehlt nichts!«

Die Türen des Fahrstuhls springen auf, und an Bens zuckender Kiefermuskulatur kann ich sehen, wie sehr er sich gerade zusammennehmen muss.

»Du sagst, falls du dich hinsetzen musst?« Sein unerwarteter Themenwechsel überrascht mich, und ich nicke lediglich.

»Ist schon okay.«

»Ich musste ein wenig entfernt parken. Soll ich den Wagen holen, und du wartest hier?«

»Ich kann laufen.«

»Leo, bitte.«

Ich nicke resigniert und setze mich auf eine Bank im Eingangsbereich, während Ben seine Autoschlüssel aus der Tasche zieht und sich nach einem weiteren Blick in meine Richtung auf den Weg macht.

Kaum dass er weg ist, werde ich erneut von meinen Gedanken verschluckt, starre ausdruckslos auf das weiße Linoleum zu meinen Füßen und versuche nicht einmal ansatzweise, das Chaos in meinem Kopf unter Kontrolle zu bringen. Die Hoffnung, dass sich Dr. Falks böse Vermutung als falsch herausstellen sollte, habe ich längst aufgegeben. Dafür war da etwas in seinem Blick, das mich nicht daran zweifeln lässt, dass er allein aus reiner Erfahrung richtigliegt.

Ich muss Jason sagen, dass ich im Label ausfallen werde. Und die Uni … Für einen Moment bin ich mir nicht mal mehr sicher, ob ich mein fünftes Semester unter diesen Umständen überhaupt beenden kann. Muss ich ein Freisemester beantragen? Was ist mit Willem und der Fashion Week? Meinem Job im Credo? Mila?

»Leo, ich steh draußen. Alles klar?«

Ben steht vor mir, als ich den Kopf hebe und ihn einen Moment lang ziemlich aus dem Konzept gebracht ansehe. Er klingt sanft, und als nichts mehr von seiner gereizten Stimmung von eben übrig ist, bin ich einfach nur froh. Ich will ihm sagen, dass es mir leidtut, dass ich mich viel früher an ihn hätte wenden sollen. Dass es nicht an ihm lag, dass ich es nicht getan habe. Doch ich kann nicht.

Ich bin müde. Ich will einfach nur raus aus diesem furchtbaren Krankenhaus, mir den Geruch von Desinfektionsmittel und kranken Menschen vom Körper waschen, schlafen und am besten nie wieder aufwachen.

Ben schweigt während der kurzen Fahrt zu meiner Wohnung, und ich bin erleichtert, nicht sprechen zu müssen.

»Danke fürs Fahren«, höre ich mich sagen, als wir schließlich in meinem Flur stehen, und sehe ihn abwinken.

»Ich kann über Nacht bleiben. Oder willst du mit zu uns kommen?«

»Ich komm klar, Ben.«

»Dein Arzt meinte, du solltest jetzt nicht allein sein.«

»Ist schon okay.«

Er öffnet den Mund, doch ich bin noch nicht fertig.

»Wo hast du die Kleinen gelassen?«

Mein Bruder zögert einen Moment, ehe er antwortet. »Unsere Babysitterin ist heute da.« Er wirft einen fahrigen Blick auf seine Armbanduhr und murmelt ein leises »Shit«.

»Musst du los?«

Er seufzt und fährt sich mit einer Hand durch die hellbraunen Haare. »Katha ist heute länger arbeiten, und Lisa meinte, dass sie nur bis spätestens vier bleiben kann. Ich könnte sie eben anrufen und …«

»Fahr ruhig, wenn du losmusst.«

Die Befangenheit, die in den Augen meines großen Bruders aufflackert, verunsichert mich. Er hat Angst, und er ist überfordert, vermutlich sogar noch viel mehr, als ich es bin, und ich weiß, dass Abhauen gerade das ist, was er am liebsten tun würde. In diesem Punkt ähneln wir beide uns viel zu sehr.

»Es ist wirklich okay. Mila kommt gleich noch vorbei.« Ich bin mir nicht sicher, ob er meine Lüge durchschaut, er zögert einen weiteren Moment und dreht nervös den Schlüssel zwischen seinen Fingern hin und her. Dann nickt er und macht einen kleinen Schritt in meine Richtung. »Ich komme morgen wieder und nehme den Nachmittag frei, okay? Wenn was sein sollte …«

»Melde ich mich«, ergänze ich und nicke. »Danke, Ben.«

»Immer.«

Ich lasse mich zum Abschied erneut gegen seine Brust ziehen und schließe die Augen, als er mich fester drückt als sonst.

»Pass bitte auf dich auf.«

Ich nicke.

»Du auch. Und Ben …«

Er hält inne, als er schon einen Schritt Richtung Tür gemacht hat, und sieht mich noch mal an.

»Bitte sag den anderen nichts. Erst, wenn die Ärzte sich wirklich sicher sind.«

»Wenn du das so willst, natürlich nicht.«

Ich bleibe im Flur stehen, während er nach einem letzten Blick zur Türklinke greift, ringe mir ein Lächeln ab und bewahre die Fassung, bis die Tür hinter meinem Bruder ins Schloss gefallen ist.

Sekundenlang verharre ich weiter im leeren Flur und bemerke kaum, wie meine Knie zu zittern beginnen. Ich weiß nicht, wohin mit mir, ich weiß es wirklich nicht. Bittere Tränen steigen in mir hoch, und gleichzeitig fühlt es sich an, als hätte sich vor wenigen Stunden eine eiserne Faust um meine Brust gelegt, die quälend langsam, aber mit einer unerträglichen Kraft zudrückt.

Warum? Wie ist das überhaupt möglich? Wie kann ausgerechnet ich vielleicht Krebs haben? Ich verstehe es nicht. Ich verstehe überhaupt nichts mehr.

Letztendlich weiß ich nicht, wie ich ins Bad gekommen bin, hocke voll angezogen auf der Kante der Wanne und starre meinem Spiegelbild entgegen. Ich erkenne mich selbst kaum wieder, dieses blasse, eingefallene Gesicht, die dunklen Schatten unter meinen ausdruckslosen Augen. Hebe nach einigem Zögern die Hände und taste zum ersten Mal selbst an die Stellen links und rechts unterhalb meines Kiefers. Versuche krampfhaft, nicht zu würgen, während ich die geschwollenen Lymphknoten, von denen Dr. Falk gesprochen hat, unter meinen zittrigen Fingerspitzen spüre. Es tut nicht weh, es ist nur unangenehm. Wie kann da wirklich etwas sein? Vielleicht irrt er sich doch …

Ich hebe den Blick erst wieder, als etwas Warmes auf meine Oberschenkel tropft, und senke den Kopf, als ließen sich die dummen Tränen so leichter zurückhalten.

Mein vibrierendes Handy lässt mich aufschrecken, ich ziehe es aus der Hosentasche und starre sekundenlang aufs Display, von wo aus mir Mila entgegenstrahlt. Kurz spiele ich mit dem Gedanken, sie einfach wegzudrücken, doch das letzte bisschen Vernunft in mir streicht schließlich über den Bildschirm, um den Anruf anzunehmen.

»Leo? Wir sind fertig!«

Zunächst verstehe ich nicht, wovon sie spricht, dann kommt es mir siedend heiß wieder in den Sinn. Die Klausur, die sie heute geschrieben hat, und mein Versprechen, sie an der Charité abzuholen, um ihre letzte große Prüfung vor Weihnachten gemeinsam zu feiern.

»Wie ist es gelaufen?« Meine Stimme klingt fremd, doch Mila scheint es nicht zu bemerken. Im Hintergrund höre ich Menschen lachen, hemmungslos grölen und Glas an Glas stoßen.

»Ganz gut, denk ich, aber egal, Hauptsache, es ist vorbei. Wo bist du? Die anderen wollen noch etwas essen, bevor wir uns auf den Weg machen. Du kommst doch, oder?«

Ich stöhne beinahe lautlos auf, als ich mich an die Medizinerparty erinnere, zu der ich ursprünglich mitkommen wollte.

»Leo? Bist du noch dran?«

»Ja, ich … mir ist was dazwischengekommen. Ich schaff's leider nicht heute. Tut mir total leid. Aber du hast sicher auch ohne mich 'nen schönen Abend.«

Ich höre sie etwas sagen, bemerke, wie die Geräusche in den Hintergrund treten, während sie sich wohl von der Gruppe entfernt. »Ist alles in Ordnung?« Sie klingt ernst, und ich verfluche mich dafür, ihre gute Laune versaut zu haben.

»Alles bestens.«

»Wo bist du?«

»Zu Hause. Ich fühl mich nicht so … Ich glaube, ich gehe heute früh ins Bett.«

Mila schweigt, und ich schließe die Augen, während ich mich bereits auf ihr kritisches Nachfragen vorbereite.

»Vermutlich tut dir das ganz gut.« Ihre Stimme klingt überraschend sanft, doch noch überraschender finde ich, dass sie mir meine Lüge tatsächlich abnimmt. Vielleicht hat sie schon getrunken.

»Wir holen das nach«, verspreche ich.

»Sehen wir uns morgen?«

»Klar, ich schreibe dir.« Ich fühle mich mies, doch ich will ihr jetzt nicht den Abend versauen.

»Mach ich. Schlaf gut, okay?«

»Danke. Und trink nicht so viel.«

»Nie.« Sie kichert und entlockt mir ein leichtes Lächeln. »Ich liebe dich.«

Mila hat aufgelegt, noch ehe ich etwas antworten kann, dennoch flüstere ich ein leises »Ich dich auch« in den Raum und lasse den Arm mit dem Telefon schließlich sinken.

Ich weiß nicht, warum, doch irgendwie hatte ich gehofft, dass sie nachhaken würde. Dabei bin ich mir sicher, dass ich ihr die Wahrheit nicht hätte sagen können.

Verflucht, ich muss mich ablenken. Irgendwas tun, um nicht mehr nachdenken zu müssen.

Ich kann mich tatsächlich dazu bewegen, duschen zu gehen, verharre beinahe eine halbe Stunde unter dem heißen Wasserstrahl und liege irgendwann in der Dunkelheit in meinem viel zu großen, viel zu leeren Bett.

Es ist noch nicht spät, doch ich fühle mich unendlich müde. Einschlafen kann ich trotzdem nicht. Wie lange ich mich von einer auf die andere Seite wälze, weiß ich nicht. Ich habe jegliches Zeitgefühl verloren, als ich irgendwann bereits im Halbschlaf ein Geräusch höre. Schritte nähern sich, meine Schlafzimmertür geht auf, und ich blinzele.

»Mila?«

»Hey du.«

Ich will nach dem Lichtschalter tasten, doch sie rutscht bereits an meiner Seite ins Bett und hält meinen Arm fest.

»Schlaf einfach weiter«, flüstert sie, während sie sich neben mich sinken lässt.

»Was tust du hier?«

»Wollte lieber bei dir sein.«

Ihre weichen Lippen schmecken leicht nach Tequila, und ich muss lächeln.

»Bist du betrunken?«

»Quatsch …« Sie schlingt die Arme um meinen Oberkörper und kuschelt sich an mich. Als ihr daraufhin ein zufriedenes Seufzen entfährt, schließe ich die Augen.

»Geht's dir besser?«, murmelt sie.

Ich zögere. »Jetzt schon«, flüstere ich schließlich.

»Schön …« Sie hält einen Moment inne. »Ich gehe erst duschen, wenn du eingeschlafen bist.«

Und dann muss ich lächeln, obwohl ich nicht will. Es ist egal, wie fest ich die Augen schließe, hinter meinen Lidern brennen die

Tränen. Doch es ist dunkel, und mein Kopf ist schwer. Milas Finger sind in meinen Haaren, und irgendwie ist alles ein winziges bisschen erträglicher, wenn sie in meiner Nähe ist.

Ein bisschen.

Ein winziges bisschen.

NEUNZEHN

Leonardo

»Bin dann vorne. Sag Bescheid, wenn du Hilfe brauchst.«

Ich nicke knapp, als Jason durch die geöffnete Tür in den Verkaufsraum verschwindet, warte ein paar Atemzüge, bis ich sicher bin, dass er nicht wieder zurückkommt, und lasse meinen Kopf dann in die Handflächen sinken. Keine Ahnung, ob er mir während der letzten beiden Stunden angemerkt hat, dass bei mir etwas ganz gewaltig nicht stimmt. Falls nicht, sollte ich mich selbst zu meinen herausragenden schauspielerischen Fähigkeiten beglückwünschen.

Seit ich vorgestern meine Vielleicht-Diagnose erhalten habe, kann ich keinen klaren Gedanken fassen. Als ich vorhin einen Anruf von Dr. Falk bekommen habe, ist mir das Herz fast in die Hose gerutscht. Ich hatte Glück, dass Jason gerade auf der Toilette war und nicht gehört hat, dass ich für morgen einen Termin zur Szintigrafie und, je nach Befund, anschließenden Biopsie in der Charité habe.

Warum ich mich trotzdem erst in die Uni und dann ins Label gequält habe? Weil ich mich gut genug kenne, um mir sicher zu sein, dass ich zu Hause, allein mit mir und meinen wirren Gedanken, völlig den Verstand verlieren würde. Außerdem hätten sowohl Jason als auch Mila sofort Verdacht geschöpft.

Schwerfällig hebe ich den Kopf und blinzele in Richtung der auf dem Betonboden ausgebreiteten Stoffbahnen, die ich gerade abstecke. Ich gehe in die Hocke und taste mit leicht zittrigen Fingern nach einer Nadel aus dem Kissen an meinem rechten Handgelenk. Ich greife ins Leere, habe Mühe, das Gleichgewicht zu halten, und unterdrücke eine Mischung aus trockenem Husten und Würgen, während ich mich mit einer Hand am Boden abstütze. Den beginnenden Schwindel nehme ich erst wahr, als ich mich zurück auf die Beine zwinge, nach der Wasserflasche auf meinem Schreibtisch greifen will und es nicht schaffe, den Arm zu heben.

Das Blut pulsiert in meinen Ohren. Die Stille um mich herum ist plötzlich ohrenbetäubend laut, und ich denke nicht nach, als ich das vermutlich einzig Richtige tue und es irgendwie schaffe, nach Jason zu rufen.

Ob er mich gehört hat, weiß ich nicht. Ich höre mich allmählich kaum noch selbst und merke nicht, wie das Maßband aus meiner Hand zu Boden fällt.

»Leo, Scheiße, Mann, was ist los? Sprich mit mir!« Jasons sonst so ruhige Stimme vibriert vor unterdrückter Angst, und ich habe es in diesem Moment nur ihm zu verdanken, dass ich weiter auf den Beinen bleibe. »Kriegst du keine Luft? Soll ich 'nen Arzt rufen?«

Ich kann ihm nicht antworten, schaffe nicht mal mehr ein einfaches Nicken. Krampfhaft versuche ich zu atmen, doch es fühlt sich an, als käme kein Sauerstoff in meinen Lungen an. Plötzlich bin ich mir sicher, dass es stimmt, dass Tod durch Ersticken wohl so ziemlich die schlimmste Art sein muss zu sterben.

»Leo, jetzt mach keinen Scheiß …« Jason packt mich, doch meine Knie geben nach. Sein angstverzerrtes Gesicht verschwimmt vor meinen Augen, mir wird unendlich schlecht. Das Letzte, was ich wahrnehme, ist Jasons Stimme, schnell, undeutlich und leiser als zuvor, während ich zu fallen beginne, endgültig, vom Dunkel verschluckt werde, erst langsam, dann wie auf einen Schlag.

*

Johannes

Mit einem Apfel in der einen, einer Tasse Kaffee in der anderen Hand lasse ich mich auf meinen Bürostuhl im Arztzimmer der Notaufnahme fallen und lege den Kopf für einen Moment in den Nacken.

Es ist kurz nach halb eins, der Wartebereich war wie durch ein Wunder verhältnismäßig leer, und ich mustere einen Moment lang mein Telefon. Soll ich es wagen, jetzt etwas zu essen zu bestellen, oder springt der Schockraumalarm an, so wie er es immer tut, wenn ich gerade auf *Bestätigen* geklickt habe?

Was soll's ... Im Dienst bestelle ich in weiser Voraussicht längst nur noch Gerichte, die kalt oder in der Mikrowelle aufgewärmt noch genauso gut schmecken wie direkt bei der Lieferung. Mein Magen knurrt, ich trinke einen Schluck Kaffee und schicke meine Bestellung übers Handy weg, bevor ich mich zurücklehne. Bis das Essen hier ist, beschäftige ich mich lieber mit Dokumentieren, denn dazu kam ich heute noch gar nicht.

Ich greife nach der Maus, logge mich in meinem Account auf dem Rechner ein, und das ist der Moment, in dem mein Telefon klingelt. Automatisch taste ich danach.

»Faber, Anästhesie«, melde ich mich und lausche der Stimme, die einen neuen Patienten ankündigt. Allzu viel erfahre ich nicht über ihn, nur dass er einundzwanzig Jahre alt ist, mit dem Notarzt kommt und nicht ansprechbar ist. Die Details werde ich gleich bei der Übergabe erfahren.

Ich klopfe mir den imaginären Staub von der weißen Hose und stehe auf. Im Behandlungsraum grüße ich das Pflegepersonal, eine Kollegin aus der Inneren und eine Praktikantin, bevor ich nach Handschuhen greife, als es draußen bereits lauter wird.

Es kommt keine Hektik auf, alles läuft absolut routiniert ab, und trotzdem stockt mir der Atem, als ich erkenne, wer auf der Trage in den Raum geschoben wird. Für einen kurzen Augenblick merke ich, wie meine Professionalität schwindet, dann schiebe ich alle Gefühle und unnötigen Gedanken zur Seite. Es ist das erste Mal, dass ich einen Notfallpatienten persönlich kenne.

»Was haben wir?«, frage ich, während ein Pfleger bereits damit beginnt, Blutdruckmanschette, EKG-Kabel und das restliche Monitoring der Sanitäter gegen unseres zu tauschen.

»Einundzwanzigjähriger Patient, kollabiert nach plötzlicher Dyspnoe, keinerlei Vorerkrankungen oder Traumata bekannt«, beginnt der Notarzt, und ich muss mich zwingen, den Blick von Leos Gesicht zu nehmen und aufmerksam zu bleiben, während er weitere Fakten herunterrattert. »Wir haben noch vor Ort unter erschwerten Bedingungen intubiert, die Schilddrüse ist massiv vergrößert, wir haben …«

Noch nie in meiner Karriere ist es mir so schwergefallen, bei der Sache zu bleiben und Schritt für Schritt die Punkte der Versorgung von Notfallpatienten abzuarbeiten. Der Ablauf ist vollkommen routiniert, eine Ärztin aus der HNO wird dazugerufen. Ich kümmere mich um die Beatmung, die Kollegin greift nach einer ersten orientierenden Untersuchung zum Telefon, spricht anscheinend mit ihrem zuständigen Oberarzt.

»War er allein?«, frage ich den Rettungsassistenten.

Er schüttelt den Kopf. »Ein Freund war vor Ort, er wartet draußen. Leider konnte er uns nichts sagen.«

Ich nicke. Einen Moment später höre ich die Stimme der Kollegin.

»Er hat sich letzte Woche in der Schilddrüsensprechstunde vorgestellt und sollte morgen zur Szintigrafie kommen. Dr. Falk ist heute im OP und nimmt ihn als nächsten Punkt zur Thyreoidektomie dazwischen.« Die Ärztin schaut zu mir. »Können Sie einen Kollegen für die Narkose organisieren?«

»Ich übernehme das«, sage ich sofort.

»In Ordnung.« Sie nickt und sieht sich um. »Dann bitte transportfertig machen.«

*

Emilia

Mein Magen knurrt leise, während ich nach Dr. Webers OP, bei der ich wieder zusehen durfte, aus dem Saal trete und überlege, ob ich lieber etwas essen oder noch in die Bibliothek gehen soll, um mit meinem Lernpensum voranzukommen. Das Grummeln in meinem Bauch verlangt eindeutig Ersteres.

Aus reiner Neugier lasse ich meinen Blick über die Spalten des OP-Plans auf dem Bildschirm im Mitarbeiterbereich wandern und bin schon dabei, den Knoten meines Mundschutzes zu lösen, als mein Herz für einen kurzen Moment aussetzt. Ich lese die Zeile wieder und wieder und kann sie dennoch erst verstehen, als ich den kurzen Text kaum hörbar vor mich hin murmele. »Totale Thyreoidektomie, Lymphadenektomie – Wagner, L. – 13:15 Uhr, OP 7 – Falk/Gruchow, Anästhesie: Faber.«

Wagner, L.

Nein. Okay. Wagner ist ein häufiger Nachname. Das könnte jede andere Person sein, und trotzdem ist mein Magen eine kleine kompakte Kugel aus Angst. Wenn Jojo dabei ist und dort gerade wirklich Leo operiert wird, dann hätte er mich informiert. Das hätte er doch, oder?

»Junge Dame, Sie stehen mir im Weg!«

Ertappt zucke ich zusammen und weiche einen Schritt zur Seite, um der OP-Schwester Platz zu machen, die daraufhin nach der Maus greift und einen anderen Punkt auf dem Plan anklickt.

Leos Name verschwindet, doch vor meinem inneren Auge sehe ich die rot hinterlegte Schrift noch immer, die signalisiert, dass die OP aktuell noch läuft. Ehe ich darüber nachgedacht habe, ob das, was ich tue, eine gute Idee ist, setzen sich meine Beine in Bewegung. Vor OP 7 zögere ich für den Bruchteil einer Sekunde, weiß genau, dass ich keine Berechtigung habe, hineinzugehen, und drücke den Türöffner dennoch. Im Einleitungsraum greife ich nach einem frischen Mundschutz und bin einen

Augenblick später im Saal.

Die konzentrierte Stille zeigt mir, dass sie bereits angefangen haben. Ich sehe die sterilen Tücher, dann fällt mein Blick auf Jojo, der am Kopfende des Tisches auf einem Hocker sitzt und gerade etwas an der Beatmungsmaschine einstellt.

»Ich höre?«

Ich erwache erst wieder zum Leben, als der Operateur die Stimme hebt. Er wirkt hoch konzentriert und hebt den Blick vom OP-Tisch, als ich auch nach einigen Sekunden noch nichts geantwortet habe. Gleichzeitig schaut Jojo in meine Richtung. Er braucht den Bruchteil einer Sekunde, dann springt er auf.

»Mila … raus.«

»Jojo, bitte, ich hatte keine Ahnung …«, bringe ich hervor, doch er schüttelt den Kopf. An der Schulter schiebt er mich zurück in den Vorraum. Ich erkenne nur seine Augen über dem mintgrünen Mundschutz. Er mustert mich eindringlich, während sich die Schiebetür zum OP hinter uns wieder schließt.

»Keine Diskussion. Du kennst die Vorschriften. Du hast hier gerade nichts verloren.«

»Also ist er es?« Meine Stimme bricht, dabei bin ich mir längst sicher, dass ich mit meiner Vermutung richtigliege. »Wie geht's ihm, was ist überhaupt passiert?«

»Das erklären wir dir nachher. In Ruhe«, betont Jojo, doch ich schüttele nur den Kopf.

»Kannst du keine Ausnahme machen?« Verzweifelte Tränen brennen in meinen Augen.

»Nein, und das weißt du auch. Mila, geh bitte raus und beruhige dich. Leo verdient jetzt nicht nur unsere ungeteilte Aufmerksamkeit, sondern auch alles an Privatsphäre, was wir ihm bieten können. Ich werde dich nicht noch einmal bitten, diesen OP zu verlassen.«

Ich kann nichts sagen. Obwohl Jojo vor mir steht, ist mir bewusst, dass in diesem Moment nicht mein großer Bruder, sondern der diensthabende Anästhesist in ihm zu mir spricht. Ich weiß, dass er nun so hart bleiben muss, und gleichzeitig trägt es dazu bei, dass ich mich nur noch hilfloser und überforderter fühle.

Mein Blick fällt an Jojo vorbei durch die Glasscheibe der Tür in den OP-Saal. Mein Kopf bekommt es nicht zusammen, dass dort gerade wirklich Leo liegt. Es ist zu viel, ich kann keinen klaren Gedanken fassen, und eigentlich ist mir klar, dass Jojo recht hat. In diesem Zustand habe ich nichts in einem OP verloren.

»Sagst du mir Bescheid …?«, beginne ich mit zitternder Stimme, während ich krampfhaft versuche, nicht zu weinen.

»Sobald wir wieder extubieren konnten«, verspricht Jojo und klingt plötzlich sanfter. »Leo hatte einen Freund dabei, der den Notruf abgesetzt hat. Er wartet unten vor der ZNA. Vielleicht setzt du dich einfach zu ihm, er war wohl ziemlich durcheinander. Und, Mila, bleib ruhig. Alles wird gut.«

Ich nicke, murmele ein leises »Danke« und sehe noch, wie Jojo zurück in den Saal geht. Dann drehe ich mich um.

Draußen auf dem Flur sind meine Knie weich, mir ist schlecht, und nur mit viel Selbstbeherrschung gelingt es mir, die Tränen weiter zurückzuhalten. Dutzende Fragen jagen mir durch den Kopf, doch nicht auf eine einzige finde ich eine Antwort, während ich mich wie in Trance mit dem Rücken gegen die nächstbeste Wand lehne. Obwohl ich es mit eigenen Augen gesehen habe, verstehe ich nicht, dass es tatsächlich Leo ist, dem da zwei Türen weiter gerade die Schilddrüse und Lymphknoten entfernt werden. Seine ständig heisere Stimme kommt mir in den Sinn, die extreme Müdigkeit, mit der er sich seit Ewigkeiten durch die Tage quält, und die Erkenntnis trifft mich wie ein Faustschlag direkt in die Magengrube, als mir klar wird, wie blind ich war. Ich schließe die Augen, aber die Tränen finden dennoch ihren Weg meine Wangen hinab. Ich balle die Hände zu Fäusten, doch die Wut in meinem Inneren bleibt.

Leo ist krank, offensichtlich schon seit längerer Zeit, und ich habe es all die Wochen nicht gesehen. Keine Ahnung, ob er bereits Termine bei einem Spezialisten wahrgenommen hat, doch die Tatsache, dass er gerade operiert wird und ich keinen blassen Schimmer davon hatte, deutet nicht gerade darauf hin, dass dieser Eingriff schon lange geplant war.

Schlagartig erinnere ich mich wieder an Jojos Worte und beeile mich, in die Umkleideräume zu kommen. Aus meinem Schließfach ziehe ich mein Telefon hervor. Vier verpasste Anrufe von Jason blinken mir entgegen, keine von Leo, und draußen hämmere ich geradezu auf den Rufknopf des Aufzugs, als er partout nicht erscheinen will, um mich nach unten zu bringen. Entnervt nehme ich die Treppe, verliere unterwegs fast mein Stethoskop und bin etwas außer Atem, als ich kurz darauf den Wartebereich der Notaufnahme betrete.

Jason braucht einen Moment, um mich zu erkennen. Dann springt er auf. »Mila, endlich … gibt's was Neues?« Seine sonst so ruhige Stimme klingt zittrig, er wirkt völlig durch den Wind und starrt mich hilflos an.

»Sie operieren gera…«

»Warst du bei ihm? Geht's ihm besser? Weiß man schon, warum …?«

»Jason.« Meine feste Stimme lässt ihn innehalten. »Leo wird noch operiert, mein Bruder ist mit im OP, und es schien, als hätten sie die Situation sehr gut unter Kontrolle. Hast du das verstanden?«

Er nickt mit starr zusammengepressten Lippen. Er ist blass, und ich schiebe ihn leicht nach hinten, ehe ich mich auf den Stuhl neben ihm sinken lasse. »Also lebt er?«

Seine simple Frage zieht mir für einen kurzen Moment den Boden unter den Füßen weg, und ich bin froh zu sitzen, während ich nicke. »Was ist überhaupt passiert?«, stelle ich die Gegenfrage.

»Ich hab keine Ahnung … Wir waren erst in der Uni, danach im Label. Ich glaube, es ging ihm die ganze Zeit schon mies, doch ich habe diesmal nichts gesagt. Ich meine, du weißt doch, wie er ist. Ich war im Label gerade vorne und hatte Kunden, als ich Leo gehört habe. Irgendwie hatte ich ein ganz beschissenes Gefühl und bin sofort nach hinten, und dann war er da, konnte kaum noch stehen und hat keine Luft gekriegt. Er ist einfach umgekippt, ich hab den Notarzt gerufen und … scheiße, keine Ahnung …«

»Und dir hat seitdem keiner was gesagt?«

Jason schüttelt den Kopf. »Es musste alles total schnell gehen. Eine Schwester kam vorhin und meinte, dass sie sofort in den OP sind.«

»Hatte er einen Atemstillstand?«

»Frag mich was Leichteres … du bist die Ärztin. Er war nicht ansprechbar und … keine Ahnung, wenn ich das gewusst hätte, hätte ich damals im Erste-Hilfe-Kurs besser aufgepasst!«

»Du hast alles richtig gemacht, Jason. Es wird sich jetzt um ihn gekümmert, okay?«

»Hat Leo dir irgendwas gesagt? Wenn ihm echt ernsthaft was fehlt, musst du mir das sagen, bitte!«

»Jason, ich weiß von nichts.«

»Aber man klappt nicht einfach ohne Grund so zusammen. Du hättest es sehen müssen, ich dachte, er stirbt mir da unter den Händen weg. Er hat echt gar keine Luft mehr gekriegt.«

»Die nehmen ihm gerade die Schilddrüse und die Lymphknoten raus. Inwiefern das damit zusammenhängt, kann uns vermutlich erst mein Bruder sagen.«

»Die Lymphknoten? Warum?«

»Ich … wir sollten abwarten, was die Ärzte sagen.«

»Mila, verkauf mich nicht für blöd. Meine Mutter hatte Brustkrebs. Ihr haben sie auch die Lymphknoten entfernt …« Jasons Stimme versagt, und ich bleibe stumm, fühle mich wie eine feige kleine Lügnerin, nachdem er es einfach so ausgesprochen hat.

»Hast du seine Geschwister angerufen?«, frage ich schließlich und sehe, wie er für einen kurzen Moment resigniert die Augen schließt.

Jason schluckt, scheint mit jeder Sekunde mehr zu verstehen, was es mit alldem auf sich hat, und nickt letztendlich. »Ben, ja. Er versucht, Charlie zu erreichen und dann herzukommen. Er ist noch in Hannover, und sie hat heute Abend einen Zwischenstopp in Berlin.«

»Gut … mit Élaine und Willem warten wir lieber, bis wir wissen, wie es aussieht.«

Jason nickt, und ich verberge das Gesicht für einen Moment in den Händen, als das Adrenalin allmählich aus meinem Körper verschwindet. Übrig bleibt nichts als dieses Chaos in meinem Kopf.

»Du warst damals mit ihm beim Arzt …«, beginne ich und sehe, wie sein Kopf sofort zu mir geht.

»Er hat gesagt, die haben nichts Auffälliges gefunden.« Jason klingt ehrlich, so ehrlich, dass ich ihm glaube, ohne es wirklich zu wollen. Ich spüre seinen Blick auf mir und blicke in betroffene hellbraune Augen, als ich den Kopf hebe. »Er hätte es dir gesagt.«

Ich muss lachen, bin für einen Moment erschrocken, wie verbittert ich klinge, und spüre, wie sich die Tränen erneut einen Weg ans Tageslicht erkämpfen wollen. »Ich hab nichts gemerkt …«

Jason sagt nichts. Ich weiß nicht, ob ich ihm dankbar sein oder es übel nehmen soll, und zucke zusammen, als er unbemerkt nach meiner Hand tastet. »Die kriegen ihn wieder hin, okay?« Er klingt selbst so verunsichert, dass mir mein Nicken wie die reinste Lüge vorkommt.

Ich schließe für einen Moment die Augen und sinke schließlich etwas in meinem Stuhl zusammen.

»Wie lang dauert so eine Operation?«, fragt Jason irgendwann. Seine Stimme klingt belegt, und ich zucke lediglich mit den Schultern.

»Kommt drauf an, wie viele Lymphknoten sie rausnehmen. Für die Schilddrüse brauchen sie vielleicht anderthalb Stunden.«

Jason schweigt ohne ein Nicken, ohne einen weiteren Kommentar, und ich bin mir sicher, dass er ebenso wie ich weiß, dass unsere Mauer aus positiven Gedanken mit jeder Minute, die es länger dauern wird, weiter ins Bröckeln gerät.

Mehr als zwei Stunden später entdecke ich mit einem Mal Rahel, die an der Tür verharrt und nach kurzem Zögern zielstrebig auf Jason und mich zusteuert.

»Mila? Dr. Faber schickt mich. Ich soll dich zu einem Patienten bringen.« Ihr Blick geht verunsichert von mir zu Jason, als wir gleichzeitig aufspringen.

»Geht es um die Thyreoidektomie?«, bringe ich heraus.

»Ja, aber es tut mir leid. Er meinte ausdrücklich, dass ich nur dich mitbringen soll.« Rahel wirft einen entschuldigenden Blick in Jasons Richtung, dem die Enttäuschung deutlich anzusehen ist.

»Hat das was zu bedeuten?«, will er wissen.

»Nein, es soll nur keine Hektik entstehen, wie es bei vielen Menschen auf einmal schnell der Fall ist«, erwidert Rahel.

»Ich sag dir sofort Bescheid, wenn ich bei ihm war«, verspreche ich, und Jason nickt widerwillig.

»Gut, dann geh du, und ich warte auf Ben.« Er sinkt zurück auf seinen Stuhl, während ich Rahel zum Fahrstuhl folge.

Wir sind allein, nachdem die Türen sich geschlossen haben. Sie ist es, die die unangenehme Stille nach einigen Sekunden bricht. »Das ist dein Freund, der da gerade operiert wurde?«

Ich schaue sie nicht an, zwinge mich zu einem Nicken und ziehe die Arme wie schützend enger um den Körper. »Gab es Komplikationen?«

»Soweit ich weiß, nein, sie bringen ihn gerade hoch auf die Intensiv.«

»Okay.«

Rahel sagt nichts mehr, ihr Schweigen wirkt dennoch nicht hilflos, und im Stillen bin ich ihr dankbar, dass sie auf sinnfreie, aufbauende Floskeln verzichtet. Gleichzeitig erkenne ich das Mitgefühl, als ich einen Blick in ihr Gesicht wage, ehe uns der Fahrstuhl auf den langen Flur der Intensivstation ausspuckt. Rahel geht mir voran an einigen Türen vorbei, betritt den Bereich, der nur für Mitarbeiter zugelassen ist, und macht vor einer der Schiebetüren halt. Mit einem kurzen Blick deutet sie mir, den Raum zu betreten, und bleibt an der Tür stehen, während ich hineingehe.

Meine Knie werden weich, als ich Leo erkenne. Kreidebleich, ein großes Pflaster auf dem Hals und voll verkabelt liegt er da, und ich schrecke erst aus meiner Starre, als ich Jojo in dem kleinen Getümmel aus Pflegern und dem Anästhesisten entdecke, das sich gerade erst auflöst.

Zögerlich komme ich näher, während Jojo einen Blick auf die Perfusoren wirft, die Schmerzmittel und andere Medikamente über den Zugang an Leos Handrücken abgeben. Seine Hand ist kalt, eiskalt, und ich bin schockierter, als ich es sein sollte, als er nicht auf meine Berührung reagiert.

»Wir sprechen gleich.« Jojos Blick findet meinen, ich nicke wie automatisch und werfe einen kurzen Blick auf die Monitore. Dann sehe ich zurück zu ihm.

Ich glaube, Leo noch nie so blass gesehen zu haben, spüre, wie sich mein Magen schmerzhaft zusammenkrampft, und frage mich, wie in Gottes Namen ich einfach übersehen konnte, dass es ihm so mies geht.

»Leo?« Als Jojo ihn nun mit fester Stimme anspricht, blinzelt er tatsächlich. Seine Lider scheinen tonnenschwer, und am liebsten würde ich heulen, als Leos todmüder Blick für einen Sekundenbruchteil auf meinen trifft. »Leo, du bist im Krankenhaus und wurdest operiert. Hey …« Jojo greift an seine Schulter, als Leo die Augen wieder schließt. »Hast du Schmerzen?«

Ich drücke Leos Hand fester, als er tatsächlich ein Kopfschütteln andeutet. Mir ist klar, dass Jojo ihn nun dazu bringen will, ihm eine Frage zu beantworten, um zu überprüfen, ob durch die Operation Nerven verletzt wurden, die für die Stimmbildung wichtig sind.

»Leo?«

Er blinzelt erneut. Seine Lippen bewegen sich in Zeitlupe, und ich atme erleichtert auf, als ich das leise Nein höre, das er hervorbringt.

»Gut, okay. Alles okay.« Jojo klingt erleichtert. Für einen Moment streicht er ihm über die Schulter, und die kleine Geste treibt mir die Tränen in die Augen.

Leos Augen fallen wieder zu, mir ist klar, dass es noch eine Weile dauern wird, bis er zurechnungsfähig ist, doch am liebsten würde ich bis dahin keine Sekunde lang von seiner Seite weichen.

Jojo schweigt eine Weile, die Anspannung weicht aus Leos Zügen, während er wieder einschläft, dann sieht mein Bruder mich an. »Kommst du kurz mit raus?«

Ich nicke und danke Jojo im Stillen, als er schon nach draußen auf den Flur tritt und mir einen kurzen Moment mit Leo lässt. Ich schlucke die Tränen hinunter und beuge mich rasch zu ihm. Meine Lippen streifen seine Stirn, ich möchte ihm so vieles sagen, auch wenn er es jetzt vermutlich nicht hört, doch nun einfach wegzugehen kommt mir beinahe unmöglich vor.

»Bin gleich wieder da«, flüstere ich, ehe ich Leos Hand loslasse und Jojo nach draußen folge.

Er bedeutet mir, mit ihm zu kommen, und tritt etwas weiter in eine Nische, in der ein Wasserspender und einige Stühle stehen. Anstatt sich zu setzen, neigt er den Kopf nacheinander zu beiden Seiten, ich höre seine Wirbel leise knacken und schließlich sein Räuspern, als er mich wieder ansieht.

»Gut, also … zuallererst, Mila, kann ich sehr gut verstehen, dass du dir große Sorgen um Leo machst, aber was eben im OP vorgefallen ist, war in höchstem Maße unprofessionell.«

Ich schrumpfe augenblicklich mindestens zehn Zentimeter, als die befürchtete Standpauke beginnt, und versuche, den erneuten Drang, auf der Stelle loszuheulen, zu unterdrücken. Diesmal erfolglos, denn noch bevor Jojo auch nur ein weiteres Wort gesagt hat, rollt mir der Schock in Form von dicken Tränen über die bebenden Wangen.

»Ich weiß, sorry …« Meine Stimme bricht, und ich verberge

das Gesicht in beiden Händen. Ich habe keine Ahnung, was mit mir los ist, kann mich nicht erinnern, wann ich zuletzt derart nah am Wasser gebaut war, und zucke zusammen, als ich eine Hand an meiner Schulter spüre.

Ich nehme das Taschentuch, das Jojo mir reicht, und versuche, die Tränen zu trocknen, die jedoch ununterbrochen nachkommen. Nur mit viel Mühe gelingt es mir, die Schluchzer zu unterdrücken, um nicht noch mehr Aufmerksamkeit auf mich zu ziehen. Die Tränen verschleiern mir die Sicht, und ich muss Jojo nahezu blind vertrauen, als er die Hand an meine Schultern legt und mich nach vorne schiebt.

Ich höre seine Schlüssel klimpern, einen Moment später öffnet er eine Tür, und der kontinuierliche Stationslärm wird von einer schweren Stille verschluckt, die mir meine zittrigen Atemzüge umso lauter in den Ohren dröhnen lässt. Wir befinden uns in einem der Vorratsräume für Medikamente. Jojo lehnt sich mit dem Rücken gegen die geschlossene Tür, während ich mich krampfhaft versuche zu beruhigen.

»Ich weiß auch nicht, was mit mir los ist«, bringe ich heraus, ärgere mich über mich selbst, was es eigentlich nur noch schlimmer macht.

»Du stehst unter Schock, das ist eine rein menschliche Reaktion.« Jojo wartet einen weiteren Augenblick, während ich mir die Nase putze, mit dem Handrücken über die nassen Wangen fahre und mich zwinge, normal zu atmen. »Ich nehme an, du hast von seinem Freund erfahren, was passiert ist?«

Die schmerzhafte Angst pocht in meiner Brust, während ich nicke. »Jason hat es mir erzählt, ja. Leo hat mir gegenüber nie was erwähnt. Ich weiß, dass ich es hätte merken müssen, aber …«

»Du hättest es nicht merken können, hör auf, dir das einzureden, Mila. Dass die Situation derart eskalieren würde, war nicht absehbar. Wir haben in der ZNA erfahren, dass Leo vor ein paar Tagen in der Sprechstunde war und für morgen einen Termin zur

Szintigrafie hatte.«

»Wusstest du das?«

»Dass er bereits hier war? Nein.«

»Habt ihr mit ihm gesprochen?«

»Er war nicht ansprechbar, die Kollegen aus der HNO wollten sofort operieren. Dass sich sein Zustand so rapide verschlechtern würde, konnte niemand vorhersehen. Die Schnellschnitte sahen leider nicht gut aus, aber ich denke, sie haben den Tumor vollständig erwischt.«

Tumor. Also wirklich.

»Auf die Ergebnisse der entnommenen Lymphknoten warten wir noch. Die Pathologen sind dran. Ich denke, dass wir morgen mehr wissen und erfahren, wie es weitergeht.« Jojo schluckt. »Es tut mir leid, Mila.«

Ich schüttele den Kopf, will etwas sagen, *Alles gut* oder eine ähnliche Lüge, doch dann verlässt kein Ton meine Lippen, während mir erneut die Tränen in die Augen schießen. Einen Augenblick später spüre ich, wie Jojo mich in den Arm nimmt, und dann ist es vorbei.

Ich weine und bin mir sicher, ich werde nie wieder damit aufhören. Nie mehr.

»Alles wird gut«, wiederholt Jojo leise, und ich weiß nicht, wie er das einfach sagen kann.

Was, wenn nicht? Was, wenn er sich irrt?

Es ist Krebs. Es ist verflucht noch mal ernst, und ich kann nicht atmen. Ich verstehe es nicht.

Ich weiß nicht, wie viel Zeit vergeht, bis die Tränen irgendwann weniger werden. Meine Nase läuft, mein Brustkorb tut weh. Alles tut weh, aber es ist mir auch egal.

»Darf ich wieder …?«, beginne ich und sehe noch, bevor ich die Frage beendet habe, wie Jojo zögert. »Jojo …«

»Das war alles sehr nervenaufreibend. Ich halte es für keine gute Idee, dich jetzt zu ihm zu lassen.«

»Was? Aber …«

»Mila, du bist total durch den Wind. Und Leo braucht Ruhe. Lass ihn schlafen, er wird vermutlich sowieso erst morgen früh wieder richtig zu sich kommen. Geh nach Hause und nimm Jason am besten gleich mit. Ihr könnt jetzt nichts für ihn tun.«

Ich öffne den Mund, will protestieren, doch Jojo scheint noch nicht fertig zu sein.

»Hast du heute Praxistag?«

»Ich bin bei Dr. Weber wegen der Studie«, sage ich und erinnere mich gleichzeitig daran, dass ich meine Mittagspause schon längst überzogen habe.

»Gut, ich sage ihm Bescheid, dass du heute ausfällst.« Jojo klingt so entschlossen, dass ich es nicht wage, zu widersprechen.

»Aber kann ich nicht vielleicht doch …?«, starte ich einen letzten schwachen Versuch.

»Nein, und dabei bleibt es. Ich werde nicht mit dir diskutieren. Geh nach Hause und versuch ruhig zu bleiben. Damit wird Leo am ehesten geholfen sein, so schwer das gerade auch für dich sein mag.«

»Sein Bruder, Ben, er ist auf dem Weg hierher, wir wollten warten, bis er da ist.«

»Ich werde mit ihm sprechen, sobald er hier ist.«

»Und wenn es ihm plötzlich schlechter geht?«, beginne ich und schlinge die Arme um meinen Oberkörper, als ich das Weinen erneut nur schwer unterdrücken kann. »Wenn doch noch Komplikationen auftreten und … Jojo, ich würd's mir nie verzeihen, wenn ich nicht bei ihm gewesen wäre, sollte er …«

»Denk da nicht mal dran«, werde ich von ihm unterbrochen und sehe, wie die Härte in seinen Zügen endlich dem Mitleid weicht, das ich schon die ganze Zeit über in seinen Augen suche. »Sein Zustand ist stabil. Er steht unter Dauerbeobachtung, und sollte es auch nur das kleinste Anzeichen einer Komplikation geben, handeln wir sofort.«

»Versprich trotzdem, dass du anrufst, falls was passiert.«

»Ich habe Nachtdienst.«

»Okay.«

Jojo zieht mich noch mal in seine Arme, und ich schließe für einen Moment die Augen, während ich kurz glaube, nun könne uns nichts mehr passieren. Weder Leo noch mir, denn egal, was er tut, Jojo gibt mir seit jeher das Gefühl, alles im Griff zu haben, auch wenn der Eindruck vielleicht öfter täuscht, als ich wahrhaben will.

Meine Knie sind zittrig, mein ganzer Körper fühlt sich unnatürlich taub an, während ich schließlich den langen Flur der Intensivstation entlanggehe. Mit jedem Schritt spüre ich, wie falsch sich das hier alles anfühlt, und ich will eigentlich nichts anderes als zurück zu Leo, bei ihm bleiben, so lange, bis er richtig aufwacht und ich sicher sein kann, dass er wieder der Alte ist.

Jason springt sofort von seinem Stuhl, als ich in sein Sichtfeld trete. Sein Blick klebt auf mir, während ich in wenigen Worten wiederhole, was mein Bruder mir eben alles gesagt hat. Seine Miene bleibt starr, in diesem Moment tue ich mich schwer, einzuschätzen, was in ihm vor sich geht.

»Also warst du gar nicht bei ihm?«

»Doch, aber nur kurz. Er war noch total müde, aber er atmet selbst und wird noch eine Weile schlafen.«

Jason nickt zögerlich. »Das heißt, wir fahren?«

Ich zwinge mich zu einem Nicken. »Ich dachte, ich fahre in Leos Wohnung. Er wird ein paar Dinge brauchen, und außerdem ist es näher hierher.«

»Gut, dann lass uns gehen. Ich bin mit dem Auto da.«

»Ich kann laufen, es sind nur ein paar Meter.«

»Du solltest jetzt nicht allein sein, Mila. Ich werde mitkommen, oder ist es dir lieber, wenn ich Alessa ...?«

»Nein.« Ich schlucke. »Nein, schon gut, Jason. Danke.«

»Nicht dafür.«

Draußen atme ich eisige Dezemberluft. Es hilft, einen klaren

Kopf zu bekommen, und als ich nach oben schaue, hängt der Winterhimmel bleiern über uns. Es würde mich nicht wundern, wenn wir heute noch Schnee bekommen, an diesem Mittwoch, der sein könnte wie jeder andere in der Vorweihnachtszeit, aber es nicht ist. Er ist das exakte Gegenteil, und mit jeder weiteren Minute kann ich diesen Fakt weniger ignorieren.

Leos Wohnung ist still und verlassen, als ich kurze Zeit später den Schlüssel ins Schloss schiebe und vor Jason den Flur betrete. Keiner von uns beiden sagt etwas. Hier zu sein fühlt sich plötzlich seltsam an, nicht falsch, aber eben auch nicht richtig, und ich bin froh, dass Jason derjenige ist, der sich nun leise räuspert.

»Ich mache uns erst mal einen Tee, und dann sehen wir weiter.«

Ich zwinge mich zu einem kurzen Nicken, weiß nicht, was es groß weiterzusehen gäbe, und spüre, wie Jasons inhaltslose Worte das Gefühl der Ohnmacht in meinem Inneren um ein Vielfaches verstärken. Machtlos zu sein, nichts Sinnvolles tun zu können ist seit jeher einer der schlimmsten Zustände für mich, und das wird mir in diesen Minuten erneut so eindrücklich vor Augen geführt, dass ich mich zügeln muss, um ihm keine schnippische Antwort zu geben. Ich habe Angst, und ich bin gereizt, so wie immer, wenn ich mich überfordert fühle.

In jeder einzelnen Ecke der Wohnung erkenne ich Leo wieder, rieche ihn, sehe sein kreidebleiches Gesicht vor meinem inneren Auge und zucke zusammen, als ich für einen kurzen Moment glaube, seine Berührung an meiner Hand zu spüren. Leicht schüttele ich mich, folge Jason ins Wohnzimmer, nachdem ich aus den Schuhen geschlüpft bin, und schlucke das bittere Gefühl der Erkenntnis herunter, dass uns tatsächlich nichts anderes übrig bleibt, als abzuwarten.

»Meinst du, wir sollten Élaine und Willem anrufen?«

»Ich weiß nicht«, sagt Jason, hält den Wasserkocher in einer Hand und greift mit der anderen nach dem Hahn. »Wäre es gut, wenn noch zwei weitere aufgeregte Menschen in der Charité aufkreuzen?«

Ich seufze leise, schüttele den Kopf und unterdrücke den Drang, mir die Haare zu raufen. Am liebsten würde ich weiter kopflos auf und ab laufen. »Ich will nur nicht, dass sie es über fünf Ecken erfahren und dann total panisch werden.«

Das Rauschen des fließenden Wassers übertönt die kurze Stille, die meinen Worten folgt, während Jason schließlich nickt.

»Vermutlich hast du recht. Du könntest Élaine anrufen und betonen, dass es Leo aber so weit gut geht und man morgen mehr wissen wird. Sonst stehen die beiden sofort auf der Matte.«

»Dann sag ich noch nichts von …?« Ich unterbreche mich selbst.

Jason schüttelt sofort den Kopf. »Nein, sag dazu noch nichts.«

»Okay.«

Er werkelt weiter in der Küche herum, während ich mich nach dem Telefon umsehe, Élaines eingespeicherte Nummer finde und dem Freizeichen lausche. Es knackt in der Leitung, und ich schließe die Augen, als ich Élaines klare Stimme höre.

»Leo, bist du es? Wie schön, dass du anrufst!«

Meine sorgfältig zurechtgelegten Sätze sind plötzlich wie ausgelöscht, ich zögere, weiß nicht, was ich sagen oder wie ich am besten beginnen soll, und kann letztendlich nicht verhindern, dass die Worte haltlos aus mir heraussprudeln.

»Élaine, hier ist Emilia. Ich rufe an wegen Leo. Er … er liegt in der Charité …«

ZWANZIG

Leonardo

Ich falle. Tief und unendlich schnell, in eine Dunkelheit, die schwärzer nicht sein könnte und mich verschluckt, voll und ganz. Mein Kopf dröhnt, und mein Körper schmerzt, fühlt sich mit jedem Atemzug weniger leicht an.

Mir wird schwindelig, als ich es schaffe, die Augen zu öffnen und so lange nichts erkenne, bis das grelle weiße Licht nicht länger in meinen Netzhäuten brennt. Ich weiß nicht, wo ich bin, und vergesse, weiter darüber nachzudenken, als mich eine plötzliche Welle der Müdigkeit zwingt, erneut die Augen zu schließen. Ein aufdringliches Piepsen pulsiert in meinem schweren Kopf, wird lauter mit jedem Mal, und droht, meinen Schädel zum Platzen zu bringen. Ich kann ein Stöhnen nicht unterdrücken und öffne die Augen ein zweites Mal.

Die Wände um mich herum sind weiß und leer, ein einzelnes Fenster ist in ihnen eingelassen, und mein Blick fällt auf die großen weißen Flocken, die sich hell vom Dunkel der Nacht abheben und lautlos gegen die Scheibe segeln. Ich kann sie sehen, nur sie, sonst nichts, und versuche, es ihnen gleichzutun. Lautlos zu sein, zu fallen und zu schweben, schließe die Augen und schrecke doch jedes Mal wieder auf, wenn ich Stimmen höre, die näher kommen.

Ein beißender Geruch alkoholischer Schärfe drängt sich mir auf, ich unterdrücke ein Würgen und weiß unterbewusst, dass er es wieder getan hat. Dass er wieder getrunken hat, schon wieder, und ich ganz allein mit ihm bin.

Das laute Geräusch splitternden Glases lässt mich zusammenfahren, Panik packt mich, als ich mir sicher bin, dass er näher kommt. Ich weiß nicht, wie mir geschieht, und merke eine kalte Wand im Rücken, während ich mich kaum auf den Beinen halten kann. Monotones Kreischen rotiert in meinem Kopf, alarmierend und so laut, dass ich mir die Hände vors Gesicht drücke. Ich gehe in die Knie, als mich ein undefinierbarer Schmerz zusammenzucken lässt.

Stimmen hallen in meinem Kopf, und ich kann sie nicht zuordnen, weiche zurück, als ich eine Berührung an meinem Arm spüre, und will schreien. Will, dass es aufhört, dass *er* aufhört und mich endlich in Frieden lässt. Ich erkenne ein Gesicht, sehe Mama, ganz kurz nur. Ihren Blick, der mit einer Mischung aus panischer Angst und unbeschreiblicher Verbitterung auf mir liegt. Ich zucke zusammen unter ihrer Berührung, die mir die Tränen in die Augen treibt, als sie mir die Hand an die Wange legt, für einen kurzen Moment nur, so sanft, dass der darauf folgende Schmerz erneut so heftig durch meinen bebenden Körper zuckt, dass ich mehr als eine Sekunde lang nicht mehr weiß, wie man atmet.

Ein heiserer Laut dringt aus meiner Kehle, und dann bringe ich Bens Namen über die Lippen. Erst leise, dann lauter, verzweifelter, doch er kommt nicht. Dafür baut sich eine andere Person vor mir auf. Für den Bruchteil einer Sekunde zuckt mir die Erkenntnis durch die Synapsen, dass ich sie kenne, dann jagt mir ein erneuter Schmerz durch den Kopf.

Ich spüre Hände und kann die Berührung kaum ertragen. Auf einmal sind es mehrere, und ich bin nur ich, wehre mich mit aller Kraft gegen den Griff, mit dem ich festgehalten werde, während er vor mich tritt. Diesmal schlägt er nicht, seine Silhouette verharrt vor mir, und ich krümme mich unter dem grausamen Gefühl der Angst, das sich durch meine Seele frisst. Er steht dort und lässt mich ausharren, in meiner lähmenden Panik, ehe mich eine undefinierbare Müdigkeit am Nacken packt und fortreißt, erst langsam, dann mit einem Mal.

*

Johannes

Die Aluschale auf meinem Schreibtisch ist kalt, als ich Stunden später das Arztzimmer betrete. Mehrere in eine Prügelei geratene Betrunkene, ein Asthmaanfall und ein akutes Abdomen sind nach Leos OP in die Notaufnahme gekommen, sodass ich immer noch nichts gegessen habe, obwohl es nun schon stockdunkel draußen ist.

Ich ziehe mir einen Teller aus dem niedrigen Wandschrank, kippe den Inhalt der Schale darauf und schiebe das Ganze in die Mikrowelle. Gleichzeitig hole ich mir einen weiteren Kaffee aus der Maschine. Ich habe bereits vor langer Zeit aufgehört zu überlegen, ob Kaffee zur jeweiligen Mahlzeit passt, die ich gerade zu mir nehme, oder nicht.

Die letzten Sekunden der Mikrowelle laufen ab, ich krame in einer der Schubladen nach Messer und Gabel und fasse es kaum, als in genau dieser Sekunde mein Telefon losgeht.

Ernsthaft?

Meine Laune sinkt noch weiter. Obwohl ich so müde bin, fühle ich mich mit einem Mal hellwach, als ich die Zahlenkombination auf meinem Display sehe, die mir einen Herzalarm einer meiner Patienten auf der Intensivstation anzeigt. Ich lasse das Besteck zurück in die Schublade fallen und bin einen Moment später schon aus der Tür.

Leos Zimmer ist von Weitem an dem kleinen Auflauf an Pflegern und Ärzten zu erkennen.

»Was ist passiert?« Ich warte die Antwort nicht ab, dränge mich in das Zimmer hinein und halte inne, als mein Blick auf das leere Bett fällt. Einen Moment lang bin ich völlig verwirrt, sehe weder einen kollabierten Leo noch reanimierende Kollegen, dann erst geht mein Blick in die Ecke, wo eine der Pflegerinnern vor Leo steht, der sie, halb gegen die Wand gedrückt, halb kauernd, mit panischem Blick anstarrt.

»Er halluziniert, welche Narkose haben Sie verabreicht?«,

fragt jemand, und ich brauche einen Moment, um meine Sprache wiederzufinden.

»Propofol, Fenta«, bringe ich heraus.

»Kein Ketamin?«

»Nein, ich …« Ich stocke. »Aber vielleicht der Rettungsdienst, ich kann nachschauen …«

»Das hilft uns jetzt auch nicht weiter.« Der Kollege sieht mich an. »Sie kennen den Patienten persönlich?«

»Ja, ich … er ist der Freund meiner Schwester.«

»Vielleicht können Sie ihn beruhigen.«

Einen Moment lang fühle ich mich völlig überfordert, dann schlucke ich all meine Unsicherheit herunter und gehe einen Schritt auf Leo zu. Wie er sich in seiner Verfassung überhaupt auf den Beinen halten kann, ist mir ein Rätsel.

»Leo, hey. Schau mich an!« Meine Stimme klingt laut und fest, scheint alle im Raum zu erreichen, nur Leo nicht. Sein Blick ist panisch, Tränen laufen ihm über die Wangen, und ich packe ihn an den Schultern.

»Nicht, nein … aufhören, nicht schlagen … bitte!« Er windet sich unter meinen Händen, ich lasse los, rein reflexartig, und greife dann sofort wieder nach ihm, als er vor mir zu Boden geht.

»Leo, ich bin's, Johannes. Du bist im Krankenhaus, es ist alles in Ordnung.« Ich merke, dass ich völlig ins Leere rede, Leo scheint keines meiner Worte zu hören. »Wie lang ist er schon so?«, bringe ich heraus und sehe die Schwester mit den Schultern zucken.

»Es fing gerade an. Er spricht ständig von einem Ben.«

»Ben? Ja, das ist sein Bruder. War er schon hier?«

»Draußen wartet jemand …«

»Dann holen Sie ihn rein!«

Die Schwester dreht sich sofort um, und ich ziehe erneut meine Hände zurück, da Leo meine Berührung kaum erträgt. Er sinkt weiter in sich zusammen.

»Es wird alles gut, Leo. Ben kommt, er ist gleich da.«

»Leo?« Die fremde Stimme gehört zu einem jungen Mann in

meinem Alter, der wie zu Eis erstarrt an der Tür zu Leos Zimmer stehen geblieben ist. Sein erschrockener Blick legt sich auf mein Gesicht, und er scheint sich einen Ruck geben zu müssen, ehe er endlich näher kommt.

»Wir wissen nicht, was passiert ist, wahrscheinlich hat er ein Medikament bekommen, das häufig Albträume und Halluzinationen auslöst«, beginne ich und sehe Ben nur starr nicken. Er scheint einen Moment zu brauchen, um den Anblick zu verarbeiten, dann kommt Bewegung in ihn. Ich mache ihm Platz und zucke zusammen, als Leo ein weiteres Wimmern entfährt.

»Nicht schlagen!« Er drückt sich die Hände vors Gesicht, und ich bekomme eine Gänsehaut, als eine Mischung aus panischem Weinen und verzweifeltem Wimmern aus seiner Kehle dringt.

Ben ist während seiner Worte die gesamte Farbe aus dem Gesicht gewichen. »Unser Vater ist Alkoholiker und hat Leo vor Jahren krankenhausreif geprügelt. Ich war damals bei ihm, als er wieder wach geworden ist.« Er spricht schnell und verunsichert, und dann begreife ich, dass es das sein muss, was Leo gerade erneut durchlebt.

In meinem Kopf beginnt es zu rattern, und ich funktioniere irgendwie, während ich nach einem Medikament verlange, das die Nebenwirkung hoffentlich abfangen wird.

Ben steht weiter wie paralysiert vor seinem kleinen Bruder, und ich bin froh, als eine weitere Pflegerin nach seinem Arm greift und ihn sanft, aber bestimmt bittet, den Raum wieder zu verlassen. Dann fällt mir etwas ein.

»Ben, ruf Jason an! Er soll kommen und Mila mitbringen, so schnell wie möglich.«

Bens Blick findet meinen, einen Moment lang wirkt er verwirrt. Mir fällt auf, dass ich mich ihm noch nicht vorgestellt habe, dann scheint er zu begreifen, wer ich bin, und nickt, bevor er den Raum verlässt.

Ich schlüpfe in Handschuhe, Sekunden später reicht mir die Schwester das Medikament. Natürlich wehrt sich Leo, und es bricht mir beinahe das Herz, als die Kollegen ihn festhalten. Er hat sich den Zugang rausgerissen, es dauert eine halbe Ewigkeit, bis ich einen neuen angelegt habe und schließlich das Medikament verabreiche.

Ich habe eine bewusst niedrige Dosierung gewählt, und so dauert es Minuten, bis allmählich die Anspannung aus Leos Körper weicht. Seine Atmung wird ruhig, ich hocke weiter vor ihm, und er lässt den Körperkontakt diesmal zu, als ich erst nach seiner Hand greife und ihn dann kurzerhand an mich ziehe.

Es scheint zu funktionieren, ich warte noch ein wenig ab, eine Schwester tritt neben mich und nickt fragend Richtung Bett. Ich will gerade etwas antworten, als ich von draußen eine vertraute Stimme höre, leise aufatme und kurz darauf in Milas erschrockenes Gesicht blicke.

*

Emilia

»Mila … wach auf!«

Ich fahre zusammen, als ich eine Berührung an meiner Schulter spüre. Kurz glaube ich, es sei Leo, der sich über mich gebeugt hat und nun etwas zurückweicht, dann erkenne ich Jason und spüre, wie zeitgleich alle Erinnerungen auf mich einstürzen.

»Was ist?«, bringe ich hervor und stütze mich mit der Hand auf dem Polster der Couch ab, während ich mich etwas aufsetze.

»Wir müssen sofort in die Charité«, sagt Jason, und ich spüre, wie mir auf einen Schlag die gesamte Farbe aus dem Gesicht weicht, als der Inhalt seiner Aussage bei mir ankommt. »Ben hat angerufen, er war total fertig, ich hab nicht ganz verstanden, was los war, aber Leo scheint total durchzudrehen … Dein Bruder ist bei ihm und will, dass du sofort kommst.«

»Wie, durchdrehen?«, stammele ich, schaffe es kaum, meine

Stimme zu kontrollieren, und sehe Jason hilflos mit den Schultern zucken.

»Ich weiß nicht. Er klang komplett verwirrt, hat nur was von Halluzinationen wegen irgendeinem Medikament gesagt.«

Mir wird kalt, dann komme ich so ruckartig auf die Beine, dass Jason leicht ins Straucheln gerät, als er vor mir zurückweicht.

»Lass uns los«, bringe ich heraus, während sich in meinem Kopf die Puzzleteile zusammensetzen.

Keine vier Wochen ist es her, dass wir im Pharma-Seminar die unerwünschten Nebenwirkungen der Narkosemedikamente besprochen haben, unter denen auch Albträume oder Halluzinationen eine mitunter große Rolle spielen. Dass Leo mit seiner Vergangenheit dafür besonders anfällig sein muss, habe ich keine Sekunde lang bedacht. Mein Herz krampft sich zusammen, als ich an die verstörend heftigen Albträume denke, die er in den letzten Wochen vereinzelt noch immer hatte.

Dicke, weiße Flocken fallen vom Himmel, als ich aus dem Hauseingang von Leos Wohnung in die Dunkelheit der Nacht trete. Die Schneeschicht dämpft das Hallen unserer hastigen Schritte, das eben noch im kalten Treppenhaus klang, und knirscht leise unter meinen Schuhen. Die Reifen von Jasons Fiesta greifen nicht sofort auf dem rutschigen Untergrund, ich werfe ihm einen kurzen Blick zu und schaue dann auf die Straße, sobald wir ins Rollen kommen.

Die wenigen Meter zur Charité ziehen sich ins Endlose, vermutlich wären wir zu Fuß noch schneller gewesen, denn ganz Berlin scheint durch diesen plötzlichen Wintereinbruch in Panik zu geraten. Ich betrachte meinen Atem, der tatsächlich in kleinen Wölkchen vor mir aufsteigt, so kalt ist es. Jason macht keine Anstalten, den Wagen zu verlassen, nachdem er geparkt hat, ich habe die Hand bereits am Türöffner und schaue dann doch zu ihm, als er zu sprechen beginnt.

»Das hat mit seiner Vergangenheit zu tun«, sagt er, und obwohl ich mir nicht sicher bin, ob es eine Aussage oder Frage sein soll, nicke ich nach einigen Sekunden.

»Weißt du davon?«, frage ich vorsichtig und fange Jasons Blick auf.

»Ich bin nicht blöd.«

»Das hab ich nicht gemeint …«

»Ich weiß. Aber nein, Leo hat nie mit mir darüber gesprochen. Und vermutlich will ich es auch gar nicht wissen.«

Die Stille schiebt sich erneut zwischen uns, dann schüttele ich den Kopf. »Das willst du wirklich nicht, nein.«

Ben wirkt völlig durcheinander, als ich ihn im Wartebereich vor der Intensivstation entdecke, erzählt in wenigen zusammenhanglosen Worten von einem Leo, der sich einfach nicht beruhigen könne, und meinem Bruder, der noch immer bei ihm sei.

Ich höre Jojos leise Stimme aus Leos Zimmer, gehe hinein und halte die Luft an, als ich ein leeres Bett vorfinde. Die Decke liegt zerwühlt am Fußende, der Infusionsschlauch hängt am Boden, und die fahrbaren Geräte wirken, als wären sie achtlos zur Seite gestoßen worden. Das Zimmer erinnert an ein Schlachtfeld, und ich stehe eine gefühlte Ewigkeit tatenlos vor dem Bett, ehe mein Kopf in eine Ecke des Raumes zuckt. Mein Herz setzt aus, als ich Jojo erkenne, am Boden hockend, in seinen Armen Leo, verkrampft und völlig apathisch. Ich weiß sofort, dass ich mit meiner Vermutung richtiglag.

»Oh Gott …« Meine Stimme versagt, ich schaffe es nicht zu fragen, was genau passiert ist. Ich sinke ihnen gegenüber in die Hocke und starre Jojo schockiert an. Ich bin mir nicht sicher, ob Leo bei Bewusstsein ist.

»Er muss auf die Medikamente reagiert haben, kann sein, dass Ketamin dabei war. Als ich herkam, stand er hier, hat geschrien und geweint, und es wurde mit jeder Minute schlimmer«, beginnt er, und ich schlucke schwer, während sich mein Blick auf Leo legt.

»Er hat noch oft Albträume von früher.«

Jojos Miene spannt sich deutlich an, und mir wird klar, dass er in der Zwischenzeit zumindest eine Ahnung davon entwickelt hat, was Leo quält. »Du weißt es also? Ben hat nur kurz etwas von ihrem Vater erwähnt.«

»Leo hat mir alles erzählt, ja.«

Plötzlich geht eine kleine Bewegung durch Leos Körper, er neigt den Kopf zur Seite und murmelt meinen Namen, mit einer Stimme, so brüchig, dass ich mir nicht sicher bin, ob ich es mir nicht nur eingebildet habe. Als er dann jedoch die Augen öffnet, weiß ich, dass er meine Stimme erkannt hat.

»Ich bin hier, Leo. Schon gut.«

Mein Herz gerät ins Stolpern, als ihm ein leises Wimmern entfährt, ich greife nach seiner Hand und merke, wie er zunächst verkrampft, als er meine Berührung spürt.

»Nicht weggeh'n …«

»Nein, ich bleib da. Ich bin da, okay? Ich bin doch da.« Ich rücke etwas näher heran.

»Meinst du, du kannst aufstehen?«, fragt Jojo ihn behutsam, und ich bin beinahe überrascht, als Leo nickt. Jojo und ich wechseln einen kurzen Blick, dann nickt er mir zu. »Wir versuchen das mal. Der Boden ist ja doch eher weniger bequem.«

Leo macht tatsächlich mit, kommt mit Jojos Hilfe auf die Beine, und ich bin heilfroh, als er ihn nur Sekunden später auf die Matratze des Bettes drückt. Leo scheint es vor lauter Müdigkeit nicht mehr zu schaffen, die Augen aufzuhalten. Nach der Aufregung spüre ich ebenfalls, wie mich eine Art der emotionalen Erschöpfung übermannt, die ich so noch nicht kennengelernt habe. Ich würde gerne weinen, doch ich kann nicht, und helfe Jojo stumm dabei, die EKG-Kabel und das restliche Monitoring wieder anzubringen.

Das hektische Chaos weicht allmählich einer drückenden Stille, die den Raum zu ersticken droht, als Jojo die Monitore lautlos schaltet.

»Wie geht's dir jetzt, Leo?«, fragt er, als er die Einmalhandschuhe in den Müll geworfen hat und noch mal zurück an Leos Bett kommt. Er wirft mir einen kurzen Blick zu, nachdem keine Reaktion von ihm kommt. »Ist es in Ordnung, wenn ich euch jetzt ein bisschen allein lasse?«, wendet er sich daraufhin an mich.

»Ich darf noch bleiben?«

»Ich denke, dass es tatsächlich besser ist, ja.«

Ich schlucke schwer, als ich das Unbehagen in meinem Inneren pochen spüre, und werfe Jojo einen verunsicherten Blick zu. »Meinst du, es passiert noch mal?«

»Ich hoffe nicht, er war sofort viel ruhiger, sobald du da warst. Auf Ben hat er völlig verstört reagiert, ich will da kein Risiko eingehen.«

Ich nicke sofort.

»Dann versucht beide, ein wenig runterzukommen. Das war ziemlich viel gerade. Wenn was ist, klingel sofort nach der Schwester und ruf mich an, okay? Ich schaue später noch mal vorbei.« Er nickt mir beruhigend zu, als ich keine Antwort gebe, bewegt sich leicht in Richtung Tür und zieht sie etwas weiter hinter sich zu, als draußen auf Station Stimmen lauter werden. Leo blinzelt irritiert ins Halbdunkel des Raumes und spannt sich deutlich an, als ich meine Hand aus seiner ziehe, um um das Bett herumzugehen. Sein Atem geht sofort schwerer, und er beruhigt sich erst wieder, als ich erneut nach seiner Hand greife.

»Ganz ruhig, ich bin doch da«, flüstere ich, sehe, wie sein Kopf leicht in meine Richtung geht, und schaffe es, all das Chaos um uns herum zu vergessen.

»Was ist passiert?«, murmelt Leo, und ich begreife, dass er erst in diesen Sekunden wieder so recht bei sich anzukommen scheint. Sein kleiner wacher Moment ist schon wieder vorüber, noch ehe ich zu einer Antwort ansetzen kann. Seine Lider werden schwerer, und ich entschließe mich zu einer nichtssagenden Äußerung, um ihn nicht weiter aufzuregen. »Alles wird gut, hab keine Angst.«

»Bleibst du?«, nuschelt er, und ich nicke sofort.

»Natürlich.«

Ein Schauer durchläuft seinen Körper, ich spüre, wie mir selbst die Kälte in die Knochen kriecht, als seine Zähne leicht zu klappern beginnen, und zupfe die Decke etwas höher über seine Brust.

»Es ist so kalt ...«

»Dir wird gleich wärmer, versprochen«, sage ich und greife nach der zusätzlichen Decke, die man vom OP-Bereich mit hergebracht hat, ehe ich mir die Schuhe von den Füßen ziehe und aus meiner Jacke schlüpfe.

Das Bett ist schmal, doch es reicht gerade so, um mich neben Leo zu legen. Ich gebe acht, keine der Elektroden seines EKGs abzureißen oder Schläuche abzudrücken, und sehe, wie er den Kopf erneut in meine Richtung dreht. Sein Blick trifft auf meinen, ich erkenne, dass er tatsächlich geweint haben muss, und hebe die Hand, um sie ihm auf die Brust zu legen.

»Versuch, ein wenig zu schlafen.«

Er schließt die Augen, und die Anspannung weicht aus seinen Zügen, als er wieder einzuschlafen scheint.

So liege ich seitlich neben ihm, wache über seinen leichten Schlaf und hole ihn nur dann zurück, wenn ich merke, dass sein Atem wieder schwerer wird, seine Lider unruhig zu flattern beginnen und er Gefahr läuft, erneut in einen Albtraum abzudriften. Mehrmals muss ich ihn wecken, stelle mit ungutem Gefühl fest, wie er mit jedem Mal weniger zu sich kommt und schließlich in meinen Armen vollends ins Bodenlose fällt, endlich eine Art von Schlaf zu erfahren scheint, die halbwegs erholsam für ihn ist, und nach einiger Zeit auch ich die Augen nicht länger aufhalten kann und es ihm gleichtue.

EINUNDZWANZIG

Leonardo

Bis heute wusste ich nicht, was es heißt, wirklich erschöpft zu sein. Vor lauter Müdigkeit nicht mehr denken zu können und dabei nichts zu fühlen, außer das stetige Pulsieren in meinem dumpfen Kopf. Jeder Atemzug, mit dem ich allmählich beginne, bewusster wahrzunehmen, fällt mir schwerer, schmerzt in meinem sich hebenden Brustkorb, und ich frage mich, was ich letzte Nacht getrieben habe. Zunächst tippe ich auf zu viel Alkohol, doch das hier fühlt sich nicht an wie ein Kater. Es ist anders schlimm.

Als ich blinzele, brennt das grelle Licht so unangenehm in meinen Augen, dass ich sie sofort wieder zusammenkneife.

Ich brauche einen weiteren Versuch, ehe ich mich an die Helligkeit gewöhnt habe, fühle mich geblendet von zu viel Weiß, während mir mein Unterbewusstsein zuschreit, dass ich im Krankenhaus sein muss. Mein Blick streift ein Gesicht, fremd und doch irgendwie vertraut, und ich brauche mehr als einen Moment, ehe ich Milas Bruder erkannt habe, der da neben der Tür an der Wand lehnt, in grauem Kapuzenpullover und Jeans. Er stützt das Kinn auf die Finger, während er mit gesenktem Kopf in einer Akte liest. Der Arzt, der neben ihm steht, scheint meinen Blick zu spüren, denn er sieht in meine Richtung. Ich bin mir sicher, dass ich ihn kenne, weiß nur nicht sofort, woher. Dann friert meine Miene ein, als ich mich erinnere.

Es ist Dr. Falk, ganz sicher. Der Dr. Falk, der noch vor wenigen Tagen mit mir in einem unpersönlichen kleinen Behandlungszimmer in der Charité saß und von Schilddrüsenkrebs gesprochen hat. Jetzt sieht er mich einfach nur, während Jojo ebenfalls den Kopf hebt. Obwohl ich es nicht wirklich schaffe, eins und eins zusammenzuzählen, breitet sich in meinem Bauch eine undefinierbare Angst aus, ganz langsam und doch unaufhaltsam, lähmt meine schweren Knochen und lässt mich vor Verzweiflung wieder die Augen schließen, als mein Unterbewusstsein zu begreifen beginnt, dass das alles hier nur eines bedeuten kann.

Mein Kopf zuckt zur Seite, als ich eine Berührung an meiner Hand spüre. Ich muss blinzeln und glaube, nicht richtig zu sehen, als ich in ein Gesicht blicke, das ich wohl als Allerletztes hier erwartet hätte.

»Hey, Simba.« Charlies Stimme klingt leise und dennoch fest, ich spüre die Gänsehaut, die mir über die Arme huscht, während ich mich daran erinnere, wann mich meine große Schwester zum ersten Mal so genannt hat. Simba, der Löwe, weil ich einer bin und sie will, dass ich kämpfe, genauso hat sie es damals gesagt, als ich vor Ewigkeiten in Stuttgart aus meinem bisherigen Leben gerissen wurde.

»Charlie …?« Meine Stimme klingt rau, und ich spüre, wie sie meine Hand etwas fester drückt. »Was tust du hier?«

»Ben hat mich angerufen«, sagt sie, so ruhig, dass ich noch mehr Angst bekomme und nicht einmal so recht beschreiben kann, wovor. Es ist die drückende Stille, die auf mir lastet, Charlies besorgter Blick und das beklemmende Schweigen von Jojo und Dr. Falk, die da noch immer an der Wand stehen und aussehen, als ob jemand gestorben wäre.

Ich will schon ansetzen zu fragen, was los ist, als sich die Bewusstseinsscherben in meinem pulsierenden Kopf zusammensetzen. Ich erinnere mich an Jason, sehe ihn vor mir und meine, seine Hände an meinen Schultern zu spüren, die mich schütteln und dann doch losgelassen haben, das grausame Gefühl zu ersticken und ein einziges Chaos verstörender Gedanken danach.

»Schön, dass du wach bist.« Jojos Stimme reißt mich zurück in die Gegenwart, ich schlucke und spüre, dass das keine gute Idee war, unterdrücke ein Husten und bin froh, als das zusammenschnürende Gefühl der Enge wieder verfliegt.

Ich komme mir blöd vor, während ich nicke, weiß nicht, was ich sonst tun soll, und kann nicht verhindern, dass mein Blick unsicher zwischen Jojo, Dr. Falk und Charlie hin und her geht.

»Kannst du dich daran erinnern, was passiert ist, Leo?«

Ich zögere, sehe zu Dr. Falk, der mich beobachtet hat und mir nun leicht zunickt, ehe er die Hände aus den Kitteltaschen zieht und etwas näher an mein Bett kommt.

»Sie erinnern sich, habe ich recht?«, fragt er, und ich nicke wieder, spüre, wie sich Charlies Finger fester um mein Handgelenk legen, als ich versuche, mich etwas aufzurichten.

»Bleib liegen«, fordert sie und klingt dabei so streng, dass ich gehorche und mit der anderen Hand an meinen Hals taste. Ich fühle keine Haut, sondern Verbandsmaterial unter den Fingerspitzen.

»Ist sie raus?«, frage ich, schaffe es nicht, meine Frage eindeutiger zu formulieren. Jojo klappt die Akte zu.

»Jetzt mal ganz in Ruhe und der Reihe nach«, sagt er. »Wie fühlst du dich?«

Ich deute ein Schulterzucken an. »Ganz okay.«

»Hast du Schmerzen? Auf einer Skala von null bis zehn, wenn null gar kein Schmerz ist und zehn der schlimmste, den man sich vorstellen kann?«

»Weiß nicht … vielleicht eine Sechs«, bringe ich heraus. »Mein Hals tut weh. Mir ist schwindelig.«

Jojo nickt, geht einige Schritte am Bett vorbei und greift nach einem durchsichtigen Schläuchlein.

»Dann bekommst du jetzt noch mal ein bisschen Sauerstoff, okay?«

»Es geht schon.«

»Das wird dir guttun, Leo. Schön tief durchatmen.«

Ich lasse zu, dass er den Sauerstoffschlauch anbringt und mir mit geübten Bewegungen über die Wangenknochen und Ohren streift, spüre seine Hand unter meinem Kinn und atme auf, als der Sauerstoff in meine Lungen strömt.

Ich wechsele einen kurzen Blick mit Charlie, die noch immer neben meinem Bett sitzt, meine Hand festhält und mit den Fingerspitzen beruhigend über meinen Handrücken streichelt. Als ich den Blick von ihrem Gesicht löse, ist Jojo zurückgewichen und hat sich gegen das Metallgestänge am Fußende des Bettes gelehnt.

»Kann bitte mal wer sagen, was hier eigentlich los ist?«, beginne ich und stelle verärgert fest, dass meine Stimme zu Tode erschöpft klingt. Charlie beißt sich leicht auf die Lippe, weicht meinem Blick aus, und ich fühle mich völlig vor den Kopf gestoßen, als ich meine, Tränen in ihren Augen glitzern zu sehen.

Es ist schließlich Dr. Falk, der sich räuspert, ehe er zu sprechen beginnt. »Sie kamen gestern Nachmittag als Notfallpatient in unsere Notaufnahme und waren nicht ansprechbar. Wir haben uns entschieden, sofort zu operieren und Ihre Schilddrüse zu entfernen, da wir eine Stoffwechselentgleisung befürchtet haben. Letzte Woche hatten wir ja bereits über einen möglichen Schilddrüsentumor gesprochen, und leider hat sich dieser Verdacht im Laufe der Operation bestätigt, nachdem wir das entnommene Gewebe in die Pathologie eingesendet hatten.«

Mein Gesicht fühlt sich an wie eingefroren, ich spüre in diesem Moment irgendwie nichts, bin weder traurig noch schockiert. »Okay … das ist doch jetzt gut, oder?«, bringe ich heraus und bin mir bei Dr. Falks ernster Miene sicher, dass es genau das nicht ist.

»Im Rahmen der Tumorentfernung haben wir Ihnen auch Lymphknoten entfernt, die leider teils befallen waren. Das bedeutet, dass sich Teile der Krebszellen bereits über Blut- und Lymphgefäße in Ihrem Körper ausgebreitet haben.«

Diesmal verstehe ich alles, jedes Detail von dem, was er gerade gesagt hat, und muss mich zwingen, weiter ruhig zu atmen.

»Das heißt … es ist schon überall?«

»Das heißt zunächst einmal noch gar nichts«, schaltet sich Jojo ein. »Wir werden einen kleinen Untersuchungsmarathon mit dir hinlegen müssen, verschiedene CTs und Scans machen, wenn nötig, weitere Biopsien veranlassen, damit wir nichts übersehen und anschließend nach besten Möglichkeiten eine Therapie für dich erarbeiten.«

»Wir werden ganz in Ruhe über alles sprechen, sobald uns konkrete Informationen vorliegen und Sie sich ein wenig von letzter Nacht erholt haben, Leonardo. Das war alles sehr anstrengend für Sie, aber seien Sie sicher, dass Sie hier nun in den besten Händen sind.«

Ich fühle mich von den wenigen Sätzen der beiden völlig erschlagen, habe das Gefühl, etwas sagen zu müssen, aber wüsste nicht, was, und bemerke, wie Dr. Falk einen kurzen Blick auf die Uhr wirft.

»Leider muss ich weiter, aber wir sehen uns spätestens zur Besprechung Ihrer Untersuchungsergebnisse wieder. Bis dahin alles Gute.«

Ich ringe mir ein »Danke« ab, beobachte, wie er das Zimmer verlässt, und schaue dann zu Charlie, die kein Wort mehr gesagt hat. Ihre Augen sind trocken, doch ich erkenne die Angst in ihrem Gesicht trotzdem. Ich kann es kaum ertragen und drücke leicht ihre Hand.

»Das wird schon.« Ich glaube mir selbst kein Wort, sehe, wie nun doch Tränen über ihre Wangen kullern und sie sich ein kurzes Lächeln abringt.

»Mann, Leo …«

»Es ist vielleicht alles halb so schlimm.«

»Ich weiß … ich hoff's so.«

»Nicht weinen.«

»Ben hat gesagt, dir ging's schon länger schlecht«, beginnt sie, und ich spüre, wie ich mich innerlich sofort wieder anspanne. »Warum hast du niemandem was gesagt?«

»Es war nicht der Rede wert.«

»Ich glaub dir kein Wort.«

Ich schließe die Augen, weiß, dass Charlie zu den wenigen Menschen gehört, denen ich nichts vormachen kann, und zucke schließlich einfach mit den Schultern. »Ich weiß … es tut mir leid.«

»Ich hätte nachfragen müssen, bei dir oder bei Ben. Bei irgendwem … Leo, ich hab dich eben kaum erkannt, als ich reinkam, so schlecht siehst du aus!«

Ich ziehe leicht die Augenbrauen zusammen, als sich der Schmerz in ihrer Stimme durch meine Seele frisst, weiß, dass sie recht hat, und will mich schon erneut entschuldigen, als mir etwas anderes in den Sinn kommt. »Wo ist Ben?«

Der Sekundenbruchteil, der vergeht, ehe Charlie mir antwortet, lässt mich misstrauisch werden, und so merke ich sofort, dass sie lügt, als ihre Antwort nahezu einstudiert klingt. »Er musste spontan weg, wegen der Kids.«

»Kommt er noch mal?«

»Ja … bestimmt.«

»Die letzte Nacht war ziemlich aufwühlend für ihn«, sagt Jojo. »Du hast unerwartet heftig auf ein Medikament reagiert. Wir haben Ben dazugeholt, aber leider hat das nichts genutzt.«

»Heftig reagiert? Das heißt …?«

»Klinisch bezeichnen wir das als medikamenteninduzierte Halluzination.«

Ich muss schlucken, als ich zu verstehen glaube, was Jojo da gerade anspricht. »Ich kann mich nicht erinnern.«

»Verständlich … Ich musste dir zur Beruhigung ein weiteres Medikament geben. Mit diesem Cocktail im Blut hätte es mich gewundert, wenn du überhaupt noch irgendetwas weißt.«

Ich zögere einen Moment, als ich mich doch erinnere. »Mila … war sie da?«, beginne ich und sehe Jojo überrascht nicken. »Wo ist sie?«

»Sie war die ganze Nacht bei dir. Ich habe sie vor circa einer Stunde nach Hause geschickt, damit sie sich etwas hinlegen kann.

Das war alles sehr aufregend. Leo, wir nehmen an, dass die Halluzinationen hauptsächlich substanzinduziert waren, und haben deshalb darauf verzichtet, psychologische Betreuung hinzuziehen. Wenn du das aber möchtest, kann ich jemanden kommen lassen.«

»Nein, ich ... es ist okay. Ich hab das manchmal, also, dass ich noch davon träume.«

»Du hast das immer noch?!« Charlie klingt erschrocken und zieht meinen Arm zu sich, als ich nicht sofort antworte. »Ich dachte, es wäre besser geworden!«

»Ist es auch«, beteuere ich, doch ihr Blick bleibt bestürzt.

»Gerade sagst du doch, dass du diese Träume immer noch hast.«

»Nur manchmal. Vor allem, wenn es stressig ist. Aber es ist okay, ich komme klar.«

»Du wirst definitiv lernen müssen, kleinere Brötchen zu backen«, höre ich Jojo sagen und hebe den Kopf. »Mila hat mir von deinem Studium, dem Modelabel und deiner Arbeit für die Fashion Week erzählt. Ich weiß, dass es mich eigentlich nichts angeht, aber mir ist wichtig, dass du verstehst und einsiehst, dass du jetzt erst mal kürzertreten musst. Dein Körper hat dir gerade mehr als deutlich signalisiert, dass er an seine Grenzen gekommen ist. Dass du gestern Mittag nicht allein warst, hat dir mit großer Wahrscheinlichkeit das Leben gerettet, das muss dir klar sein. Leo, ich kenne dich, und ich weiß, dass du eine Menge um die Ohren hast, aber jetzt geht es ausschließlich um dich, und deine einzige Aufgabe besteht nun darin, wieder gesund zu werden. Diese Meinung teilen wir doch, nehme ich an?«

Fast so als würde mir während Jojos kleiner Standpauke mit jedem Wort klarer werden, was eigentlich geschehen ist, nicke ich. Ich verzichte auf jeglichen Kommentar und atme tief ein.

»Gut.« Jojo wirft einen kurzen Blick auf die Uhr.

»Wie geht es denn jetzt genau weiter?« Diesmal ist es Charlie, die das Wort ergreift.

»Im Laufe des Vormittags wird man Leo abholen und mit den weiteren Untersuchungen beginnen. Das wird für heute reichen, und morgen besprechen wir die Ergebnisse und den weiteren Therapieplan«, sagt Jojo und sieht dann wieder zu mir. »Ich werde die Schwester bitten, dir noch ein verspätetes Frühstück vorbeizubringen. Du wirst dich in den nächsten Tagen noch mit Schonkost zufriedengeben müssen, aber ich denke, es gibt Übleres als Joghurt und Milchreis.«

Ich zögere, als mir bei dieser Aussicht direkt wieder ganz eng im Hals wird. Tatsächlich wäre essen gerade das Letzte, woran ich gedacht hätte, und Jojo scheint meine Gedanken zu erraten.

»Oder magst du lieber was anderes?«

»Ich hab eigentlich gar keinen Hunger«, gebe ich zu und sehe, wie Jojos Augenbrauen prompt vorwurfsvoll nach oben wandern.

»Der heutige Tag wird anstrengend für dich. Du solltest unbedingt etwas im Magen haben, damit dein Kreislauf nicht schlapp macht.«

»Komm schon, Leo. Sei bitte vernünftig.«

Ich merke, wie ich innerlich sofort zumache, als nun auch noch Charlie damit anfängt. Ich habe keine Lust, mir sagen zu lassen, wann ich etwas zu essen habe und wann nicht, und seufze dann bloß, als mir klar wird, dass ich wohl keine Wahl habe.

»Du solltest dringend versuchen, ein paar Kilo mehr auf die Rippen zu bekommen. Das wird dir die Therapie ungemein erleichtern. Alternativ müssten wir über eine künstliche Ernährung nachdenken.«

Mir entfährt ein trockenes Lachen; erst glaube ich, Johannes mache Witze, dann wird mir anhand seines unveränderten Gesichtsausdrucks klar, dass er es ernst meint.

»Schon klar …«, bringe ich heraus, schüttele leicht den Kopf und weiche Charlies Blick aus. »Ich bin kein Pflegefall.«

»Dann ist ja alles geklärt. Ich lasse dir das Essen herbringen. Dr. Falk wird später vorbeikommen und die Untersuchungen mit dir machen. Versuch, dich bis dahin ein bisschen auszuruhen. Meine Schicht ist vorbei, und ich werde erst übermorgen wieder hier sein, das wollte ich dir noch sagen.«

Ich merke, wie ich mich während Jojos Worten erneut anspanne. Ich kann nicht so recht beschreiben, wieso, aber ich will nicht, dass er geht. Ich mag keine Ärzte und habe in ihm einen annehmbaren Kompromiss zwischen Mensch und Mediziner gefunden. Dass auch er nicht 24/7 arbeitet, sondern so etwas wie ein Privatleben hat, habe ich dabei gekonnt ausgeblendet.

»Was nicht bedeutet, dass ich nicht privat als Besucher vorbeischauen kann«, fährt er fort, und ich frage mich einmal mehr, ob man mir meine Gedanken so dermaßen ansieht.

»Das musst du nicht.«

»Ich weiß, vielleicht möchte ich es aber. Ich lasse mich von Mila auf dem Laufenden halten, ja? Bis demnächst also, das wird schon alles wieder.« Jojos Lächeln wirkt müde und beinahe ein wenig aufgesetzt, Charlie erwidert es, und ich nicke bloß halbherzig, während er zur Tür geht.

Die Stille, die er hinterlässt, ist drückend und schwer. Ich frage mich, ob es an der seltsamen Situation liegt oder doch daran, dass ich Charlie seit einer gefühlten Ewigkeit nicht mehr gesehen habe und mich ihr gegenüber deshalb plötzlich seltsam fremd fühle. Obwohl sie es zu verbergen versucht, merke ich, dass es ihr ähnlich geht, sie ringt sich ein kleines Lächeln ab, und ich wechsele, ohne darüber nachzudenken, das Thema, indem ich beginne, sie über die Fliegerei und ihre letzten Reisen auszufragen. Es versetzt mir einen leichten Stich, als Charlie nahezu erleichtert sofort das Wort ergreift, von ihren jüngsten Zwischenstopps, den unglaublich blauen Seen in Kanada und den Traumstränden in Brasilien erzählt, höre sie mir an, all die Belanglosigkeiten, die mich jedoch nicht die Tatsache vergessen lassen können, dass ich krank bin. Meine Gedanken kreisen um die Uni und das Label, meine Vorbereitungen für die Fashion Week, die nun so außerplanmäßig ins Stocken geraten werden, und ich nehme mir vor,

Dr. Falk später zuallererst zu fragen, wann ich frühestens entlassen werden kann.

Eine der Schwestern bringt kurze Zeit später tatsächlich ein abgedecktes Tablett herein. Ich bedanke mich und ärgere mich darüber, dass ich tatsächlich dachte, Jojo könne sein Vorhaben, sich um Essen für mich zu kümmern, vergessen haben. Charlie erhält einen Anruf und verlässt nach einer kurzen Entschuldigung beinahe fluchtartig den Raum.

Ich lausche einen Moment in die Stille, hebe dann den Deckel aus hässlichem dickem Plastik und verziehe das Gesicht, als ich eine einsame Banane erkennen kann, die da traurig neben einer Schüssel Haferbrei liegt, der aussieht, als hätte er bereits einen menschlichen Verdauungszyklus durchlaufen. Ich greife schließlich nach dem Becher Erdbeerjoghurt, der mir noch am annehmbarsten vorkommt, brauche mehr Kraft als erwartet, um die Alufolie von der Öffnung zu ziehen, und balle frustriert die Hand zur Faust, als meine Finger zu zittern beginnen.

Ich muss ein Würgen unterdrücken, noch ehe ich den Löffel zum Mund geführt habe. Ich schließe die Augen, als sich mir der künstlich süße Geruch nach Frucht aufdrängt, und schlucke das bittere Gefühl in meiner Kehle hinunter, während ich merke, dass essen wirklich absolut gar nicht geht.

Charlie ist noch immer nicht zurück, als ich vorsichtig zur Seite rutsche, ständig die Tür im Blick, und schließlich auf der Kante des Bettes sitze. Meine Beine stecken tatsächlich in diesen furchtbaren Thrombosestrümpfen, und als ich merke, dass ich auch noch eines der hässlichen Krankenhaushemden trage, mache ich mir eine mentale Notiz, Mila darum zu bitten, mir etwas halbwegs Anständiges zum Anziehen mitzubringen.

Ein unerwartet heftiger Anfall an Schwindel beginnt unter meinen Schläfen zu pochen, kaum dass ich richtig sitze, und zwingt mich, die Augen zu schließen. Ich erinnere mich daran, tief zu atmen, unterdrücke die aufsteigende Übelkeit und hebe den Blick erst wieder, als ich nicht mehr das Gefühl habe, jeden Moment kotzen zu müssen.

Meine Beine fühlen sich so zittrig an, dass ich leicht in die Knie gehe, als ich den ersten Versuch wage, aufzustehen, nachdem ich mir den Sauerstoffschlauch vom Gesicht gepfriemelt habe. Ich muss mich am Metallgestänge des Bettes festhalten, als ich den fehlenden Sauerstoff sofort merke, und registriere erst dann, dass ich über einen Zugang am Handrücken an eine Infusion gefesselt bin. Der Infusionsständer hat glücklicherweise Rollen und lässt sich schieben, ich bin beinahe froh, etwas zu haben, an dem ich mich festhalten kann, während ich mich mit der Haferbreischüssel in der Hand Schritt für Schritt in Richtung der Tür vorarbeite, hinter der ich das Badezimmer vermute.

Meine Intuition hat mich nicht im Stich gelassen, ich stehe tatsächlich in einem winzigen Bad und versuche, mit dem Ellenbogen den Lichtschalter zu treffen. Grelles Neonlicht flammt an der Decke auf, sticht in meine empfindlichen Augen und lässt mich den Blick abwenden, als ich mein Spiegelbild nun über dem Waschbecken erkenne. Innerlich bete ich, dass niemand in mein Zimmer kommt, als ich den Toilettendeckel öffne. Der weißliche Brei landet klatschend in der Schüssel, ich drücke die Spülung und schließe die Augen, als das Wasser unerwartet laut in meinem schmerzenden Schädel rauscht. Mit einer Handbewegung werfe ich die Tür zu, verschaffe meiner Blase Erleichterung, jetzt, wo ich schon einmal hier bin, und beeile mich, nach dem Händewaschen wieder zurück zu meinem Bett zu kommen, ehe ich doch noch erwischt werde.

Die leere Schüssel auf dem Tablett wirkt erstaunlich authentisch, ich beglückwünsche mich selbst zu meinem genialen Einfall und hoffe, dass man sich damit zufriedengeben wird, dass ich immerhin den Haferbrei gegessen habe.

Ich schiebe das drehbare Nachttischgestell, auf dem das Tablett steht, zur Seite, versuche, mich daran zu erinnern, wo der Infusionsständer seinen ursprünglichen Platz hatte, und lasse mich dann auf die Bettkante sinken, als ich alle Spuren verwischt habe.

Die lächerlich kurze Distanz zum Badezimmer zehrt so dermaßen an mir und meinen verbleibenden Kräften, dass ich unter der Welle an Müdigkeit, die über mich hereinbricht, beinahe untergehe.

ZWEIUNDZWANZIG

Leonardo

»Und laut der Untersuchungen, die sie vorgestern gemacht haben, hat der Krebs aber noch nicht gestreut«, beende ich meine Erzählung und schaffe es kaum, weiter in Jasons aschfahles Gesicht zu blicken, dem jede einzelne Emotion anzusehen ist.

»Aber trotzdem brauchst du die Chemo?«, wiederholt er leise und schüttelt verständnislos den Kopf, wohl genauso, wie ich es getan habe, als Dr. Falk mir eben dies eröffnete.

»Vermutlich schon. Die Lymphknoten direkt in der Nähe waren teilweise befallen. Die Ärzte meinen aber, sie können das nicht für mich entscheiden.«

»Was können die denn überhaupt …?«, motzt Jason, und ich muss grinsen, weil ich mich so sehr in meinem besten Freund wiedererkenne.

Jason besucht mich heute zum ersten Mal seit den drei Tagen, die ich nun schon im Krankenhaus liege und die mir vorkommen, als wären mindestens drei Wochen vergangen. Aufgrund der Tatsache, dass ich zunächst auf der Intensivstation lag, durfte er mich nicht sehen, weil er kein Angehöriger ist. Vielleicht war mir das auch gerade recht, denn mit jeder weiteren Person, der ich von meiner Diagnose berichten muss, wird sie ein klein wenig wahrer.

Mila ist bei mir, so oft es ihr strenger Zeitplan erlaubt, Ben und Charlie ebenfalls, und Élaine und Willem kamen auch. Sie alle hängen in dieser Mischung aus Schock und Betroffenheit fest, versuchen, ihre Angst mit einem unsicheren Lächeln vor mir zu verbergen, doch ich kann sie jedes Mal spüren, kaum dass sie mein Zimmer betreten.

Die Dreiviertelstunde Alleinsein in der Stille, die endlich herrschte, als ich in der engen CT-Röhre für den PET-Scan lag, war unbeschreiblich schön. Noch schöner war es, dabei einfach einzuschlafen, trotz der unbequemen Position auf dem Rücken mit über dem Kopf abgelegten Armen. Das Aufwachen war dann umso schrecklicher, denn plötzlich wurde alles wieder so echt, und die ernsten Gesichter der Ärzte wirkten viel zu verunsichernd.

Von all dem Fachchinesisch, das sie mir am Tag danach um die Ohren geklatscht haben, während ich auf einem unbequemen Plastikstuhl in einem sterilen weißen Behandlungsraum saß, habe ich so gut wie gar nichts verstanden. Zum Glück sammelt Mila konsequent all meine Befunde, um mir Wort für Wort zu erklären, was da steht, und den bedrohlich klingenden Sätzen damit oft an Gewicht nimmt. Bei den Schwestern macht sie sich damit zusehends unbeliebt, da sie ständig die Patientenakte ausleiht, um sie zu kopieren, doch ich wüsste nicht, was ich ohne sie tun würde. Nachdem sie mir mit einer Engelsgeduld die Wirkung der Hormone, die in der Schilddrüse produziert werden, erklärt hat, verstehe ich allmählich, warum es mir in den letzten Wochen ständig so dreckig ging. Erstaunlich und gleichzeitig beängstigend, dass ein so kleines Organ den gesamten Körper durcheinanderbringen kann.

Nach allen Untersuchungen waren seitenlange neue Befunde dazugekommen, doch Dr. Falk spricht nach wie vor von guten Chancen, da der Tumor noch nicht in Leber, Lungen oder die Knochen gestreut hat. Um eine Chemotherapie werde ich womöglich trotzdem nicht herumkommen, denn die Wahrscheinlichkeit, dass irgendwo in meinem Körper winzig kleine Tumorteile herumschwimmen und nur darauf warten, sich irgendwo heimlich einzunisten, besteht weiterhin.

Im Hinblick auf meine weitere Behandlung wurde ich heute in ein normales Zimmer auf der Onkologie verlegt und würde am liebsten sofort wieder weg hier. Die Stimmung ist unfassbar bedrückend, die Flure lang, einsam und still. Nur vereinzelt habe ich andere Patienten gesehen.

»Das heißt, du wirst sie machen? Die Chemo, meine ich«, fragt Jason, und unglaublich lange sitze ich einfach nur weiter vor ihm auf meinem Bett, mit an die Brust gezogenen Knien, er im Schneidersitz mir gegenüber am Fußende, so lange, bis ich mit den Schultern zucke.

»Weiß nicht.«

»Hast du Angst?«

»Natürlich hab ich Angst.« Ich stocke, lege mein Kinn für einen Moment auf meinem rechten Knie ab und schließe die Augen. »Hier kotzen die sich die Seele aus dem Leib, verlieren alle Haare und werden mit jedem Tag ein bisschen weniger. Ich will das nicht … und ich versteh's nicht. Eben war alles noch gut, ich hatte ein stinknormales Leben – und jetzt? Mein Körper führt plötzlich ein Eigenleben, und das ist richtig beängstigend. Ich glaube, eigentlich habe ich nicht mal so große Angst vor der Chemo. Gegen die Übelkeit gibt es Medikamente, und Haare wachsen irgendwann nach. Aber ich hab Angst, dass nichts mehr so wird, wie es vorher war.«

»Wäre das denn so schlimm? Dass es anders wird, bedeutet ja nicht zwangsläufig, dass es schlechter sein muss.«

»Du meinst also, ich soll mir das jetzt schönreden?«

»Nein, und du weißt genau, dass ich das damit nicht sagen wollte. Die nächste Zeit wird beschissen und unglaublich hart für dich, das steht außer Frage, aber wieso sollte das am Großen und Ganzen etwas ändern? Du wirst zurückkommen und dort weitermachen, wo du gezwungenermaßen aufhören musstest. Und wir werden alles dafür tun, dir dabei unter die Arme zu greifen.«

Jason sieht mich an, genauso ernst und betroffen wie Mila und meine Geschwister, Willem und Élaine, und ich weiß, dass ich mich bedanken sollte, doch ich schaffe es nicht. Stattdessen hocke ich weiter vor ihm und will nicht, dass es wirklich wahr ist.

»Hast du dir schon Gedanken gemacht, wie es mit der Uni weitergehen soll?« Jason klingt vorsichtig, beinahe zögernd, und ich nicke leicht, da sich meine Gedanken neben dem K-Wort fast ausschließlich um diesen Teil meines Lebens drehen.

»Ich werde die Klausuren schieben und versuchen, irgendwas für die Semesterarbeit zustande zu bringen. Klar, dass es nicht gut wird, aber irgendwie wird es schon funktionieren.«

»Meinst du nicht, es wäre besser, du würdest ein Freisemester nehmen? Für solche Situationen sind die doch vorgesehen, und wenn du möchtest, kann ich zum Dekan gehen und mit ihm …«

»Nein!« Ich klinge energischer als gedacht, sehe, wie Jason innehält, und schüttele nur den Kopf. »Nein, das … das geht nicht. Ich kann nicht aufhören.« *Damit würde es nämlich real werden.* »Ich schaffe das schon irgendwie.«

»Leo, du musst echt niemandem was beweisen.«

Niemandem, außer mir selbst.

»Ich liege nicht im Sterben, okay? Vielleicht bin ich in ein paar Tagen schon wieder hier raus und kann ganz normal weitermachen. Danke für dein Angebot, aber wir sollten wirklich nichts überstürzen.«

»Alessa und ich schaffen das nicht allein mit dem Label.« Jasons plötzlicher Themenwechsel trifft mich unvorbereitet. Ich sehe ihn an und verstehe, dass so viel mehr hinter seiner simplen Aussage steckt. Er war noch nie der Typ, der schnell aufgibt, und wenn Jason sagt, er kann etwas nicht schaffen, dann kann er wirklich nicht mehr.

»Seit Ivana weg ist, kommen wir drei doch schon kaum noch hinterher. Das geht auf Dauer nicht so weiter, und du wirst nicht sofort wieder voll mit einsteigen können, auch wenn du dir das einzureden versuchst. Ich meine das ernst, Leo. Entweder wir stellen jemanden ein, oder …« Er zögert, und obwohl er es nicht ausgesprochen hat, weiß ich sofort, worauf er hinauswill.

»Oder was?«, frage ich trotzdem und sehe ihn mit sich ringen.

»Jetzt jemand Neues einzuarbeiten ist mindestens so zeitaufwendig, wie allein weiterzumachen, und sie ist unsere einzige Chance.«

»Sie ist freiwillig gegangen, nichts und niemand wird sie dazu bewegen können zurückzukommen.«

»Nichts und niemand außer dir.«

»Du verlangst das gerade nicht wirklich von mir?«

Jasons Schweigen ist Antwort genug, ich lege den Kopf in den Nacken und frage mich, ob das alles hier eigentlich nur noch ein einziger Scherz sein soll.

»Wir könnten Toni oder Sven …«

»Die haben beide genug mit ihren Abgaben zu tun.«

»Dann halt Ben.«

»Leo, vergiss es. Es gibt niemanden in unserem Umkreis, der nicht chronisch überfordert ist, und ohne Ivana wird Kiezkind den Bach runtergehen. Alessa hat es gestern vorgeschlagen, und ich denke schon länger darüber nach, sie zurückzuholen. Wir wissen alle, dass das nicht einfach wird, und wenn jemand genug Einfluss auf sie hat, um sie überzeugen zu können, dann bist du es.«

»Weißt du, was das bedeuten würde, wenn ich sie jetzt anbettele zurückzukommen? Für mich und für Mila?«

»Ich weiß, dass es viel verlangt ist, aber ich bitte dich trotzdem.«

In mir wehrt sich immer noch alles gegen den Gedanken, aber Jason hat recht. Ohne sie funktioniert es nicht mehr so wie früher, und nun, wo ich plötzlich ausgeknockt wurde, tut es das erst recht nicht mehr.

Ich seufze leise, wenn ich daran denke, dass Streit, Eifersucht und gegenseitige Vorwürfe wohl bald wieder an der Tagesordnung stehen werden. Dennoch weiß ich, dass es unsere einzige Möglichkeit sein wird, und lenke innerlich ein. »Ich kann nicht versprechen, dass es klappt.«

Jason schließt für einen Moment die Augen.

»Aber ich versuche es«, schiebe ich hinterher.

»Danke.«

Ich werfe einen Blick zum Fenster.

»Darfst du eigentlich raus?«, fragt Jason im gleichen Moment.

»Ich weiß nicht. Aber es gibt eine Terrasse am Ende des Flurs.«

Jason zögert einen Moment, dann schwingt er die Beine vom Bett und wirft mir seinen Parka zu, der über einem Stuhl hängt. »Zieh den an, es ist kalt draußen. Ich kann auch 'nen Rollstuhl organisieren.«

»Untersteh dich«, widerspreche ich sofort und rutsche dann ebenfalls vom Bett.

Ich bleibe einen Moment auf der Bettkante sitzen und warte vorsichtshalber ab, wie mein Kreislauf heute mitspielt. Dann schlüpfe ich in meine Schuhe, und Jason besteht darauf, dass ich seine Jacke anziehe. Ich merke, dass er mich genauestens im Blick hat, als wir Minuten später den langen Flur entlanggehen und ich mich unauffällig mit einer Hand an der Wand abstütze.

»Alles gut?«

Ich nicke auf seine leise Frage, konzentriere mich ganz aufs Atmen und merke dennoch, dass meine Knie bereits leicht zittrig sind, als wir die Terrasse erreichen. Die bitterkalte Winterluft raubt mir für einen winzigen Moment beinahe den Atem, ich spüre, wie mir sofort eine Gänsehaut den Rücken hinunterläuft, und verschränke fröstelnd die Arme vor der Brust. Jason scheint die Kälte nicht halb so viel auszumachen wie mir, und das, obwohl er nur ein Sweatshirt trägt. Zielstrebig steuert er auf eine Sitzgelegenheit etwas abseits des Ausgangs zu. Ohne ein weiteres Wort zu sagen, setze ich mich, als mir schwindelig wird.

»Du sagst, wenn es dir zu viel wird?« Jason klingt ganz ruhig, seine leise Stimme geht beinahe in der Kulisse der Großstadt unter, und ich nicke.

»Geht schon.«

Jason nickt, während er sich neben mich sinken lässt. Wir schweigen, und dennoch habe ich das Gefühl, er will noch etwas sagen.

»Das war echt ein richtig beschissenes Gefühl, als du da im Label einfach zusammengeklappt bist.«

Erst sage ich nichts, zucke dann leicht mit den Schultern.

»Ich fand's auch eher semigeil«, gebe ich zu und sehe ihn den Kopf schütteln, als er die Ironie in meiner Stimme bemerkt. »Danke, dass du da warst.« Ich unterdrücke ein Schlucken, als Jason den Kopf wortlos in meine Richtung dreht und mir schließlich den Arm um die Schultern legt. Ich bin überrascht, wie gut diese Geste tut, muss plötzlich die Tränen zurückhalten, die in meinen Augen zu brennen beginnen, und schließe sie, als Jason mich leicht zu sich zieht. Sekunden vergehen, nachdem ich meinen Kopf gegen seine Schulter gelehnt habe und wir einfach schweigen, ehe er wieder das Wort ergreift.

»Versprich mir, dass du besser auf dich aufpasst. Wenn nicht für dich selbst, dann wenigstens für die Menschen, die dabei sind, den Verstand zu verlieren, während du dich von einem Abgrund zum nächsten hangelst.«

Ich halte unbewusst die Luft an, kenne Jason so philosophisch gar nicht und realisiere erst jetzt so recht, dass ich mich die letzten Wochen ihm gegenüber ziemlich mies benommen habe.

»Ich kann mit so was nicht umgehen … wenn andere sich Sorgen um mich machen«, gebe ich leise zu.

»Ich weiß.«

Ich zögere, weiß nicht, weshalb, doch glaube plötzlich, Jason erklären zu müssen, wieso und warum es heute so ist, wie es nun einmal ist.

»Ich meine das nicht böse, wenn ich deshalb abweisend reagiere. Ich bin da einfach nicht so gut darin, es sind früher Sachen passiert, die das alles irgendwie kompliziert gemacht haben«, beginne ich und spüre, wie er sich neben mir wieder etwas aufrichtet.

»Du musst das nicht«, sagt er. »Mir davon erzählen.«

Irritiert halte ich inne.

»Mila weiß Bescheid, nehme ich an, sie hat da letztens was angedeutet. Das reicht mir, du hast jemanden, mit dem du sprechen kannst, wenn du es brauchst, und ich kann mir meinen Teil denken.«

Seine Direktheit überrascht mich, und ich schaffe lediglich ein überrumpeltes Nicken. »Bist du sauer?«

»Gott, Leo … Nein!« Er legt so viel Nachdruck in seine Worte, dass ich ihm sofort glaube. »Ich denke, wir sind alle längst aus dem Alter heraus, in dem man wegen so was sauer oder beleidigt wäre.«

»Ich wollte nur nicht, dass du das falsch verstehst«, beginne ich, doch werde erneut von ihm unterbrochen.

»Denk mal an dich, okay? Einfach nur an dich und nicht immer zuerst an alle anderen.«

Ich beschließe, Jasons Aussage unkommentiert stehen zu lassen, wüsste nicht, was ich noch dazu sagen sollte, und nicke lediglich. Konzentriere mich auf den Moment, auf Berlin, das lärmend unter uns in der anbrechenden Nacht rebelliert.

»Welcher Tag ist heute?«, frage ich völlig ohne Zusammenhang, und sehe, wie auch Jason einen Moment überlegen muss, ehe er mir antwortet.

»Donnerstag, der Zwölfte.«

Ich deute ein Nicken an, während mir klar wird, dass in nicht einmal zwei Wochen Weihnachten ist, denke an Mila und ihre Pläne, mit mir nach Amrum zu fahren, und habe plötzlich keine Ahnung, wie das funktionieren soll.

»Denkst du an Weihnachten?«, fragt Jason.

Ich nicke. »Fährst du nach Hause? Oder zu Alessa?«

»Wir wissen es noch nicht genau. Theoretisch könnten wir auch bleiben und gemeinsam hier feiern.«

»Mila wollte mich mit zu ihrer Familie nehmen, wenn ich rausdarf«, sage ich. »Und wegen unserem Weihnachtsessen am Dreiundzwanzigsten …«

»Man kann auch Pizza ins Krankenhaus bestellen.«

Ich muss lächeln. »Das wäre schon ziemlich schäbig.«

»Ein bisschen vielleicht.« Jason lacht leise. »Aber egal, wenn es darauf hinausläuft, dann ist das halt so.«

»Ich frag mal, ob ich Ausgang bekomme. Dann könnten wir zu mir.«

»Tu das. Mila kommt doch auch?«

»Bestimmt.« Ich runzele die Stirn, als ich Jason schmunzeln sehe, und stoße ihn an. »Was?«

»Als Alessa sie damals zum ersten Mal mit ins Label gebracht hat und du sie draußen noch abgefangen hast ... ich hab direkt gesehen, wie verknallt du bist.«

»Du hast uns beobachtet?«

»Der Anblick hat sich mir quasi aufgezwungen.«

»Schon klar.«

»Und spätestens als du nach meinem Geburtstag dann mit ihr weg bist, war eh alles klar.«

»Ich war sturzbetrunken, und sie hat mich ins Bett gebracht«, erzähle ich und lege die Stirn nach einem kurzen Kopfschütteln beschämt in der Handfläche ab.

»Süß.«

»Sie kam gerade richtig«, höre ich mich sagen und sehe aus dem Augenwinkel, wie Jason nickt.

»Du hast das so verdient, Mann.«

Ich merke kaum, wie sich mein Mund zu einem Lächeln verzieht, wende den Blick ab und starre nach oben in den tintenblauen Himmel, der sich über die Stadt gelegt hat.

»Alessa ist schwanger«, sagt Jason neben mir. Seine Stimme hat sich verändert, klingt plötzlich belegt, und ich brauche mindestens drei Sekunden, ehe ich den Inhalt seiner Worte begriffen habe.

»Was?«, murmele ich. Ich bin mir nicht sicher, ob er mich gerade verarscht, suche in seinem Gesicht nach Anzeichen, die das bestätigen, doch erkenne lediglich den bitterernsten Ausdruck in seinen stumpfen Augen. »Dein Ernst?«

Er nickt, schluckt gleichzeitig und schüttelt anschließend den Kopf.

»Tja«, sagt er nur. Der Wind trägt sein Flüstern sofort in die anbrechende Nacht hinaus. Jason hebt die Schultern, ein betroffenes Lächeln zuckt an seinen Lippen, und er senkt den Kopf.

»Seit wann weißt du das?«, frage ich und versuche, seinen Blick aufzufangen, doch Jason schaut weiter geradeaus.

»Montag vor 'ner Woche«, sagt er und hält einen winzigen Moment inne, ehe er weiterspricht. »Alessa weiß es schon seit Ende November. Sie ist selbst völlig durch den Wind.«

Ich sage nichts, seufze lautlos und schlucke.

»Sie will es nicht behalten.« Jasons Worte sind so leise und verzweifelt, dass mir kalt wird. Ich schaue zu ihm und erkenne einen unerwarteten Schmerz in seinen Augen.

»Willst du es denn?«, frage ich.

Er zuckt mit den Schultern. »Ich habe keine Ahnung, was ich will. Das war nicht geplant, natürlich nicht. Aber es wegmachen zu lassen, nur weil wir es nicht vorhatten, das ist doch ...« Er unterbricht sich selbst, beißt sich leicht auf die Lippen und schüttelt den Kopf. »Das ist doch scheiße.«

Ich schweige, habe keine Antwort, die angemessen für das wäre, was Jason mir gerade eröffnet hat, und frage mich im Stillen, was ich tun würde, wenn ich an seiner Stelle wäre. Wenn es Mila wäre, die mir sagen würde, dass sie schwanger ist, einfach so, ohne dass es einem von uns beiden wirklich passt. Was ich tun würde, wenn sie es nicht wollen würde, ich aber schon, und doch sie diejenige ist, die es in sich trägt und letztendlich entscheidet, ob es bleibt oder nicht.

Ich wüsste es nicht.

»Sie meint, dass wir das nicht packen, dass wir ja jetzt schon viel zu wenig Zeit für das alles haben, die Uni, das Label ... Leo, ich weiß, dass du gerade ganz andere Dinge im Kopf hast, aber bitte probier es bei Ivana und sorg dafür, dass sie wiederkommt.

Vielleicht überlegt Alessa es sich dann noch mal, wenn sie sieht, dass es für alles eine Lösung gibt.«

»Darf ich es ihr denn sagen?«, hake ich nach und bemerke Jasons Zögern, das mir eigentlich schon Antwort genug ist.

»Wenn es sein muss.«

Also nein …

»Ich rufe sie später an«, verspreche ich, und diesmal meine ich es ehrlich. Vermutlich würde ich alles tun, wenn es Jason das Leben nur etwas leichter macht.

»Danke.«

»Du wirst Papa …« Die Worte kommen mir ungehindert über die Lippen, ich muss lächeln und merke, was sie mit Jason machen, der den Kopf hebt.

»Vielleicht werde ich das, ja.«

Ich versuche, ihn mir vorzustellen, als Windeln wechselnder Vater, der mit Hipp-Gläschen und Babykotze auf den Klamotten herumrennt. Doch dann denke ich an die Uni, die schon ohne Kind, um das man sich zu kümmern hat, wahnsinnig zeitaufwendig ist, und an Ben, der, seit er seine Zwillinge hat, für nichts mehr Zeit findet. Ich verstehe Alessas Sorgen genauso wie Jasons kleine Vorfreude, bin zwiegespalten und hoffe von ganzem Herzen, dass ihre Beziehung diesen Konflikt unbeschadet übersteht.

»Wollen wir wieder?«, fragt Jason schließlich, als mich eine kleine Kältewelle erschaudern lässt, und deutet nach drinnen.

Ich nicke, atme ein letztes Mal die klare Nachtluft ein, ehe wir wieder hineingehen. Wir schweigen den gesamten Weg bis zu meinem Zimmer. Ich schlüpfe aus Jasons Jacke, gebe sie ihm zurück und streife die Schuhe ab, als ich auf der Bettkante sitze. Es scheint sich niemand an meinem kurzen Ausflug gestört zu haben, und ich bin wieder einmal froh, in einem Einzelzimmer zu liegen, das ich nur der Privatversicherung, um die sich Élaine bereits vor Jahren für mich gekümmert hat, zu verdanken habe.

»Ich komm morgen wieder«, verspricht Jason, nachdem er einige Sekunden lang unschlüssig im Raum stehen geblieben ist. »Pass auf dich auf.«

Meine besockten Füße berühren erneut den Boden, als ich noch mal aufstehe, um mich von ihm umarmen zu lassen. Die Umarmungen werden länger und fester, seit alle Bescheid wissen, und Jason gehört zu den wenigen, deren Augen währenddessen trocken bleiben. Ich genieße den Moment, spüre seine Hand an meinem Rücken und nicke.

»Danke, dass du da warst. Und Jason, das wird schon alles wieder.«

Ich warte, bis er zur Tür gegangen ist, ringe mir ein letztes Lächeln ab und sinke zurück auf die Matratze, nachdem er die Tür hinter sich ins Schloss gezogen hat. Einige Zeit bleibe ich so sitzen, starre an die Wand mir gegenüber und schüttele den Kopf, als mich der Moment beinahe zu erdrücken droht. Trotzdem fühle ich mich leichter als die vergangenen Tage, irgendwie gelöster und aufgehobener. Vielleicht ist es die Gewissheit, dass ich trotz dem Alleinsein nicht allein bin, sondern geliebt werde, von all den Menschen, die sich in ihrem vollgestopften Alltag Zeit für mich nehmen. Von Élaine, die jeden Tag mit selbst gekochtem Essen vorbeikommt, weil sie der Meinung ist, dass ich von dem Krankenhausessen ja nur noch mehr Gewicht verliere. Von Willem, der alles dafür tut, um mir die Verpflichtungen der anstehenden Modewoche abzunehmen. Von meinen Geschwistern, von Jason, Alessa und von Mila, die jeden Tag vorbeikommt, trotz der Testate und Prüfungen, wegen derer sie zurzeit kaum noch Platz für ein Privatleben hat. Auch heute Abend will sie vorbeischauen, und ich entschließe mich, den unangenehmen Ivana-Anruf jetzt sofort zu tätigen, da ich mich andernfalls wohl noch Ewigkeiten davor drücken würde.

So lausche ich kurze Zeit später dem Freizeichen meines Handys, hoffe schon, sie würde nicht abnehmen und schließe die Augen, als doch ein Knacken in der Leitung erklingt.

»Ja?«

Ich bin mir sicher, dass sie meinen Namen auf dem Display gelesen hat, höre, wie abweisend sie klingt, und würde am liebsten wieder auflegen.

»Hi.«

Sekundenlang Stille, dann wieder ihre Stimme. »Was willst du?«

Ich unterdrücke ein Seufzen, wünschte, ich hätte mir Worte zurechtgelegt, doch habe es nicht, spreche so einfach drauflos. »Wo bist du?«

»Warum interessiert dich das?«

»Vana …«

»Ich bin zu Hause«, höre ich sie sagen. »In Leipzig, bei meinen Eltern.«

»Wann kommst du zurück nach Berlin?«

»Sobald ich mir darüber im Klaren bin, wie es weitergehen soll.«

»Wir brauchen dich im Label. Ohne dich schaffen wir das nicht«, beginne ich und beiße mir leicht auf die Lippe, als ich mir unsicher bin, ob es klug war, so mit der Tür ins Haus zu fallen. Doch wieso lange um den heißen Brei herumreden, wenn sie mir vermutlich längst anhören konnte, was wirklich Sache ist? »Das ist alles ziemlich blöd gelaufen. Und es tut mir leid.«

»Hat Mila dich sitzen lassen, oder was?«, fragt sie und klingt dabei so verbittert, dass ich für einen kurzen Moment Mitleid mit ihr bekomme.

»Lass Mila aus dem Spiel. Es geht hier um dich und um Jason, Alessa und mich. Um deine Zukunft, vor allem um die.«

»Vielleicht stell ich mir die mittlerweile anders vor.«

»Das heißt?«

»Ich weiß nicht, ob das mit dem Modedesign noch das Richtige ist.«

Ich schlucke, als sie genau das sagt, was ich bereits befürchtet hatte. »Hast du dich exmatrikuliert?«

»Nein … ich brauche einfach ein bisschen Bedenkzeit, okay?«

Ich nicke, weil Bedenkzeit kein Nein bedeutet. Leider auch kein Ja, und für einen kurzen Moment spiele ich mit dem Gedanken, Alessas Schwangerschaft als Argument zu benutzen. Doch ich lasse es, finde, dass Ivana das nichts angeht, und spreche nach kurzem Überlegen weiter. »Ich verstehe das. Aber ich fände es wirklich schade. Du fehlst hier …«

Ihr Zögern zeigt mir, dass mein Plan aufgeht, und ich bekomme sofort ein schlechtes Gewissen.

»Ich komme erst nach Weihnachten wieder nach Berlin«, sagt sie, klingt unsicher, und ich frage mich, wo die Ivana hin ist, die mir und allen anderen sagt, wo es langgeht.

»Kann ich Jason sagen, dass du nach den Feiertagen ins Label kommst?«

Sekunden vergehen, dann höre ich sie erneut. »Kannst du.«

»Danke.«

»Sehen wir uns dann?«

Ich nicke und bin froh, dass sie nicht nach dem Weihnachtsessen fragt. »Wenn du willst.«

»Ich melde mich.«

»Okay. Mach's gut. Und schöne Feiertage, falls wir uns bis dahin nicht mehr hören.« Ich lege auf, noch ehe sie antworten kann, fühle mich mies und würde das kurze Gespräch am liebsten sofort wieder vergessen. Erst jetzt fällt mir auf, dass ich mit keinem Wort erwähnt habe, was bei mir gerade los ist, aber schließlich hat Ivana auch nicht gefragt.

Die Geschwindigkeit, mit der sich mein Leben in den letzten Monaten verändert hat, droht mich beinahe zu erschlagen, und ich zwinge mich dazu, meine Gedanken in eine andere Richtung zu lenken. Ich greife nach dem Skizzenbuch, in dem ich Ideen und Entwürfe für das Label oder die Uni festhalte, und merke nur Minuten später, wie mein Bleistift abrutscht, als sich erneut die Müdigkeit über mich wirft.

DREIUNDZWANZIG

Emilia

Schmal und blass liegt er in seinem Bett, das gerade zurück in das Zimmer auf der Onkologie gefahren wird, blinzelt leicht, als ich seine Hand zu fassen bekomme, und schafft ein müdes Lächeln, sobald er mich erkennt.

»Hey«, flüstere ich, lächele zurück und spüre, wie er meine Hand drückt.

»Schon vorbei?« Seine Stimme klingt verwaschen, erschöpft, und ich nicke bestätigend.

»Hast es schon geschafft.«

Leo schließt die Augen, scheint noch viel zu benebelt von dem Schlafmittel, das man ihm gegeben hat, bevor man ihm soeben einen Portkatheter in eine Vene unterhalb des Schlüsselbeins gelegt hat, über den er in ein paar Tagen die Medikamente der Chemotherapie zugeführt bekommen wird.

»War's sehr schlimm?«, frage ich und sehe, wie er ein Kopfschütteln andeutet.

»Hmh …«

»Das ist schön.«

»Wie war dein Testat?«, murmelt Leo, und ich muss lächeln, finde es unfassbar, wie er selbst in diesem Zustand nicht vergisst, was ich ihm erzählt habe.

»Das war in Ordnung, denke ich.«

»Ich glaub, ich bin noch bisschen müde«, nuschelt er entschuldigend mit bereits wieder halb geschlossenen Augen.

»Schlaf noch mal.«

»Bleibst du?«

»Klar bleibe ich.«

»Danke …«

Ich zupfe die Decke etwas höher über ihn, beobachte, wie Leo fröstelnd die Schultern zusammenzieht und sich leicht auf der unoperierten Seite zusammenrollt.

»Können Sie mir sagen, wo ich noch eine Decke für ihn finde?«, frage ich die Schwester, die Leo hergebracht hat und gerade den Raum verlassen will.

»Ich bringe Ihnen eine«, verspricht sie, und ich lächele dankbar.

Leo ist bereits wieder weggedämmert, wirkt entspannter als die letzten Tage, was wohl hauptsächlich an den Medikamenten liegen dürfte, die er bekommen hat. Ich betrachte ihn schweigend und ignoriere meine nervösen Bauchschmerzen.

Ich habe so viel zu tun, dass ich es während der Uni immer wieder vergesse, erfolgreich verdränge, dass Leo nur wenige Gebäude weiter liegt, und um ehrlich zu sein, habe ich keine Ahnung, wie es ihm selbst eigentlich mit der Diagnose geht. Meine Tage bis Weihnachten sind vollgestopft mit Praktika, Seminaren und anwesenheitspflichtigen Veranstaltungen, außerdem beginnt im neuen Jahr meine Klausurphase. Leo wird jemanden brauchen, der während der Behandlung bei ihm ist und ihm jegliche Verpflichtungen abnimmt, damit er sich ganz aufs Gesundwerden konzentrieren kann. Wie gerne wäre ich diejenige, die ihm beisteht, doch bei aller Liebe, momentan weiß ich nicht, wie ich das schaffen soll.

Ein leises Klopfen an der Tür lässt mich den Kopf heben, und ich schaue zu Jason, der den Raum betritt, mit einer Decke in der Hand. Er muss wohl der Schwester in die Arme gelaufen sein.

»Na?« Er flüstert, und ich ringe mir ein Lächeln für ihn ab, ehe ich von meinem Stuhl aufstehe, um ihm mit der Decke zu helfen.

Leo erschaudert leicht, kuschelt sich sofort enger in den Stoff und hält wieder still, nachdem Jason ihm beruhigend die Hand an die Schulter gelegt hat.

»Wie ist es gelaufen?«

»Er meinte, es war okay.«

Jason nickt beruhigt und setzt sich dann ans Fußende des Bettes.

»Wie hat er sich vorhin geschlagen?«, frage ich, weil ich weiß, dass er vor dem Eingriff bei Leo war, da ich nicht konnte.

»Ganz geheuer war ihm die Sache nicht, aber nachdem sie ihm die Tablette gegeben hatten, war er fast sofort weg. Ich denke, das war so definitiv besser für ihn.« Jason spricht noch immer mit gedämpfter Stimme.

»Ich wär wirklich öfters hier, wenn ich könnte«, sage ich schließlich und spüre das schlechte Gewissen, wenn ich daran denke, dass Jason und Alessa viel mehr Zeit bei Leo verbringen, als ich es tue.

»Das ist uns allen klar, Leo auch, da kannst du dir sicher sein.«

»Es ist so unfassbar viel gerade ...«

»Mila, du verbringst jede freie Minute bei ihm. Er weiß das, und er weiß auch, wie schwer es für dich ist neben dem aufwendigen Studium.«

»Uns wird in aller Ausführlichkeit beigebracht, wie wir kranken Menschen helfen können, und dann bleibt kaum genug Zeit, um für den eigenen Freund da zu sein. Das ist doch kacke.« Meine Stimme bricht, und ich wische mir die Träne weg, die mir über die Wange rollt. Jason schweigt, schaut mich einfach nur an, und ich unterdrücke ein Schluchzen. »Ich weiß nicht, wie wir das hinkriegen sollen.«

»Ihr seid doch nicht allein, keiner verlangt, dass du durchgehend bei ihm im Krankenhaus sitzt.«

»Ich hatte überlegt, ob ich zu meinem Studienkoordinator gehe und ihm die Sache erkläre. Vielleicht kann ich mich von meinen Kursen abmelden und sie nächstes Semester wiederholen. Dann hätte ich mehr Zeit.«

»Hast du darüber schon mit Leo gesprochen?«

Ich schüttele den Kopf und weiß ganz genau, dass er dagegen

wäre. Er würde vermutlich niemals zulassen, dass ich seinetwegen meine Ausbildung gefährde. Wie denn auch, wenn er selbst sich weigert, eine Beurlaubung für sein Studium zu beantragen, weil er glaubt, das alles schon irgendwie hinzukriegen.

Seine Zuversicht in Gottes Ohr …

Leo verschläft den gesamten Vormittag, wird erst wach, als Élaine mit dem üblichen vorgekochten Mittagessen hereinschneit, ist kaum zum Essen zu motivieren und pennt nach kläglichen vier Löffeln liebevoll zubereitetem Gemüseeintopf wieder weg. Auf mein Pharmakologie-Buch konzentrieren, während er schläft, kann ich mich dennoch nicht, starre nachdenklich Löcher in die Luft und gebe das erfolglose Lernen gegen Nachmittag auf, als Leo allmählich wieder munterer wird. Der Arm auf der betroffenen Seite tut ihm weh, ich kümmere mich um einen Beutel Eis, um die Stelle zu kühlen, organisiere ihm Tee und ein paar Kekse, damit er immerhin etwas in den Magen bekommt, und registriere mit zunehmenden Bauchschmerzen, wie sehr er sich damit quält, das bisschen Essen herunterzubringen. Seit er hier ist, scheint er noch mehr an Gewicht verloren zu haben. Seine Ärzte haben bereits vor einigen Tagen eine künstliche Ernährung angesprochen, doch nachdem Leo schon kaum zu der Chemo zu bewegen war, würde er einer Nahrungsinfusion wohl als Allerletztes zustimmen. Gut essen, reichlich trinken und viel schlafen, das betet Jojo ihm tagtäglich vor, doch lediglich Letzteres wird von Leo tatsächlich umgesetzt.

Die Chemo, auf die er und die Onkologen sich schließlich geeinigt haben, soll verhältnismäßig schwach dosiert sein, sodass ich hoffe, ihm könne zumindest die Kotzerei erspart bleiben. Mit ein wenig Glück wird er nicht viel von den angsteinflößenden Nebenwirkungen merken und den Großteil seiner Haare behalten.

Leo selbst ist weiterhin müde und blass, fühlt sich schlapp und erinnert sich nur bruchstückhaft an Jasons und Élaines Besuch.

Als ich ihn frage, ob es noch etwas gibt, das ich für ihn tun könne, bringt er die Bitte hervor, zu Élaine und Willem nach Potsdam fahren zu dürfen. Ich verspreche, bei den Ärzten nachzufragen, bin mir allerdings nach einem Blick auf seine aktuellen Blutwerte sicher, dass sie dem Vorhaben so auf keinen Fall zustimmen können.

Zwei Tage später sitze ich dann doch hinter dem Steuer von Leos Wagen und lenke ihn in Élaines gepflasterte Einfahrt. Nach den Bluttransfusionen, die man Leo gestern verabreicht hat, geht es ihm heute so gut, dass er doch für ein paar Stunden Ausgang bekommen hat, wohl hauptsächlich, um ihn auf andere Gedanken kommen zu lassen, ehe er morgen das erste Mal Bekanntschaft mit den Medikamenten der Chemotherapie macht. Er ist deutlich sicherer auf den Beinen, hat wieder etwas Farbe im Gesicht und friert nicht mehr so sehr. Als hätte sie es gewusst, kämpft sich die Sonne am leicht bewölkten Himmel hervor, und ich merke, wie gut Leo die frische Luft tut, als wir nach Kaffee und Kuchen, von dem er tatsächlich beinahe ein halbes Stück geschafft hat, zu zweit am Uferweg des Heiligen Sees entlangschlendern. Er genießt, und das so sehr, dass mir fast die Tränen kommen, als er mit geschlossenen Augen das Gesicht in die Sonne dreht und meint, er habe es für einen kurzen Moment beinahe vergessen, die Ärzte und die Medikamente, fast so, als wäre die ganze letzte Woche nie passiert. Als er eine halbe Stunde später auf Élaines Couch vor lauter Erschöpfung mit dem Kopf in ihrem Schoß einschläft, kann ich sie jedoch nicht länger zurückhalten. In Élaines Ofen knistert ein Feuer, draußen hat es mit Anbrechen der Dämmerung deutlich abgekühlt, und selbst die frische Tasse Tee, an der ich meine Finger wärme, kann die klirrende Kälte in meinem Inneren nicht lindern.

»Ach, Darling, er ist zäher, als wir alle glauben, das hat er schon einmal unter Beweis gestellt«, sagt Willem, ehe er mich fest in den Arm nimmt und so lange nicht mehr loslässt, bis meine Tränen versiegt sind, ich leer geweint und froh bin, dass der schlafende Leo nichts davon mitbekommt.

Als ich ihn gegen halb sechs wecken muss, geht es ihm schlechter. Ich erkenne es sofort an dem milchigen Schleier, der sich über seine Augen gelegt hat, merke, dass er nicht wirklich zu sich kommt und mit Schwindel und Übelkeit kämpft, während er sich ein gequältes Lächeln auf die blassen Lippen zwingt. Élaine würde ihn am liebsten dabehalten, lässt ihn erst los, als er während ihrer Abschiedsumarmung vor der Haustür leicht in die Knie geht, und auch in Willems traurigen Augen schimmern Tränen, als wir ins Auto steigen. Im Wagen tastet Leo nach meiner Hand, lächelt und klingt ehrlich froh, als er sich für den schönen Tag bedankt, ehe er auf der Autobahn Richtung Berlin wieder einnickt.

Ich kann mich nicht aus meinem Weinkrampf befreien, als ich später auf seiner Seite des Bettes liege, lebe seit Tagen schon in seiner Wohnung und habe Angst. Angst vor morgen, Angst vorm Alleineschlafen, vor schlechten Neuigkeiten, auch wenn es keine gibt. Einfach Angst davor, nach den wenigen Monaten Verliebtsein schon wieder zu verlieren, was mich so unfassbar glücklich macht. Schicke in dieser unruhigen Nacht verzweifelte Stoßgebete gen Himmel und bete, dass es von nun an wieder bergauf geht.

Bitte.

VIERUNDZWANZIG

Leonardo

Alles, was mir über die Chemotherapie erzählt und von den Ärzten als bloße Panikmache abgetan wurde, ist wahr. Die zunächst latente Übelkeit, die einsetzt, kaum dass die ersten Tropfen der durchsichtigen Flüssigkeit über den dünnen Schlauch in meinen Körper gesickert sind, die permanenten Kopfschmerzen, die sich gegen Abend zu einem tosenden Orkan entwickelt haben, unter dem ich mich nach Luft ringend über der Toilettenschüssel krümme und die wenigen Brocken halb verdauten Essens wieder hochwürge, die ich tagsüber mit Müh und Not heruntergebracht habe. Die grenzenlose Erschöpfung, die dafür sorgt, dass ich es nicht mehr schaffe, ohne Hilfe aufzustehen, und die unruhigen Nächte, in denen ich mehrmals völlig nass geschwitzt wach werde, mich kaum auf den Beinen halten kann, während die Nachtschwester mein Bett frisch bezieht.

Heute ist Ben da, wird mit jeder Sekunde bleicher, die ich über der Schüssel hänge und mich unter den Würgern zusammenkrümme. Er hat Angst, und anders als Mila, die sie sicher auch hat, ist er mit der Situation völlig überfordert.

»Soll ich ’nen Arzt herholen?«, bringt er hervor und schafft es kaum, das Zittern in seiner Stimme zu unterdrücken. Ich deute ein Kopfschütteln an, lasse die Stirn auf meinen Arm sinken und atme für einen Moment tief durch.

»Die können jetzt auch nichts machen.«

»Haben die nicht wenigstens Medikamente gegen die Übelkeit oder so?«

Ich presse die Lippen aufeinander, während mir erneut die

Galle in die Speiseröhre steigt, und beuge mich wieder etwas vor, als es erneut losgeht.

Bens Hand an meiner Schulter fühlt sich viel zu unsicher an, hilft nicht halb so viel wie die von Jason. Als mir auch nun wieder ganz anders wird, die Geräusche um mich herum dumpfer werden, weiß ich, dass es höchste Zeit ist, doch um Hilfe zu bitten.

»Kannst du doch 'ne Schwester holen?«, presse ich zwischen zwei Würgern hervor, sehe Ben nicken und stoße gegen die Keramikschüssel der Toilette, als er mich loslässt.

Die Panik, die sich zu der beißenden Übelkeit gesellt, lähmt meine Gedanken, als ich mit jeder Sekunde mehr die Kontrolle über meinen Körper verliere. Der Moment, in dem Ben und eine Schwester in mein Zimmer stürzen, ist der, in dem ich falle, ihre aufgeregten Stimmen von ganz weit weg höre und die Hände spüre, die mich festhalten. Ich schaffe es nicht, auf ihre Anweisungen zu reagieren, werde an den Schultern gefasst und zu Boden gedrückt, jemand hält mir die Beine hoch, und ich erkenne Dr. Falk, der sich über mich gebeugt hat.

»Atmen, Leonardo, ganz ruhig. Hören Sie mich?«

Ich nicke, spüre, wie sich der zähe Nebel um mich herum langsam wieder verflüchtigt, und atme tief durch. Die Übelkeit hat nachgelassen, dafür merke ich eine unfassbare Erschöpfung. Ich klammere mich beinahe panisch an Dr. Falks Arm und fühle mich wie nach einem Halbmarathon, als ich die wenigen Meter aus dem Bad zu meinem Bett geschafft habe. Dr. Falk schickt alle Anwesenden bis auf meinen Bruder, der weiß wie die Wand neben ihm steht, aus dem Zimmer und zieht sich einen Stuhl heran, um sich neben mich zu setzen.

»Ich kann Ihren Zustand so nicht länger verantworten, Leonardo«, beginnt er, und unterbewusst weiß ich längst, worauf er hinauswill. »Wir hatten bereits vor einigen Tagen über die künstliche Ernährung gesprochen, und ich muss Sie dringend bitten, noch einmal gründlich darüber nachzudenken.«

»Mir ist nur schwindelig geworden …«

»Wir werden Sie nicht dazu zwingen, aber Sie handeln hiermit gegen ausdrücklichen ärztlichen Rat, wenn Sie sich weiter weigern. Bitte überlegen Sie es sich, und teilen Sie mir morgen früh bei der Visite Ihre Entscheidung mit. Wir werden morgen vor der Infusion noch ein anderes Medikament gegen die Übelkeit ausprobieren, und wenn Ihnen auch das nicht hilft, würde ich stattdessen ein leichtes Schlafmittel verabreichen, um die weiteren Chemo-Tage möglichst spurlos an Ihnen vorbeigehen zu lassen. Das Erbrechen und der damit zusammenhängende Stress ist eine große Belastung für Ihren Kreislauf, zudem verlieren Sie jeden Tag erheblich an Flüssigkeit. Ich denke, es liegt weder in Ihrem noch in unserem Interesse, dass Sie vollends kollabieren.«

Dr. Falk hinterlässt Gedankenchaos und Stille, mich und Ben, der sich kopfschüttelnd auf den frei gewordenen Stuhl sinken lässt, kaum dass wir allein miteinander sind.

»Du denkst nicht allen Ernstes noch darüber nach, oder?«, fragt er aufgewühlt.

»Nein, weil es nichts nachzudenken gibt. Ich will das nicht.«

»Leo, Mann! Was soll das? Es geht hier um dein Leben!«

»Es ist mein Körper, okay? Reicht doch, dass du schon das mit der Chemo für mich entschieden hast!«

»Du wirfst mir das nicht tatsächlich vor?« Bens Stimme ist leise geworden, klingt ungläubig und so tonlos, dass mir ganz kalt wird.

»Die Ärzte haben gesagt, dass ich auch ohne Chemo wieder gesund werden kann.«

»Scheiße, Leo, *können* reicht mir nicht! Mit der Chemo *wirst* du gesund, das muss ich dir doch nicht wirklich erklären?! Ich hab dich schon einmal fast verloren, weil ich nicht richtig hingeschaut hab, und ich werde den Teufel tun und diesen Fehler noch einmal machen!«

Die Stille im Raum wirkt umso drückender, jetzt, nachdem er doch laut geworden ist. Ich schlucke, denke nicht nach und ignoriere Bens Gesicht, dem während meiner Worte das letzte bisschen Farbe entweicht.

»Alle verlangen immer nur, dass ich kämpfe, weiter stark bin, egal, wie kaputt es mich macht. Damals genauso wie heute, es wird einfach vorausgesetzt, aber keiner von euch hat mich je gefragt, ob ich überhaupt noch will. Ob das alles hier überhaupt noch Sinn macht oder ob's nicht einfach besser wäre aufzuhören.«

Bens Augen werden eine Spur dunkler, kaum sichtbar, doch sind mir Zeichen genug, dass ich zu weit gegangen bin. Zu weit, indem ich einfach nur in Worte gefasst habe, was mir in diesen Sekunden im Kopf herumspukt.

»Leo ...«

»Ja, verdammt ... Es geht hier um mich, und ich will es selbst entscheiden.«

Ben nickt schweigend, und unterbewusst weiß ich, dass es unüberlegt und dumm war, was ich da zu ihm gesagt habe. Aber zu dem Zeitpunkt kann ich noch nicht ahnen, was ich damit alles habe ins Rollen geraten lassen – und das nur, weil ich gerade schlicht und ergreifend nicht mehr kann.

*

Emilia

Zum leisen Fauchen der Flammen des Gasherdes gesellt sich das Klappern von Geschirr, womit Alessa gerade den Tisch deckt. Ich merke, wie es Leo geradezu in den Fingern juckt, auch bei den Vorbereitungen des Weihnachtsessens zu helfen, doch heute darf er ausnahmsweise einmal nicht den Gastgeber spielen. Er hockt mit einer Tasse Kamillentee auf der Couch, eine dünne Decke über den Schultern und ein kleines, aber ehrliches Lächeln auf den Lippen, beobachtet das rege Treiben in seiner Küche und legt den Kopf schließlich müde auf seinen angezogenen Knien ab.

Sein Blick trifft für einen Moment auf meinen, ich muss lächeln und sehe, wie sich auch seine Mundwinkel weiter nach oben bewegen. Er ist müde, aber es geht ihm gut, wohl hauptsächlich, weil er heute hier sein kann, am Abend vor Weihnachten, den er, Jason und Alessa, seit sie sich kennen, mit einem gemeinsamen Essen ausklingen lassen. Heute war sein letzter Chemo-Tag vor den Feiertagen, erst anschließend startet der nächste Behandlungszyklus, und nach schier endlos langen Diskussionen mit Jojo, Ben, Dr. Falk und den behandelnden Onkologen hat Leo tatsächlich Ausgang für heute Abend und die nächsten Tage bekommen. Wir werden morgen früh nach Amrum aufbrechen, und die Angst, die von mir abfiel, als klar war, dass Leo tatsächlich mit mir zu meinen Eltern fahren wird, ist mit Worten kaum zu beschreiben.

Sie haben ihn etwas unterschreiben lassen, dass er die Klinik auf eigene Verantwortung verlässt, und ich vermute, dass unserem Vorhaben nur zugestimmt wurde, da Jojo ebenfalls mit auf Amrum sein wird und im Notfall eingreifen könnte. Die heutige Nacht wird Leo noch in der Klinik verbringen.

Als Jason verkündet, es sei angerichtet, rutscht Leo von der Couch und nimmt wie selbstverständlich den Platz zu meiner Linken ein. Leise Weihnachtsmusik trällert aus der Anlage, Alessa hat Kerzen angezündet und füllt unsere Weingläser – für Leo hat sie extra eine alkoholfreie Variante besorgt, und ich habe ihn daraufhin zum ersten Mal seit Tagen wieder lachen sehen.

Leos Knie berührt meines, und er tastet unter dem Tisch nach meiner Hand, drückt sie leicht und lächelt, ehe er den Blick wieder in die Runde wirft. Leise klirrend stößt Glas gegen Glas, ich trinke einen kleinen Schluck Wein und lasse meinen Blick dann über das Schlachtfeld wandern, das sich über den gesamten Esstisch ausbreitet. Es gibt Wraps, selbst gemachte Falafel, Pilz- und Hackfleischfüllung, verschiedene Soßen, Dips und Guacamole zu dem bereits geschnippelten Gemüse. Jason und Alessa haben ordentlich aufgefahren.

Leo gibt sich Mühe und kämpft letztendlich doch mit seiner Portion, behält sie aber bei sich, und wir beschließen, mit dem Nachtisch noch ein wenig zu warten. Jason kocht Espresso für alle, und wir ziehen auf die Couch um, verteilen kleine Geschenke und selbst geschriebene Briefe mit der ausdrücklichen Anweisung, sie erst morgen Abend unter dem Weihnachtsbaum zu öffnen. Jason und Alessa werden ebenfalls zu ihren Familien fahren.

Ich merke, dass Leo das Essen doch schwerer im Magen liegt als gedacht, und bringe ihm eine Wärmflasche. Alessa und Jason tun so, als hätten sie es nicht bemerkt, und bringen mit ihren Gesprächsthemen eine Normalität unter uns, die es so seit gefühlten Ewigkeiten nicht mehr gab.

Als Leo schließlich sogar seine Portion Pannacotta mit Erdbeerspiegel schafft, würde ich ihn am liebsten umarmen und nur zu gerne glauben, dass er endlich wieder auf dem richtigen Weg ist. Zwanzig Minuten später wird er zunehmend stiller, seine Lider schwerer. Es bricht mir beinahe das Herz, als Jason irgendwann fragend in seine Richtung nickt, und ich verstehe, dass unsere Zeit vorerst abgelaufen ist. Er bringt ihn zurück in die Klinik. Alessa und ich bleiben übrig, sitzen still auf der Couch, nachdem die beiden plötzlich weg sind, und als Mariah Carey im Hintergrund *All I want for Christmas is you* zu singen beginnt, greift Alessa nach der Weinflasche und schenkt mir ungefragt nach.

FÜNFUNDZWANZIG

Emilia

Mein Herz geht auf, als ein Schwarm Möwen kreischend über unsere Köpfe hinwegzieht, hinaus aufs offene Meer segelt, das sich leise klatschend am Bug der Fähre bricht. Der frische Wind treibt mir den herben Geruch von Salzwasser in die Nase. Ich schließe die Augen, als Leo sein Kinn auf meine Schulter legt, das Gesicht in meinem Schal vergräbt und mir einen Kuss auf die Wange haucht.

»Wie du dich freust«, murmelt er gegen den Wind, und ich bekomme eine Gänsehaut, als ich das Lächeln in seiner Stimme höre. Ich spüre seine Arme, die er von hinten um mich gelegt hat, und lehne mich leicht mit dem Rücken gegen seine Brust.

»Weißt du, wie ich mich gerade fühle, Leonardo?«, beginne ich und merke, dass Leo sofort versteht, worauf ich hinauswill. Er grinst und zieht mich enger an sich.

»Ich bin mir nicht sicher, Kate … oder soll ich lieber Rose sagen?«

»Lieber Rose.«

»Gut.« Er lacht leise. »Bedeutet das, wir werden auch kentern?«

»Die Wahrscheinlichkeit, hier auf einen Eisberg zu stoßen, scheint relativ gering.«

»Beruhigend.«

Ich muss grinsen, nicke leicht und spüre die Wärme in meinem Bauch, die sich in meinem ganzen Körper ausbreitet, als mir bewusst wird, dass wir schon ewig nicht mehr so herumgealbert haben. Je gesprächiger Leo ist, desto besser geht es ihm, und nachdem er die Autofahrt von Berlin bis an den kleinen Fährhafen am Festland vor Föhr mehr oder weniger verschlafen hat, ist er nun beinahe ungewohnt munter.

Dass ihm die Überfahrt auf die Nordseeinsel jedoch weniger zu bekommen scheint, merke ich spätestens zehn Minuten später, als wir im warmen Aufenthaltsraum der Autofähre sitzen und Leo mit zunehmendem Seegang immer bleicher wird.

»Wirst du seekrank?«, vermute ich besorgt, und Leo schließt für einen Moment die Augen. »Versuch, entspannt zu bleiben.«

Aber er steht mit einem entschuldigenden Kopfschütteln auf und verschwindet in Richtung der Toiletten. Ich zögere und gehe ihm schließlich doch nach, finde ihn draußen an der Reling lehnend und mache an seiner unveränderten Gesichtsfarbe fest, dass er sein Frühstück wohl noch bei sich behalten konnte.

»Hättest mich ruhig mal vorwarnen können …«, murmelt er, nachdem er mich bemerkt hat, und ringt sich ein halbes Lächeln für mich ab.

»Ich hab gar nicht daran gedacht«, gebe ich schuldbewusst zu und erinnere mich an die Tabletten gegen Übelkeit, die Jojo mir – wohl aus weiser Voraussicht – vorgestern nach Schichtende zugesteckt hat. Er selbst ist bereits gestern Vormittag mit Louisa nach Amrum gefahren.

Leo willigt tatsächlich ein, als ich nun die silberne Aluverpackung aus der Tasche ziehe, schluckt eine der Tabletten und begleitet mich wieder nach drinnen. Wir trinken eine Tasse Tee, und gegen Ende der anderthalbstündigen Überfahrt scheint sich sein Magen wieder beruhigt zu haben. Ich schleppe Leo mit auf Deck, als das erste bisschen Amrum am diesigen Horizont zu erahnen ist, bin plötzlich ganz aufgeregt und sehe sein Grinsen, während er mich beobachtet. Seine Wangen werden wieder rosiger, er streckt die Nase in den rauen Nordseewind und beobachtet unsere Umgebung ganz genau, als ich den Wagen wenig später von der Fähre lenke.

Er findet Amrum *süß* und fragt mich, ob man hier überhaupt Auto fahren darf. Natürlich darf man, auch wenn wir gerade fast die Einzigen sind, die es vom Festland auf die Insel verschlagen hat, und als ich den Wagen ein paar Minuten später in den Hof der Hotelanlage lenke, würde ich die Fahrertür am liebsten aufreißen, noch ehe wir richtig stehen.

»Ich freue mich so, dass du mit mir hier bist«, sage ich und meine es so ehrlich, dass Leos schüchternes Lächeln nun einem zuversichtlichen weicht, während ich meinen Sicherheitsgurt löse. Als ich den Blick wieder durch die Windschutzscheibe nach draußen richte, steht Mama in der geöffneten Tür des Privathauses, strahlt übers ganze Gesicht und schließt mich in die Arme, kaum dass ich ausgestiegen bin. Ihr Blick hat sich verändert, als sie mich wieder losgelassen hat und zu Leo sieht, so besorgt, dass ich mich einen kurzen Moment lang frage, ob das alles überhaupt so eine gute Idee war. Ob Kranke an Weihnachten nicht doch dahin gehören, wo man sich angemessen um sie kümmert, oder ob ein bisschen Wärme und Liebe tatsächlich mehr hilft als Infusionen und Tabletten.

Leo hat das Schwiegersohn-Lächeln aufgesetzt, macht den letzten Schritt auf Mama zu und bedankt sich für die Einladung, während sie sich umarmen.

»Habe ich da etwa mein Schwesterherz gehört?«, klingt es hinter ihr, und bevor ich so richtig hingeschaut habe, steht Jojo bereits neben Mama. Er wirkt schon jetzt so entspannt, als hätte er gerade zwei Wochen Urlaub hinter sich.

»War alles okay?«, murmelt er, während wir uns umarmen, so leise, dass ich ihn kaum verstehe. Ich nicke, als er mich wieder loslässt. Er lächelt zufrieden, mustert Leo für den Bruchteil einer Sekunde genau, dann begrüßt er auch ihn. Das Prozedere wiederholt sich noch zweimal, als Louisa, deren Babybauch in den letzten Tagen noch größer geworden und nun definitiv nicht mehr zu übersehen ist, und schließlich auch Papa in den Eingangsbereich treten. Jojo kümmert sich um unser Gepäck, ich mache Leo währenddessen mit meinem Vater bekannt, den er doch tatsächlich siezt, ehe dieser ihm das Du anbietet und ausdrücklich Martin statt Herr Faber genannt werden will.

Ich atme auf, als die Stimmung locker bleibt, Leo sich von Anfang an wohlzufühlen scheint und auch meine Großeltern sofort für sich einnimmt, die im Wohnzimmer auf uns gewartet haben. Beim Anblick der unruhigen Nordsee, die sich hinter den Dünen in den Himmel reckt, entweicht Leo ein perplexes »Wow«, einige Sekunden lang steht er sprachlos vor der großen Fensterfront des Wohnraumes und saugt auf, was für mich so gewöhnlich und doch jedes Mal aufs Neue faszinierend schön ist.

Mama hat uns eines der Gästezimmer im ersten Stock fertig gemacht, ich fühle mich kaputt von der langen Fahrt und würde am liebsten sofort in das große Doppelbett mit der hellblau-weiß gestreiften Wäsche fallen. Die alten Dielen knarzen, haben schon so einiges mitgemacht und doch jeder Sturmflut getrotzt, egal, wie hoch das Wasser in den Räumen stand.

Leo ist hin und weg, während wir die Koffer auspacken, ehe Mama uns zum Kaffee nach unten ruft. Ich fühle mich mit jeder Minute angekommener, genieße das knisternde Feuer im Schwedenofen, das meine Hände und Füße zum Glühen bringt, trinke Tee mit einem Schuss Sahne und lausche Opas friesischem Platt. Leo scheint sich mit dem schwäbisch angehauchten Mundwerk meines Vaters wohler zu fühlen.

Die Stimmung bleibt lange gelöst und unbeschwert, ich habe tatsächlich ganz vergessen, was mir die letzten Nächte den Schlaf geraubt hat, dann stellt Mama die Frage, die alles auf einen Schlag wieder auf mich einstürzen lässt.

»Und wie geht es dir, Leo?«

Am Tisch wird es still, betretenes Schweigen meiner Familie, die genau darüber Bescheid weiß, was sich in den letzten Tagen bei uns in Berlin abgespielt hat, und dennoch nicht die richtigen Worte dafür zu finden scheint. Genau wie ich, genau wie Jason, genau wie Ben. Wie jeder außer Leo.

»Gut«, sagt er und strafft leicht die Schultern, wohl um seinen Worten mehr Nachdruck zu verleihen, hebt den Blick von seinem leeren Kuchenteller und wirft ein kurzes Lächeln in die Runde. »Es geht mir gut, danke.«

*

Leonardo

»Es geht mir gut, danke«, sage ich und halte den besorgten Blicken stand, die auf mir ruhen.

»Wir haben uns so gefreut, dass du über die Feiertage doch aus der Klinik durftest und zu uns kommst«, meint Milas Mama, und die grenzenlose Ehrlichkeit in ihrer warmen Stimme bringt mich zum Lächeln.

»Ich habe mich auch total gefreut. Mila hat ja zum Glück nicht lockergelassen.« Ich stoße mein Bein leicht gegen ihres, fange ihren Blick auf und muss grinsen. Als ich daraufhin kurz zu Johannes schaue, nickt er nachdenklich.

»Wenn es irgendwie machbar ist, sollte kein Patient Weihnachten allein im Krankenhaus verbringen müssen«, meint er.

Ich nicke ebenfalls, will mir gar nicht vorstellen, wie es sich anfühlen würde, hätte ich allein in der Klinik bleiben müssen. Mit Sicherheit hätte Mila mir zuliebe darauf verzichtet, zu ihrer Familie zu fahren. Sie tut so unfassbar viel für mich, diskutiert mit Ärzten und Pflegern, wenn mir die Kraft dazu fehlt, und versucht, mir mit ihrer positiven Einstellung die Angst zu nehmen. Dass sie selbst stärker unter der Situation leidet, als sie vor mir je zugeben würde, wurde mir erst klar, als wir vor Kurzem bei Élaine waren und ich im Halbschlaf mitbekommen habe, wie fürchterlich sie weinen musste. Irgendwie schaffe ich es, mein schlechtes Gewissen zu verdrängen, doch jedes Mal, wenn ich sehe, wie Kummer ihren aufmerksamen Blick verschleiert, wird mir selbst ganz schwer ums Herz. Umso erleichterter bin ich, dass ich heute überraschend gut klarkomme.

Aufgrund der bereits fortgeschrittenen Zeit kehrt bald Aufbruchsstimmung in die Kaffeerunde ein. Milas Vater schleppt die meterhohe Tanne von der Terrasse ins Wohnzimmer, Louisa, Mila und ihre Mutter schmücken den Baum, während ich mit Johannes nach draußen verschwinde, um am Strand Treibholz für das Feuer zu sammeln. Amrum ist tatsächlich so schön, wie Mila es mir immer erzählt hat. Der kilometerlange breite Sandstrand ist menschenleer, die Natur so völlig unberührt, und der eisige Nordostwind peitscht die tosende Gischt an Land. Ich schmecke das Meer in der salzigen Luft, friere, doch habe plötzlich wieder das Gefühl, das echte Leben zu spüren.

Als wir wieder ins Warme kommen, beginnen meine Ohren sofort zu glühen. Mila lächelt, als sie mich sieht, wuschelt mir durch die vom Wind zerzausten Haare und haucht mir einen Kuss auf die kalte Nasenspitze. Der Weihnachtsbaum thront fertig geschmückt in der Mitte des Wohnzimmers, die ersten Geschenke liegen bereits darunter, und mich überkommt zum ersten Mal im Leben eine echte Weihnachtsstimmung. Alles ist ruhig, friedlich und so voller Liebe, dass ich dankbar die Augen schließe, mein Gesicht in Milas Haaren vergrabe und den Moment festzuhalten versuche, für später, wenn ich ihn wieder gebrauchen könnte.

Ich helfe Julia, die in der Küche dabei ist, das Abendessen vorzubereiten, und als die Weihnachtsgans schließlich im Backofen gart, brechen wir zur Heiligabend-Messe auf, die in einer niedlichen alten Kirche stattfindet. Bereits während des Gottesdienstes merke ich, dass mir der Tag heute doch etwas zu anstrengend war, habe gegen Ende Mühe, weiter aufrecht stehen zu bleiben, doch will mir nicht vor allen anderen die Blöße geben und mich einfach wieder setzen.

Zurück zu Hause, würde ich am liebsten schlafen, doch dazu bleibt keine Zeit, das Weihnachtsessen ist angerichtet, und ich verspüre bereits nach der dritten Gabel den Drang, mein Hemd am Kragen weiter aufzuknöpfen, um besser Luft zu bekommen. Diesmal schaffe ich meine Portion nicht annähernd, kapituliere unter den unauffälligen Blicken der anderen und versuche, sie vom Gegenteil zu überzeugen, als Milas Mutter fragt, ob es mir nicht schmeckt. Mein Magen rumort unangenehm vor sich hin, mehrmals muss ich schwer schlucken und schicke jedes Mal ein kleines Stoßgebet gen Himmel, wenn ich befürchte, doch ein Wiedersehen mit dem Essen zu feiern. Glücklicherweise kommt es dazu nicht. Ich schaffe es, die Übelkeit weitestgehend wegzuatmen, und bin froh, dass vor dem Nachtisch eine kleine Pause eingelegt wird, in der die Bescherung stattfindet.

Ich verteile meine kleinen Geschenke, Wein für Milas Eltern und Großeltern, Kaffeebohnen aus der hauseigenen Rösterei des Credo für Johannes und Louisa, etwas anderes konnte ich auf die Schnelle und vor allem von der Klinik aus nicht auftreiben. Als alles, was ich noch in den Händen halte, ein einzelner weißer Umschlag ist, spüre ich das schlechte Gewissen deutlicher als je zuvor, wünschte, ich hätte mehr Zeit und Energie für Milas Weihnachtsgeschenk gehabt, doch ich sehe, wie sie trotzdem lächelt, als ich ihr den Umschlag reiche.

»Es ist kein richtiges Weihnachtsgeschenk, das weiß ich«, beginne ich und sehe, wie sie sofort den Kopf schüttelt.

»Nicht, Leo …«, murmelt sie und greift kurz nach meiner Hand, hält sie fest, für den winzigen Augenblick, in dem ich sie ansehe und ihr glaube, dass sie nicht enttäuscht ist. Ich beobachte, wie sie nun den Umschlag öffnet und das Analogbild herauszieht, worauf sie zu sehen ist, mit einer Tasse Kaffee, an der sie sich die Hände wärmt, und durch die Glasscheibe des niederländischen Cafés nach draußen auf die Spiegelgracht schaut. Ein Bild, auf dessen Rückseite ich gestern Vormittag noch ein paar wenige Sätze geschrieben habe:

Du, ich, Amsterdam und ein Frühstück auf Willems Terrasse, sobald es warm genug dafür ist – so wie du es dir damals gewünscht hast. Ich danke dir für einfach alles.
Ich liebe dich. Leo

Ein feines Lächeln hat sich auf ihre Lippen geschlichen, wird breiter, je länger sie liest, und als sie nun den Kopf hebt und mir in die Augen sieht, erkenne ich so viel in ihren, dass ich nicht mehr weiß, was ich eigentlich sagen wollte.

»Danke, Leo«, flüstert Mila und rutscht nun etwas näher zu mir. Wir küssen uns, vielleicht seit Ewigkeiten zum ersten Mal wieder so richtig, vollkommen ehrlich, wie früher eben.

»Es ist ein Gutschein für eine Reise, du darfst dir aussuchen, wann und wie lange«, erkläre ich leise und sehe Mila nicken, während sie mir mit den Fingerspitzen die Wange entlangstreicht.

»Das ist das schönste Geschenk, das du mir hättest machen können«, sagt sie, und ich wage es nicht, ihr zu widersprechen.

»Jetzt dein Geschenk«, murmelt sie, weicht etwas von mir zurück und steht von der Couch auf. Ihre Familie übt sich in dezenter Zurückhaltung, jeder scheint mit seinen eigenen Geschenken beschäftigt, und als Mila nun eines der größten verbleibenden Pakete unter dem Weihnachtsbaum hervorzieht, bekomme ich sofort wieder ein schlechtes Gewissen.

»Es ist selbst gemacht, also bitte nicht enttäuscht sein«, meint sie, als sie sich wieder neben mich sinken lässt und mir das Päckchen überreicht. Sie grinst, als sie meinen entgeisterten Blick sieht, und legt noch ein kleines rundliches Geschenk darauf ab.

»Bist du verrückt?«, murmele ich ungläubig und beginne, das dunkelrote Geschenkband zu lösen.

Was schließlich unter dem tannengrünen Geschenkpapier zum Vorschein kommt, lässt mich einen Moment den Atem anhalten. Meine Finger berühren den weichen Stoff, fahren die Kreuzstichnähte entlang, und als ich die einzelnen Stoffe erkenne, hebe ich völlig perplex den Kopf. »Nee, oder?«, bringe ich heraus.

Ich kann es nicht anders sagen, weil es mir komplett die Sprache verschlagen hat. Mila nickt.

»Doch«, beginnt sie und faltet die Decke auseinander, in der ich immer mehr vertraute Muster erkenne. »Ich wollte dir etwas Persönliches schenken, und dann dachte ich, ich probiere mich an einer Decke, weil du doch immer frierst. Jason hat mir geholfen, allein hätte ich das nie hingekriegt. Er hat Stoffe von euch aus dem Label beigesteuert, und in Willems Atelier durfte ich mich auch bedienen. Dann haben wir alte Pullis von uns gesammelt und zusammengeschnitten. Das hier zum Beispiel«, sie deutet auf ein Stück graublauen Sweatshirtstoff, »ist von dem, den ich anhatte, als wir uns zum ersten Mal gesehen haben, weißt du noch?«

Ich bringe ein Nicken zustande und streiche über die besagte Stelle.

»Jason hat mir gezeigt, wie man näht, und mich an deiner Nähmaschine eingearbeitet. Das Ganze ist sicher kein Meisterwerk, und Willem hat mich ziemlich ausgelacht, als er das Endergebnis gesehen hat, aber ich habe mein Bestes gegeben.«

Sie zuckt mit den Schultern, und ich fühle mich noch immer leicht überfordert, bringe ein »Danke« heraus, auf das Mila den Kopf schüttelt und mir das deutlich kleinere, aber schwerere Päckchen in die Hand drückt.

»Das gehört auch noch dazu.«

Das Einmachglas, das ich kurz darauf zwischen den Fingern halte, ist mit kleinen, weißen Zetteln gefüllt. Ich soll es aufmachen, und als ich Zettel für Zettel auseinandergefaltet, einzelne Wörter und Daten gelesen habe, weiß ich irgendwann gar nicht mehr, was ich sagen soll.

Stroopwafels in Amsterdam.
Pfannkuchen mit dir, und ich war verliebt.
Espresso im Schnapsglas, tiefschwarz und so
zartbitter wie deine Augen.
Seidenbrokat.

Hoffentlich hat sie wirklich einen festen Schlaf.
Siehst mich an und bringst mich subkutan zum Glühen.
Potsdamer Weihnachtsmarkt.
Ganz oder gar nicht.
Zweiter erster Kuss.
Gut, dass du einen Schlüssel hattest.
Zum ersten Mal in deinen Armen einschlafen.
Kamst gerade richtig.
Und die Pfannkuchen danach.
Willkommen in Amsterdam, hier haben Fahrradfahrer immer Vorfahrt.
Immer wenn dir Berlin zu viel wird, ist Potsdam zum Glück nie weit entfernt.
Leonardo-Leo.
Du bist meine liebste Rotwein-Person.

Da stehen sie, all die Dinge, die wir erlebt oder gesagt haben. Da rollen sie, die ersten Tränen. Ich bin zurzeit eben sehr dünnhäutig und emotional.

»Freust du dich?«, fragt Mila leise, als ich mir über die Augen wische. In mir brennen diese Zuneigung und unbegreifliche Dankbarkeit, die mir den Atem nehmen.

So nicke ich nur, vergrabe mein Gesicht an ihrer Schulter, als sie mich in den Arm nimmt.

»Das ist das schönste Geschenk, das ich je bekommen habe«, bringe ich heraus.

»Ich wollte sie festhalten, unsere Marmeladenglasmomente«, sagt sie, zieht meinen Kopf leicht zu sich und streicht mir die Tränenspuren von den Wangen.

»Danke«, flüstere ich. Ich spüre eine unbeschreibliche Wärme, die von meinem Bauch ausgeht und auch mich zum Glühen bringt, subkutan, was auch immer das bedeuten mag.

Ich streiche die kleinen Zettel glatt, falte sie zusammen, Stück für Stück, und gebe sie zurück in das Glas, verschließe es mit der

Metallklammer und würde es am liebsten den ganzen Abend nicht mehr loslassen. Ich muss jedoch, als Julia uns schließlich zum Dessert erneut an den großen Esstisch ruft. Diesmal zwinge ich mich aufzuessen, doch merke bald, dass ich auf das Lebkuchen-Tiramisu lieber hätte verzichten sollen.

Keiner stört sich daran, als ich, eine kurze Entschuldigung murmelnd, vom Tisch aufstehe, sobald die Teller leer gegessen sind, Mila trinkt bereits das zweite Glas Wein und schöpft vermutlich deshalb keinen Verdacht, während ich es mit Müh und Not in die kleine Gästetoilette schaffe.

Mit beiden Händen stütze ich mich am Waschtisch ab, versuche, mit gesenktem Kopf zu atmen und das Schlimmste zu verhindern. Doch nur Sekunden später merke ich, dass es längst zu spät ist. Der Versuch, möglichst leise zu sein, macht alles noch viel schlimmer. Ich fühle mich elend, hundsmiserabel, während ich die Brocken des liebevoll zubereiteten Abendessens wieder hochwürge. Mein ganzer Brustkorb tut weh, und als ich mich irgendwann auf dem Boden sitzend mit dem Rücken gegen die Wand sinken lasse, fühle ich mich plötzlich schrecklich allein. Ich will einfach nur ein Bett, schlafen und so lange nicht wieder aufwachen, bis endlich alles vorbei ist.

Wie lange ich so neben der Toilettenschüssel hocke, weiß ich nicht. Irgendwann zwinge ich mich aufzustehen und spüle mir viermal den Mund aus, ehe ich mich zurück ins Wohnzimmer traue. Milas Blick bleibt fast sofort an mir kleben, ich versuche ein Lächeln und sehe, wie sie die Hand nach mir ausstreckt, als ich näher komme.

»Müde?«, fragt sie leise, und ich nicke. Es ist nicht einmal gelogen, und ich kämpfe mehrmals dagegen an, einfach die Augen zu schließen, während die Gespräche um mich herum in einem einzigen Rauschen verschwimmen. Steuere hier und da ein müdes Lächeln oder Kopfnicken bei, doch kann nicht verhindern, dass ich irgendwann an meine Grenzen komme. Es ist nicht besonders spät, als Jojo und Louisa sich als Erste aus der Runde verabschieden. Louisa ist müde, und in Anbetracht ihres Babybauchs scheinen alle Verständnis dafür zu haben.

»Ich glaube, ich gehe auch hoch«, murmele ich Mila zu.

»Okay«, flüstert sie, lächelt kurz und schiebt ihren Stuhl leicht zurück, ehe sie aufsteht. Ich muss mich an der Tischplatte festhalten, als ich es ihr gleichtue, werfe ein Lächeln in die Runde, bedanke mich für das Essen und wünsche Milas Eltern und Großeltern eine gute Nacht. Die Treppe in den ersten Stock kommt mir plötzlich nahezu unbezwingbar vor, mir wird bereits nach der Hälfte der Stufen schwindelig, doch Mila, die längst oben ist, scheint es nicht zu bemerken. Es ist reines Glück, dass ich es bis in unser Zimmer schaffe, eigentlich schon gar nichts mehr sehe, als ich auf dem Bett sitze und das Rauschen in meinen Ohren alle anderen Geräusche verdrängt.

Als ich kurze Zeit später neben Mila liege, realisiere ich kaum, dass wir heute zum ersten Mal seit Wochen wieder im selben Bett schlafen. In einem richtigen, keinem viel zu engen Krankenhausbett, und während sie sich nun an meine Seite schmiegt, ich den Arm um sie lege und tief durchatme, ärgere ich mich darüber, dass ich den Moment nicht annähernd so genießen kann, wie ich sollte. Der Tag war perfekt, wunderschön von vorne bis hinten. Zumindest fast, denn selbst mit geschlossenen Augen fühlt es sich nun an, als würde sich die Welt um mich herumdrehen. Mila flüstert etwas, doch ich verstehe den Inhalt ihrer Worte nicht mehr, schlafe innerhalb von Sekunden ein, falle so tief und unendlich schnell wie schon lange nicht mehr und bin weg, ehe ich es so recht bemerke.

SECHSUNDZWANZIG

Emilia

Es muss mitten in der Nacht sein, als mich ein leises Geräusch weckt. Mir ist kalt, und ich wickele mich enger in die Decke, die mir bis zur Hüfte heruntergerutscht ist. Ich drehe mich leicht auf die Seite und öffne die Augen doch wieder, als ich mehr Platz habe als erwartet. Leo ist weg. Ich starre einige Sekunden auf die leere Seite des Bettes und taste dann nach dem Schalter der Nachttischlampe. Viel zu grell flammt das Licht auf, lässt mich die Augen zusammenkneifen, und erst als erneut das Geräusch ertönt, von dem ich wach geworden bin, verstehe ich.

Die Tür zum Badezimmer ist zu, dennoch dringt ein Streifen Licht darunter hervor. Zum Glück hat er nicht abgeschlossen. Er kauert vor der Toilettenschüssel, genauso, wie ich es befürchtet habe, und muss so schrecklich würgen, dass es mir eiskalt den Rücken herunterläuft.

Ich funktioniere automatisch, während ich ein Handtuch nass mache, meinen Zahnputzbecher mit Wasser fülle, neben Leo auf die Knie sinke und ihn mit einer Hand an der Schulter halte, um mit der anderen den kalten Waschlappen in seinen Nacken zu legen, damit er besser atmen kann. Ich sage nichts, weiß, dass ich es mit sinnlosen Worten kein Stück besser mache, und streichele Leo lediglich beruhigend über den Rücken, während er noch immer nicht in Frieden gelassen wird. So dauert es Ewigkeiten, bis er sich endlich wieder beruhigen kann. Schweißtropfen stehen ihm auf der kreidebleichen Stirn, er zittert, und ich bin mir nicht sicher, ob er Fieber hat, als ich einen Blick in seine glasigen Augen erhasche.

»Oh Mann …«, murmelt er, klingt so verzweifelt und resigniert, dass sich mein Herz vor lauter Schmerz zusammenzieht. Nur mit Mühe scheint er das Weinen unterdrücken zu können. Er kann nicht mehr, es ist ihm anzusehen, so deutlich, dass ich selbst gegen die Tränen kämpfen muss, als plötzlich absolut nichts mehr von dem starken, zuversichtlichen Leo übrig ist, den ich den Tag über endlich wieder erleben durfte.

»Soll ich Johannes holen?«, frage ich leise. Leo schüttelt den Kopf und schließt sofort darauf die Augen, als ihm die Bewegung nicht wirklich zu bekommen scheint. Das T-Shirt klebt ihm schweißnass am Körper, ich fühle mich zurückversetzt in vergangene Nächte und frage mich, ob es noch immer die Überreste der letzten Chemo-Infusion sind, die sein Körper mit aller Gewalt loszuwerden versucht.

Leo kann heute nicht einmal die wenigen Schlucke Wasser bei sich behalten, die ich ihm einflöße. Er wird von Minute zu Minute benommener und kommt kaum auf die Beine, nachdem er in ein frisches Shirt geschlüpft ist.

Ich mache mir Sorgen um seinen Kreislauf, spüre einen viel zu schnellen Puls, als ich nach seinem Handgelenk greife, und ringe mit mir, nicht doch Jojo zu wecken. Aber Leo schläft nur Sekunden, nachdem er wieder im Bett liegt, ein.

Ich schlüpfe neben ihn unter die Decke, nachdem ich die Spuren der letzten halben Stunde im Bad beseitigt habe. Drei Uhr achtundvierzig zeigt mir mein Handy an, und ich schaffe es nicht mehr einzuschlafen, bekomme jedes Mal eine Gänsehaut, wenn Leos Zähne vor lauter Schüttelfrost selbst im Schlaf zu klappern beginnen, während er sich unruhig von einer Seite auf die andere wälzt.

Gegen halb sieben wird er ruhiger, schläft eine gute Dreiviertelstunde durch, ehe er aufwacht und vorsichtig in meine Richtung blinzelt. Ich liege still neben ihm, hebe den Arm und lege ihn ihm an den Rücken, als er seinen Kopf an meine Seite sinken lässt.

»Wie geht's dir?«, frage ich leise und fahre seine Wirbelsäule mit der Fingerspitze nach. Leo dreht das Gesicht weiter zu mir und schließt die Augen.

»Beschissen«, flüstert er heiser, und ich bin beinahe erstaunt, dass er ehrlich ist. »Ich fühl mich total matschig.«

»Dann bleib noch liegen, okay?«, schlage ich vor.

Er dämmert allmählich wieder weg, während ich ihm weiter über Schulterblätter und den Nacken streichele, weiß, dass er das mag, am besten so lange, bis er dabei einschläft, und ziehe meine Hand erst zurück, als ich mir tatsächlich sicher bin, dass er eben das getan hat. Ich klettere aus dem Bett und husche ins Bad, dusche heiß und lange, bis ich das Gefühl habe, mir die Erinnerungen an letzte Nacht vom Körper gewaschen zu haben, und schlüpfe anschließend in Jeans und einen bequemen Pullover.

Ich scheine nicht die Einzige zu sein, die schon wach ist. Unten höre ich Schritte und leises Geschirrgeklapper und blicke kurz darauf in das noch leicht zerknautschte Gesicht meines Bruders. Jojo lehnt am Küchentresen und sieht dem Kaffee dabei zu, wie er aus dem Vollautomaten in eine Tasse läuft.

»Morgen«, murmele ich. Jojo grinst, fährt sich durch die wirren Haare und erwidert meine Begrüßung, ehe er sich streckt.

»Auch einen?«

Ich nicke und nehme dankbar die Kaffeetasse entgegen. Während er eine weitere aus dem Küchenschrank nimmt, setze ich mich auf einen der Barhocker und platziere die Ellenbogen links und rechts neben der Tasse auf dem Tresen. »Leo geht's schlechter. Ich bin wach geworden, als er sich heute Nacht übergeben musste, wohl nicht zum ersten Mal. Jetzt schläft er wieder.«

Jojo schweigt, nickt kaum merklich und setzt sich schließlich mit seiner Tasse neben mich. »Er sah schon gestern Abend nicht besonders gut aus.«

Ich zucke die Schultern und muss gestehen, dass mir nichts sonderlich aufgefallen ist. »Vielleicht war das doch keine so tolle Idee …«, höre ich mich sagen. »Ihn aus der Klinik zu nehmen.«

Dass Jojo mir nicht sofort antwortet, verstärkt meine Zweifel um ein Vielfaches. Ich spüre das schlechte Gewissen tief in meinem Inneren aufkommen, als er doch zu sprechen beginnt. »Ach, Mila …« Er seufzt leise und fasst mich dann in seinen wachen Blick. »Ihm tut das gut – hier zu sein, meine ich. Zumindest psychisch. Und körperlich wäre er vermutlich nicht halb so am Ende, wenn er ein paar Kilo mehr auf den Rippen hätte.«

»Er wird ja nur immer noch weniger.« Ich muss schlucken.

»Er hat das Essen schon wieder nicht bei sich behalten?«, hakt Jojo nach, und ich nicke. Einen Moment lang scheint er zu überlegen, dann sagt er: »Wir werden ihm noch mal wegen der medikamentösen Möglichkeiten ins Gewissen reden. Vermutlich muss es ihm nur dreckig genug gehen, damit er doch zustimmt.«

»Also wenn das noch nicht genug ist, weiß ich langsam auch nicht mehr …«, bricht es aus mir heraus.

»Jetzt panisch zu werden hilft weder dir noch Leo.«

»Ich weiß nicht, ob er Fieber hatte.«

»Ich kann gleich nach ihm schauen, okay?«

Ich nicke. »Gestern dachte ich, er wäre wieder auf dem richtigen Weg. Genau wie am Abend vor Weihnachten, als wir mit Jason und Alessa bei Leo gekocht haben. Er hat gegessen, war gut drauf … und plötzlich schlägt es um, und ich erkenne ihn kaum wieder.«

»Er ist krank, Mila, und ich glaube, du kannst das genauso wenig akzeptieren wie er. Du machst dir rund um die Uhr Sorgen um ihn, während er zu glauben scheint, er müsse irgendwem etwas beweisen. Ihr dürft dabei nicht vergessen, aufeinander zu achten – du auf die Person hinter der Diagnose und er auf die Mitmenschen, denen er mit seinem Dickschädel alles nur noch schwerer macht. Und schon gar nicht dürft ihr zulassen, dass die Krankheit die Kommunikation in eurer Beziehung derart gefährdet, dass jeder seinen eigenen kleinen Kampf führen muss, obwohl gemeinsam alles irgendwie erträglicher wäre.«

Ich lasse die Schultern sinken. Jojo hat recht, denn seit geraumer Zeit schon leben Leo und ich weniger zusammen als nebeneinanderher. Jeder für sich in einem gemeinsamen Albtraum.

»Ich weiß, dass es hart und so verdammt unfair ist«, fährt Jojo mit ruhigerer Stimme fort. »Sich gerade erst gefunden zu haben und dann schon wieder dabei sein, sich zu verlieren.«

Die Tränen brennen bitter in meinen Augen. Jojo schweigt betroffen, sagt nichts mehr, sondern tastet nur nach meiner Hand, drückt sie leicht und muss grinsen, als die Träne, die mir über die Wange rollt, leise klatschend in meiner Kaffeetasse landet.

»Salz statt Zucker ist sicher eine interessante Kombination.«

Wider Willen muss ich lachen, unterdrücke gleichzeitig ein Schluchzen und schüttele den Kopf, während ich mir mit der freien Hand über die Wangen wische. »Total …«

Jojo lächelt mich aufmunternd an, öffnet gerade den Mund, um noch etwas zu sagen, als uns ein dumpfer Knall von oben innehalten lässt.

Ich brauche den Bruchteil einer Sekunde länger als mein Bruder, der bereits von seinem Barhocker aufspringt. Ich komme ihm kaum hinterher, so schnell nimmt er die Stufen ins Obergeschoss.

»Lou? Alles gut bei …?« Er verstummt, als Louisa bereits am Absatz der Treppe erscheint, ein großes Handtuch um den Körper geschlungen und die Haare noch feucht vom Duschen.

»Hast du das eben gehört?«, beginnt sie verunsichert, hält das Handtuch mit beiden Händen fest und schaut Jojo hinterher, der sich, oben angekommen, leise fluchend in die entgegengesetzte Richtung dreht. Ihr Blick bleibt an mir hängen, ich kann nichts sagen, will nur Jojo hinterher, der bereits an der angelehnten Tür zu Leos und meinem Zimmer ist.

»Leo? Hey …«

Das Herz rutscht mir in die Hose, als ich bereits an Jojos Stimme festmachen kann, was los sein muss. Ich drücke mich hinter ihm in den kleinen Raum und vergesse beinahe zu atmen.

Leo muss gefallen sein, die selbst genähte Decke, die wir als Überwurf auf unserem Bett hatten, liegt auf den Dielen und scheint seinen Sturz einigermaßen abgefangen zu haben. Mir wird eiskalt, als ich sehe, dass er wirklich bewusstlos ist.

Jojo kniet bereits neben ihm am Boden, redet auf ihn ein, doch keines seiner Worte scheint Leo zu erreichen. Meine Finger fühlen sich zittrig an, ich reagiere erst, als ich erkenne, wie Jojo versucht, Leo in eine stabile Seitenlage zu bringen. Ich quetsche mich an ihm vorbei und gehe ebenfalls auf die Knie, um ihm zu helfen.

»Soll ich 'nen Krankenwagen rufen?« Louisas entsetzte Stimme lässt mich zusammenfahren.

»Nein, wir warten erst mal ab«, entscheidet Jojo, und ich bin froh, dass er das tut, weil ich es selbst nicht könnte. »Er atmet und hat einen Puls. Ich schätze, ihm ist beim Aufstehen schwindelig geworden, wir sollten jetzt nichts überstürzen – mal ganz abgesehen davon, dass ein Notarzt erst vom Festland übersetzen müsste und vermutlich eine Ewigkeit bräuchte, bis er hier ist.«

»Ich mache mal ein Fenster auf.« Ich stemme mich zurück in die Höhe, froh darüber, irgendetwas Sinnvolles tun zu können.

Der stürmische Wind von draußen drückt mir den Fensterrahmen entgegen, lässt die Vorhänge wehen und bringt sofort eine ordentliche Portion frische Luft in das Zimmer.

Leo ist immer noch weg, wird auch nicht von Papas Stimme geweckt, die auf dem Flur ertönt und wissen will, was denn hier für eine frühmorgendliche Versammlung stattfindet. Meine ganze Familie scheint mit einem Mal auf den Beinen, und ich bin froh, als Jojo alle wegschickt, kann sie gerade nicht ertragen, die fragenden Gesichter und schockierten Blicke auf Leo, der von alldem nichts mitbekommt. Ebenso wenig meine Hand, mit der ich ihm unaufhörlich über die Schulter streichele.

Jojo bittet Papa, den Notfallrucksack zu holen, den er aus der Klinik mitgebracht und noch im Auto hat. Ich höre Mama aufgeregt auf Louisa einreden, versuche zu verstehen, was sie sagt, und merke dann, wie etwas anderes meine Aufmerksamkeit auf sich zieht.

Leo stöhnt gequält, blinzelt und schafft es für Sekundenbruchteile, die Augen zu öffnen.

»Leo, hey! Schön hier bleiben.« Jojo umfasst sein Kinn, als sein Kopf wegzukippen droht, dreht ihn leicht zu sich. »Schau mich mal an, ja?«

»Es geht schon …«

»Ich weiß, ganz ruhig. Bleib einfach noch 'ne Sekunde liegen, okay?«

Leo braucht weitere zwei Minuten, in denen Jojo ihm die Beine hochhält, ehe er wieder halbwegs zurechnungsfähig ist, zugibt, aufgestanden zu sein, als die Tagesdecke wohl vom Bett gerutscht sein muss, und er natürlich keine andere Wahl hatte, als sie sofort wieder aufzuheben. Beim in die Knie Gehen sei ihm übel geworden, dann war alles schwarz.

Als Papa mit dem leuchtend roten Notfallrucksack in den viel zu engen Raum kommt, entscheidet Jojo, den provisorischen Behandlungsraum hinunter ins Wohnzimmer zu verlagern. Er hilft Leo auf die Beine und dirigiert ihn unter vollem Körpereinsatz nach unten auf die Couch.

»Leg dich hin, es wird gleich besser«, rede ich auf ihn ein, während sich Jojo bereits mit Blutdruckmanschette und Stethoskop an seinem Arm zu schaffen macht.

»Misst du mal den Blutzucker?«, bittet er mich mit gedämpfter Stimme, und als wenig später alles darauf hinweist, dass Leos Körper endgültig am Ende seiner Reserven angelangt ist, unterdrückt Jojo ein Seufzen, ehe er sich mit fester Stimme an Leo wendet, der immerhin wieder halbwegs bei uns zu sein scheint.

»Okay, Leo, an dieser Stelle hört der Spaß für mich auf. Du bist in einem so miesen Allgemeinzustand, dass ich dich in der Klinik wieder auf Intensiv verlegen lassen würde. Du kannst es dir jetzt aussuchen: Entweder du lässt mich endlich diese verdammte Nahrungsinfusion anschließen, und wir versuchen, dich damit wieder halbwegs aufzupäppeln, oder ich wähle jetzt sofort die 112, woraufhin die Kollegen vom Festland vermutlich einen Heli schicken müssen.«

Ich kann während Jojos letzter Worte geradezu beobachten, wie es in Leo zu arbeiten beginnt. Er öffnet den Mund und hält inne, als er begreift, dass mein Bruder es diesmal bitterernst meint.

»Okay«, bringt er über die Lippen, so leise, dass ich ihn kaum verstehe, doch Jojo scheint es Einwilligung genug zu sein.

»Gut. Mila, bereitest du mir die Infusion vor? Wir lassen zuerst noch eine Ringer durchlaufen.«

Ich kann gar nicht so schnell nicken, wie Jojo schon Anweisungen verteilt.

»Kannst du das Oberteil ausziehen, damit ich an den Port komme?«, wendet sich Jojo bereits wieder an Leo, während ich alles zusammensuche, was Jojo gleich benötigt, um Leos Zugang anzustechen.

»Ich glaube, wir geben doch zuerst 'ne leichte Sedierung«, murmelt Jojo mir zu, als Leo beim Anblick der Nadeln schon wieder ganz blass wird und der medizinische Geruch nach Desinfektionsmittel sein Übriges zu tun scheint. Ich ziehe ein Schlafmittel auf und spüre Leos verunsicherten Blick auf mir, als Jojo kurz darauf mit etwas Kochsalzlösung an seinen Port geht.

»Ganz ruhig, dir kann hier nichts passieren«, sage ich, als Jojo zur zweiten Spritze greift. »Mach einfach die Augen zu, ich bin bei dir, okay? Es ist alles gut.«

Das Medikament gibt Leo fast sofort den Rest, sein Kopf wird schwer, und auch die letzte Anspannung weicht aus seinem Körper. Ich streichele Leo weiter übers Gesicht und bemerke Jojos Blick auf mir, als er die beiden leeren Ampullen zur Seite gelegt hat.

»Machen wir weiter?«

Ich hole Leo eine Decke und reiche Jojo die Dinge, die er braucht, um die Infusion anzuschließen. Wenig später hängt der erste Beutel an der Stehlampe neben der Couch, und ich kann der Flüssigkeit dabei zusehen, wie sie langsam in Leos Körper tröpfelt.

Allmählich scheint sich auch meine Familie wieder zurückzutrauen, die sich bis eben im Hintergrund gehalten hat. Ich sehe Mama besorgt in der Tür zur Küche stehen und bekomme augenblicklich ein schlechtes Gewissen, da aus dem traditionellen Feiertagsfrühstück, wie wir es sonst am Morgen des 25. Dezembers halten, nichts werden kann. Keiner wagt es, laut zu sprechen, und ich würde am liebsten schon wieder weinen, als Mama mich in den Arm nimmt und versichert, dass das überhaupt nicht schlimm ist.

»Wir machen uns einfach einen gemütlichen Tag zu Hause, trinken Tee, und wenn Leo später wieder wach wird, geht es ihm sicher schon besser.«

Ich nicke nur, schlucke die bittere Vorahnung hinunter, dass daraus sowieso nichts wird, und merke, wie ich zum ersten Mal seit Leos Diagnose den Mut verliere.

*

Leonardo

Ich fühle mich angenehm leicht, beinahe so, als würde ich fliegen, über mir und meinem schweren Körper, befreit von jeglichem Gefühl, wie auf einer kleinen Wolke. Ein leichter Kälteschauer lässt mich frösteln, ich ziehe die Arme enger an den Körper und werde dann von einem unangenehmen Piken in der Brust zurück in die Realität geholt. Das leichte Stechen lässt erst nach, als ich den Arm wieder ausstrecke. Für einen kurzen Moment glaube ich, im Krankenhaus zu sein, doch dafür ist es hier zu still. Blinzelnd nehme ich erste Fetzen meiner Umgebung wahr, dann beginnen sich die zurückkehrenden Erinnerungen langsam zusammenzufügen.

Mein Blick wandert über die rustikalen Wohnzimmermöbel zur riesigen Glasfront hinaus bis zum Horizont, der Kilometer weiter in der Nordsee zu ertrinken scheint. Der Himmel wirkt dunkelblau, fast lila, und mit einem Mal frage ich mich, wie spät es ist.

Erschrocken versuche ich, mich aufzusetzen, spüre erneut das unangenehme Piken und verziehe leicht das Gesicht, als ich mich an den Port erinnere. Tatsächlich tropft über einen dünnen Schlauch durchsichtige Flüssigkeit in mich hinein, und ich spüre plötzlich, wie dringend ich auf die Toilette muss.

»Gut geschlafen, Leo?«

Ich zucke zusammen, bemerke Milas Mama erst jetzt, die in einem der großen Ohrensessel sitzt, ein Buch in der Hand hält und sich nun mit einem warmen Lächeln die Lesebrille von der Nase schiebt.

»Ähh, ja …«, bringe ich etwas irritiert hervor und kann die wirren Gedanken in meinem Kopf noch immer nicht wirklich ordnen.

»Bleib noch einen Moment liegen, ich hole Johannes, ja?«

Ich nicke noch etwas zögerlich, während Julia aufsteht und im Flur verschwindet.

Plötzlich erinnere ich mich, wie Jojo und Mila mich zu dieser Infusion genötigt haben, nachdem ich in unserem Schlafzimmer zusammengeklappt bin. Ich höre in mich hinein und weiß nicht, ob ich dem Frieden trauen kann, als ich nicht den Hauch einer Übelkeit verspüre. Langsam setze ich mich auf, vorsichtiger diesmal, und ziehe die Beine unter der Decke hervor.

»Na, Rausch erfolgreich ausgeschlafen?« Jojo grinst, und ich brauche einen Moment, ehe ich verstehe, dass er auf das Medikament anspielt, mit dem er mich vorhin kurzerhand ausgeknockt haben muss. Er wirft einen prüfenden Blick auf den Infusionsbeutel, der an einer Stehlampe neben dem Sofa baumelt, und schnappt sich ein Paar Einmalhandschuhe aus dem Notfallrucksack.

»Dann stöpseln wir dich mal kurz ab. Die Blase platzt demnächst, nehme ich an?«

Ich nicke ertappt, während er sich neben mich auf die Couch setzt.

»Wie fühlst du dich jetzt?«

»Gut, viel besser … echt. Ich weiß nicht, wann ich mich zuletzt so normal gefühlt habe.«

»Das ist doch erfreulich.« Ich meine, in Jojos Lächeln eine winzige Prise *Hab-ich-dir-doch-von-Anfang-an-gesagt* zu erkennen, und muss zugeben, dass ich mich vielleicht wirklich eher auf seinen Rat hätte einlassen sollen.

Ich soll mich noch mal hinlegen, damit er an den Port kann, wende vorsichtshalber den Blick ab, ehe er gefühlte zwei Sekunden später weiterspricht.

»So, du bist befreit. Den Rest würde ich später gern noch durchlaufen lassen, wenn du nichts dagegen hast.«

Ich schüttele den Kopf. »Wo ist Mila?«

Jojo zögert für den Bruchteil einer Sekunde, dann zieht er sich mit leise klatschenden Geräuschen die Handschuhe von den Händen. »Louisa und sie waren vorhin spazieren, jetzt hat sie sich oben ein bisschen hingelegt.«

Obwohl er gelassen klingt, runzele ich leicht die Stirn und nicke. »Es geht ihr aber gut?«

»Ja, ja. Sie hat die letzten Tage nur etwas wenig Schlaf abbekommen, denke ich.«

»Ich schaue mal nach oben, oder willst du mich gleich wieder anstöpseln?«

»Das können wir anschließend machen. Mama bereitet gerade Kaffee und Kuchen vor, wie sieht's bei dir aus? Wieder etwas Appetit?«

Ich zucke nach kurzem Zögern mit den Schultern. »Versuchen kann ich es.«

»Das ist doch ein Anfang.«

»Darf ich duschen gehen?«, hake ich noch nach.

»Nur nicht zu heiß, okay? Und wenn du merkst, es geht nicht, setzt du dich hin.«

Das Gefühl, völlig schwindelfrei aufstehen zu können, ist nahezu unbeschreiblich. Ich gehe die ersten zwei, drei Schritte noch zögerlich und bemerke, dass Jojo hinter mir aufgestanden ist.

»Mir ist nicht schwindelig geworden …« Ich klinge beinahe etwas irritiert.

Jojo nickt zufrieden. »Wie viel so ein paar Kilokalorien doch ausmachen können.«

Erstaunlich sicheren Schrittes erreiche ich die Treppe, kann nicht glauben, dass es mir noch heute Morgen so unfassbar dreckig ging, und schaffe es schließlich sogar verhältnismäßig flott in den ersten Stock.

Im Bad vermeide ich es, mein Spiegelbild ansehen zu müssen. Ich dusche und fühle mich anschließend wie neugeboren. Die Tür zu Milas und meinem Gästezimmer ist geschlossen, ich klopfe nicht an, sondern schiebe mich mit einem Handtuch um die Hüften so leise wie möglich hinein. Drinnen lassen die Vorhänge einzelne Lichtstrahlen auf das überdimensionale Bett fallen, in dem Mila völlig verloren wirkt. Einen Moment lang verharre ich an der Tür, dann bin ich mir sicher, dass sie tatsächlich schläft, das Handy noch in der Hand und die Decke über den Knien.

Ich schlüpfe in neue Klamotten, fahre mir mit der Hand durch die noch feuchten Haare und trete dann wieder ans Bett. Vorsichtig nehme ich Mila das Telefon aus der Hand, lege es zur Seite und sinke neben sie auf die Matratze. Einige Zeit bleibe ich so, betrachte ihr schlafendes Gesicht und bekomme ein schlechtes Gewissen, als mir auffällt, wie angespannt und besorgt sie selbst im Schlaf wirkt. In diesem Moment wünsche ich es mir so sehr, gesund zu sein. Nicht für mich selbst, sondern vor allem für sie, damit sie all die Ängste nicht haben muss und wir unbeschwert sein können, so wie wir uns damals kennengelernt haben.

Sie zuckt leicht, seufzt leise und wird wieder ruhiger, als ich ihr über den Nacken streichele. Unwillkürlich frage ich mich, wann sie zuletzt geschlafen hat, während ich wach war. Ich erinnere mich nicht und fühle mich ziemlich mies. Vielleicht hätte ich mich wegen dieser Infusion doch nicht so dumm anstellen sollen.

»Leo …« Ihre Stimme klingt überrascht und leicht verwaschen.

Ich muss lächeln und beuge mich etwas vor, um ihr einen Kuss auf die Stirn zu drücken.

»Hi«, flüstere ich, atme ihren Geruch ein, so bewusst wie schon viel zu lang nicht mehr. Sie stützt sich neben mir auf dem Ellenbogen auf.

»Wie geht's dir?«

»So gut wie schon ewig nicht mehr.«

Sie scheint einen Moment zu brauchen, um meine Worte zu verstehen, dann lächelt sie. Zaghaft, aber so erleichtert, dass ich es ihr unbewusst gleichtue. »Ja?«

Ihr Lächeln wird breiter, als ich nicke, sie tastet nach meiner Hand und kuschelt sich an mich, als ich den Arm um sie lege. »Das ist schön.«

»Und wie geht's dir?«, frage ich.

»Gut.« Ihre Antwort kommt so schnell, dass sie unmöglich stimmen kann.

»Sicher?«

»Mir geht's gut, wenn's dir gut geht.«

Beinahe gequält schließe ich die Augen, weiß nur zu gut, dass diese Antwort vermutlich ehrlicher ist als vorgesehen.

»Danke, dass du das alles für mich tust.«

»Das alles? Was denn?«

»Du steckt so viel zurück, nur meinetwegen. Ich wünschte, es wäre nicht so, das musst du mir glauben.«

»Leo … was redest du da?«

»Ich will, dass du glücklich bist.«

»Das bin ich doch. Deinetwegen. Wegen jedem einzelnen Marmeladenglasmoment, den du mir bisher geschenkt hast, und noch mehr wegen all denen, die noch kommen.«

Ich muss lächeln, nicke leicht und drücke ihr einen Kuss in die Haare, als sie ihre Hand auf meinen Bauch legt.

»Magst du noch mal schlafen?«, fragt sie schließlich.

»Das habe ich jetzt erst mal genug.«

Sie lacht leise, dreht sich etwas auf die Seite, sodass wir uns besser ansehen können.

»Was auch immer das war, das ihr mir da gegeben habt, ich glaube, ich habe noch nie so gut geschlafen wie vorhin.«

»Und vor allem so schnell, hm?«

Ich nicke, sehe sie grinsen und spüre, wie sie mir durch die Haare streichelt.

»Erinnerst du dich an heute Morgen?«, fragt sie nun wieder ernster.

»Ich hätte nicht aufstehen sollen«, sage ich. »Aber lass uns nicht mehr davon sprechen, okay? Es tut mir leid, das alles. Ich wünschte, ich hätte euch den Weihnachtsmorgen nicht so versaut.«

»Das hast du nicht«, sagt sie leise, und es klingt so ehrlich, dass ich es nicht wage, zu widersprechen. Ich sehe sie an und merke, wie es zum ersten Mal seit Wochen wieder passiert. Wie ich in ihre Augen zu fallen scheine, wie damals, als wir uns gerade erst kennengelernt haben. Pfannkuchen in der WG, und nie im Leben hätte ich geglaubt, dass ich nur wenige Wochen später neben ihr liegen und mein verfluchtes Glück nicht fassen können würde.

»Ich liebe dich, und ich bin dir unfassbar dankbar, dass du Teil meines Lebens bist«, sagt sie.

Ich spüre, wie sich meine Mundwinkel heben. »Kann ich das genauso zurückgeben?«, frage ich.

»Kannst du.«

»Glaubst du mir, dass ich trotz allem noch nie in meinem ganzen Leben so glücklich war wie jetzt? Und das nur, weil du da bist.«

»Du bist noch ein bisschen high, kann das sein?«, flüstert sie und lacht leise, als ich die Augenbrauen zusammenziehe. »Aber, ja, ich glaub's dir.«

»Wirklich, Mila.«

»Ich weiß. Ich bin das auch. Zumindest, wenn es dir so gut geht wie gerade.«

»Ich freue mich so auf Amsterdam.«

»Das wird schön.«

Ich ziehe sie zu mir und küsse sie, spüre ihre Hände an meinem Kopf und möchte die Zeit anhalten. Nicht für immer, nur für jetzt. Einen Zettel nehmen, für das Marmeladenglas und eben diesen Moment damit festhalten.

Unser erstes Inselweihnachten.

SIEBENUNDZWANZIG

Emilia

»Also geht es Leo besser?«, fragt Phil und sieht erleichtert aus, als ich nicke.

»Er hat die nächste Kontrolluntersuchung in ein paar Wochen, aber die Ärzte sind sehr zufrieden.« Ich schlucke und betrachte einen Moment lang den Kaffee in meiner Tasse. »Gott, Phil, ich bin so froh …«

»Ich auch. Wirklich.« Phil mustert mich und lehnt sich auf seinem Stuhl zurück. In den vergangenen Wochen war er für mich da wie noch nie. Auch wenn wir uns in unserem Berliner Alltag nicht allzu oft sehen, kann ich nach wie vor darauf zählen, dass mir mein bester Freund den Rücken freihält. Besonders als Leo noch im Krankenhaus lag, stand Phil mehr als einmal mit selbst gemachtem Essen für mich vor der Tür. »Und wie geht es *dir*?«, fragt er dann.

Ich zögere. »Gut. Ich denke, gut«, sage ich. Doch die Wahrheit ist: Ich traue dem Frieden nicht. Ja, Leo ist entlassen worden und kommt langsam, aber sicher wieder in seinem Alltag an. Aber meine Sorge um ihn bleibt. »Leo ist schon wieder super beschäftigt. Er hat sich in den Kopf gesetzt, jetzt doch wie geplant auf der Fashion Week zu präsentieren.« Ich schlucke. »Das meiste dafür ist zwar ohnehin längst fertig, aber ich fände es besser, wenn er alles ein bisschen langsamer angehen lassen würde.«

Phil schweigt einen Moment lang, dann sieht er mich an. »Er wird schon wissen, was er tut.«

»Meinst du?«

Er zuckt mit den Schultern. »Ich weiß es nicht, aber was willst du tun?«

Ja … Das ist die große Frage.

»Ich denke, es ist wichtig, dass du hinter ihm stehst. So wie er auch hinter dir stehen würde, wenn du an seiner Stelle wärst.«

»Kaum zu glauben, dass du derselbe Phil bist, der noch vor ein paar Monaten kein gutes Haar an Leo lassen konnte.«

Phil funkelt mich an. »Als bester Freund ist es meine Aufgabe, zuerst einmal skeptisch zu sein, findest du nicht?«

Ich muss lächeln. »Na ja …«

»Aber er tut dir gut. Ihr seid perfekt zusammen, also bin ich glücklich.«

Einen Moment lang sehen wir uns an, dann schmunzelt Phil.

Wir verquatschen den halben Nachmittag, bevor ich mich schließlich auf den Weg nach Potsdam mache. Leo ist mit Willem bei der Arbeit, sie casten heute Models für die Fashion Week. Selten habe ich jemanden so viel und perfektionistisch an etwas arbeiten sehen wie Leo an der Kollektion für seine erste richtige Show.

Nachdem er aus dem Krankenhaus entlassen wurde, hat er sich nur ein paar Tage genommen, um sich von den übrigen Nebenwirkungen der Behandlungen zu erholen, ehe er wieder zu Übungen und Seminaren in die Uni ging. Bei Kiezkind ist Ivana für ihn eingesprungen, ich weiß selbst nicht so recht, wie Leo es geschafft hat, dass sie plötzlich wieder da ist, doch ich habe weder Zeit noch Muße, mir darüber den Kopf zu zerbrechen. Während er zwischen Willems Atelier in Potsdam und dem Label in Berlin pendelte, saß ich meist den ganzen Tag mit meinen Büchern in der Bibliothek, habe stundenlang gelernt und bin jetzt, wenige Tage später, unfassbar erleichtert, die Abschlussprüfung des Moduls, das mir in den letzten Monaten die meisten Bauchschmerzen bereitet hat, bestanden zu haben. Für mich ist dieses Semester damit so gut wie geschafft, einige mündliche Testate stehen noch an, doch ich kann es mir endlich wieder erlauben, ein Leben neben der Uni zu führen. Anders als Leo, der erst die Fashion Week und anschließend noch seine Semesterarbeit hinter sich bringen muss.

Zwar wäre es mir lieber, er würde sich noch etwas schonen, doch darüber mit ihm zu diskutieren stellte sich als völlig ineffektiv heraus. So sehne ich einfach das Ende der Berliner Modewoche und den Abgabetermin der Semesterprojekte der UdK herbei, hoffe, dass wir anschließend vielleicht sogar ein paar Tage zusammen wegfahren und einfach mal abschalten können.

Nun mische ich mich unter all die Models, neben denen ich mich furchtbar klein fühle. Unzählige bildschöne Frauen warten in Willems Eingangshalle, während das Casting noch in vollem Gange scheint. Ich husche durch die Tür ins Atelier und entdecke Leo sofort, der am anderen Ende des Raumes gegen einen der Tische gelehnt steht und das Model beobachtet, das gerade an der Reihe ist. Neben ihm, mit ebenso undurchdringlich-ernstem Gesichtsausdruck, stehen Willem sowie eine mir unbekannte Frau.

Obwohl ich möglichst unauffällig an der Tür verharre, geht Leos Blick sofort zu mir. Seine Augen verlieren ihren professionellen Ausdruck, und ein Lächeln huscht ihm übers Gesicht, ehe er mir mit einem Nicken signalisiert, näher zu kommen. Er schlägt die Mappe zu, die er in den Händen hält, bedankt sich knapp, aber höflich bei der Frau, deren Finger bei genauerem Hinsehen deutlich zittern, und setzt sein unnahbares Lächeln erst ab, als sie zu verstehen scheint, dass es heute leider nicht für sie gereicht hat.

Ihr Blick bleibt an mir hängen, als sie sich umdreht, ich schenke ihr ein entschuldigendes Lächeln und habe wirklich Mitleid, als ich den enttäuschten Ausdruck in ihren Augen bemerke.

»Na?« Leo begrüßt mich mit einem Kuss, streckt sich anschließend und seufzt gestresst, während er einen kurzen Blick auf die Uhr wirft.

»Störe ich?«, frage ich vorsichtig.

»Unsinn, Darling! Schön, dass du hier bist. Lass dich drücken!«

Willem zieht mich sofort in eine Umarmung. Wie immer bekomme ich in seiner Anwesenheit wie von selbst gute Laune und begrüße dann die Dritte im Bunde, die sich als Alexandra, Backstage-Managerin des Vertrauens für die kommenden Modeschauen, vorstellt. Leo zupft am Ärmel seines schwarzen Rollkragenpullovers herum, wirft einen Blick auf die Flipchart, an der mehrere Polaroids der Models kleben, die es wohl in die engere Auswahl für seine Show geschafft haben. Dann schaut er wieder zu mir.

»Sind noch viele draußen?«, fragt er.

»Der ganze Flur war voll, ich bin kaum durchgekommen.«

Er seufzt genervt. »Können wir 'ne kurze Pause machen? Ich glaube, ich muss dringend was essen«, meint Leo, und Willem nickt sofort.

»Natürlich, ich sage Olivia Bescheid. Worauf hast du Lust? Und setz dich! Emilia, du hast doch ein Auge auf ihn, nicht?«

Willems leicht panische Fürsorge bringt mich zum Schmunzeln. Ich nicke und lege die Arme um Leo, der sich sofort gegen mich sinken lässt. »Aber immer doch.«

»Ey, ich kann langsam echt nicht mehr ...«, murmelt er in meine Haare, als ich ihn leicht in Richtung Showroom schiebe. Willems Privaträume befinden sich allesamt einen Stock höher, doch hier gibt es Sitzgelegenheiten für Kunden. Leo schließt die Augen, als er sich auf eine Couch hat fallen lassen, legt den Kopf in den Nacken und streckt die Beine von sich.

»Seit wann bist du hier?«, frage ich.

»Ich habe hier geschlafen«, sagt er, und ich hebe überrascht die Augenbrauen. »Ich wollte dir noch schreiben ... oh Mann, ich hab's echt total vergessen, tut mir leid.«

»Ist nicht schlimm«, beteuere ich sofort.

»Ich weiß gerade echt nicht mehr, wo mir der Kopf steht«, seufzt er. »Ich müsste an fünf Orten gleichzeitig sein, um alles unter einen Hut zu bringen. Ich weiß gar nicht, wie die Zeit zur Fashion Week jedes Jahr plötzlich so rast. Und eine Woche später müssen wir die Semesterprojekte abgeben. Wer auch immer sich das ausgedacht hat, gehört gefoltert.«

»Vielleicht mochte derjenige keine Modedesignstudenten?«, mutmaße ich und sehe das müde Lächeln, das Leo übers Gesicht huscht.

»Vielleicht.«

Wir heben gleichzeitig die Köpfe, als Willems Haushälterin mit einem Tablett zu uns kommt. Einen schnellen Kaffee und Snack später stehe ich wieder neben Leo im Atelier und betrachte fasziniert, wie ein Model nach dem anderen vor uns auf schwindelerregend hohen Absätzen auf und ab läuft.

Leo übt sich während des gesamten Castings in kühler Zurückhaltung, blättert in den Modelmappen, die ihm vorgelegt werden, und bittet ab und an ein Model nach hinten, um eines seiner Kleider anzuprobieren. Dort werden die Kandidatinnen von Alexandra mit der Sofortbildkamera abgelichtet und für die Show nächsten Freitag gebucht.

Schließlich nimmt Leo mich mit in den hinteren Teil des Ateliers. Der eigentliche Grund, weshalb ich heute hergekommen bin, wartet dort auf uns: ein bodenlanger Jumpsuit, den er für mich gemacht hat, nachdem mir aufgefallen ist, dass ich für einen Anlass wie die Fashion Week überhaupt nichts anzuziehen habe. Als ich ihn anprobiere, erlebe ich Leo zum ersten Mal so richtig in Aktion. Mit dem Nadelkissen am Handgelenk huscht er um mich herum, steckt hier eine Falte des dunkelblauen Stoffs ab, rückt da einen der hauchdünnen Träger zurecht und steht schließlich mit zufrieden vor der Brust verschränkten Armen vor mir.

»Genauso habe ich es mir vorgestellt«, erklärt er, als Willem zu uns stößt und vor lauter Begeisterung kaum an sich halten kann.

»Ist das nicht ein bisschen gewagt?«, frage ich verunsichert und blinzele in den v-förmigen Ausschnitt, der mir fast zum Bauchnabel geht.

»Quatsch, du bist auf der Fashion Week«, meint Leo sofort und wird von Willem durch vehementes Nicken unterstützt.

»Es gibt ganz fantastisches doppelseitiges Klebeband, Darling«, fügt dieser hinzu. »Du siehst toll aus! Lass mich noch nachsehen, ob ich im Archiv passende Schuhe für dich finde. Welche Größe trägst du?«

Als ich wenig später auf unfassbar filigranen High Heels stehe und mich an Willems Schulter festhalten muss, lacht Leo.

»Kannst du auf denen überhaupt laufen?«

»Ich hasse dich …«

»Es war nur ein Scherz. Du siehst großartig aus«, sagt er dann und tritt neben mich vor den Spiegel. Plötzlich bin ich fast ebenso groß wie er und kann spielend leicht seine Lippen erreichen, als er sich zu mir dreht.

»Die neue Höhe gefällt mir«, gebe ich zu, ehe er mir einen Kuss auf die Lippen drückt.

»Mir erst.«

*

Leonardo

Die Sonne ist längst untergegangen, es ist kalt, doch ich stütze mich trotzdem mit den Unterarmen auf dem Geländer von Willems Terrasse ab und atme die kühle Luft ein.

Wir haben heute viel geschafft, die Castings sind abgeschlossen, und die Running Order meiner Show steht so weit. Ein paar letzte Kleidungsstücke muss ich noch fertigstellen, an den Models fitten und irgendwo noch Proben einbauen, aber ich bin zuversichtlich, das alles unter einen Hut zu kriegen.

Nachdem Mila den Mittag über ebenfalls im Atelier war, hat sie einen Abstecher zu Johannes und Louisa eingelegt, wo ich sie gleich abhole. Diese fünf Minuten brauche ich jetzt aber für mich, genieße die Stille und den Blick auf die unbewegte Oberfläche des Sees, auf der sich Lichter der umliegenden Häuser spiegeln.

Leises Rauschen entfernter Autos dringt aus dem Hintergrund an meine Ohren, am Himmel, hoch über mir entdecke ich ein Flugzeug, das die Hauptstadt ansteuert, und wieder einmal wird mir bewusst, dass Potsdam so viel mehr zu Hause für mich ist als Berlin.

Ich beschließe, Mila sobald wie möglich die Parkanlagen rund um Schloss Sanssouci zu zeigen. Möglichst früh am Morgen, vor all den Touristen. In der Hoffnung, dass ich es dann auch mal wieder bin: *sans souci* – ohne Sorge.

Als hätte es das Schicksal mitbekommen, fällt mir in diesen Sekunden siedend heiß ein, dass ich unter all den Terminen heute einen besonders wichtigen vergessen habe. Ich ziehe mein Handy hervor, öffne den Kalender und stöhne leise, als sich meine Vermutung bestätigt. Dick und fett steht es da: *11:30 Uhr, Nachsorge Charité.*

Ich mache mir einen Vermerk, gleich morgen anzurufen und um einen Ersatztermin zu bitten, weiß nicht wirklich, wieso, doch spüre tief in mir, dass das wichtig ist.

Vielleicht liegt es nur am Stress, doch seit einigen Tagen merke ich, dass es mit meinem anfänglichen Wohlbefinden nicht mehr wirklich weit her ist. Mir ist häufiger übel, ich fühle mich ständig unkonzentriert und müde. Möglicherweise sollte ich einfach mal wieder zehn Stunden am Stück schlafen, damit sich die Sache hat, doch seit ich aus der Klinik entlassen wurde, trage ich diese ständige Angst mit mir herum, dass da doch noch etwas sein könnte, das sich irgendwo in meinem Körper heimlich eingenistet hat und ein Eigenleben führt. Sie ist klein, die Angst, vielleicht auch unbegründet, aber sie ist da.

Als ich eine Viertelstunde später an der Tür eines netten kleinen Einfamilienhauses klingele, öffnet mir Johannes. Er sieht müde aus, aber unfassbar glücklich, begrüßt mich und führt mich ins Wohnzimmer. Unbewusst halte ich den Atem an, als ich das Baby sehe, das Mila auf dem Arm hat, streng beäugt von Louisa, die neben ihr sitzt.

»Darf ich vorstellen«, höre ich Johannes sagen. »Nina Sophie Faber.«

Der Stolz in seiner ruhigen Stimme ist kaum zu überhören, und er hat es wirklich so verdient, dieses eigene kleine Stück Familie. Ich muss lächeln, sobald die Kleine zu blinzeln beginnt, sich in Milas Arm zusammenrollt, und schaue zu ihr, als diese zu sprechen beginnt:

»Und rate, wer Patentante werden darf.«

ACHTUNDZWANZIG

Emilia

»Sicherheitsnadel! Ich brauche hier sofort 'ne Sicherheitsnadel!«

Leos leicht panische Stimme geht im Backstagetrubel beinahe unter. Unzählige Menschen drücken sich am Ausgang zum Laufsteg herum, und draußen ist seine Show bereits in vollem Gange. Ich beobachte das hektische Treiben aus sicherer Entfernung und versuche, niemandem im Weg zu stehen. Der Bass der Musik dröhnt in meinen Ohren, ich habe einen Arm um meine Mitte geschlungen und lasse Leo nicht aus den Augen, der vorne am Bühnenausgang steht und zusammen mit Willem an den Models herumzupft, ehe sie auf Kommando der Backstagemanagerin nach draußen geschickt werden. Jedes Model läuft mehrmals in verschiedenen Outfits, die Show ist bis auf die Sekunde durchgetaktet, und einen Fehler kann Leo sich jetzt kaum erlauben.

Ich fühle mich von der unfassbaren Hektik völlig erschlagen und bin dennoch froh, dass ich nun auch einen Einblick hinter die Kulissen erhalte, nachdem wir uns Willems Show gestern Abend ganz entspannt von der Front Row aus angesehen haben.

Siebzehn Minuten später ist der ganze Spuk vorbei und Leo fix und fertig, als das letzte Model auf 14-Zentimeter-High-Heels zurück in die Backstage kommt. Ich sehe, wie er sich nervös durch die dunklen Haare fährt, bevor er schließlich unter tosendem Applaus nach draußen auf den Laufsteg tritt. Der Beifall scheint ihm sichtlich unangenehm zu sein, ich muss lächeln und platze beinahe vor Stolz, während er sich im Blitzlichtgewitter verbeugt.

Hatte ich gerade noch gehofft, ich hätte ihn nun wieder etwas mehr für mich, werden meine Illusionen nur allzu schnell wieder zerstört. Der Backstagebereich füllt sich noch mehr, jeder scheint etwas von Leo zu wollen, und so halte ich mich weiter dezent im Hintergrund, nippe an meinem Champagner und zupfe unauffällig den Ausschnitt des Jumpsuits zurecht.

Vorhin waren zumindest Jason und Alessa noch in der Nähe, nun sind auch sie wie vom Erdboden verschluckt. Ich zwinge mir ein Lächeln auf die Lippen und trotze den prüfenden Blicken von Berliner Promis, deren Namen ich nicht im Schlaf nennen könnte. Es ist mir ein Rätsel, wie sich Leo in dieser Gesellschaft wohlfühlt, beobachte aus der Ferne, wie er eine Hand nach der anderen schüttelt und nahezu jeden hier zu kennen scheint.

Als ich meinen Blick nun weiter durch die Menge schweifen lasse, entdecke ich ihn einige Meter weiter und spüre, wie mein Herz einen kleinen Hüpfer macht, während er auf mich zukommt. Mein Lächeln friert ein, als ich bemerke, wie blass er ist.

»Geht's dir gut?«, frage ich verunsichert und sehe ihn nach einem kurzen Moment des Zögerns den Kopf schütteln.

»Ich glaube, wir sollten ...«, beginnt er mit wackeliger Stimme, kann seinen Satz aber nicht beenden und muss sich an meiner Schulter festhalten.

»Leo?!« Erschrocken greife ich nach ihm.

»Bring mich ins Krankenhaus«, bittet er leise, sodass ich erst glaube, mich verhört zu haben, doch ein Blick in seine Augen zeigt mir, dass er es bitterernst meint.

»Okay, ganz ruhig«, antworte ich völlig überrumpelt und erinnere mich an die Rettungssanitäter, die ich vorhin irgendwo im Zelt habe stehen sehen. Ich schiebe Leo vorsichtig durch die Menge in Richtung des kleinen Backstageraums, der heute nur für ihn reserviert ist, drücke ihn auf einen der Stühle und sehe, wie er beim Hinsetzen schmerzhaft das Gesicht verzieht.

»Hast du Schmerzen?«, frage ich, während ich vor ihm in die Hocke gehe und die Hände auf seinen zittrigen Knien ablege.

»Hier hinten ... weiß auch nicht«, bringt er leicht gepresst hervor und legt die Hände für einen Moment an die Seiten. Als ich ihnen folge und aus einer Ahnung heraus nach seinen Nieren taste, zieht er scharf die Luft ein.

»Tut mir leid«, murmele ich und ziehe die Hände wieder zurück.

Leo bringt ein leichtes Kopfschütteln zustande, legt die Ellenbogen auf den Knien ab und sinkt völlig in sich zusammen. »Da sind Metastasen.« Seine Stimme zittert so sehr, dass ich ihn kaum verstehe. »Ganz bestimmt.«

»Das weißt du nicht«, rede ich auf ihn ein und taste nach seiner Hand. »Atme mal ganz tief durch und schau mich an.«

Seine Finger schließen sich sofort um meine, doch er schüttelt nur noch vehementer den Kopf. »Da stimmt was nicht, ich spür das, Mila …«

»Du steigerst dich in was rein, deine Untersuchungen waren gut und …« Ich stocke, als Leo den Kopf schüttelt.

»Ich war nicht bei der letzten Kontrolluntersuchung«, gesteht er, und plötzlich treten ihm Tränen in die Augen. »Ich hab dich angelogen … sorry.«

»Das ist jetzt überhaupt nicht wichtig.« Ich lege meine freie Hand auf seinen Oberschenkel. »Du musst ruhig bleiben, ich hole gleich einen der Sanis her, wir fahren ins Krankenhaus, und dort wird man sehen, was los ist. Und Leo, egal, was es sein sollte, du bist nicht allein, wir packen das zusammen, hörst du?«

Leo gibt mir keine Antwort, starrt stattdessen in Richtung Tür, wo ich Willem entdecke, der nun zu uns hastet.

»Kinder, was ist denn geschehen?« Bestürzt geht sein Blick von Leo zu mir, und ich bin selbst erstaunt, wie ruhig ich klinge, als ich nun zu erklären beginne.

»Leo ist schwindelig geworden, wir wollten sicherheitshalber in die Klinik fahren, um ihn durchchecken zu lassen. Würdest du vielleicht einen Sanitäter herholen? Es sind mehrere im Zelt unterwegs, aber ich konnte noch keinen finden.«

Willem braucht geschlagene drei Sekunden, ehe er nickt, den Blick von Leo nimmt und sich fahrig nach draußen dreht.

Ich ziehe mir die hohen Schuhe von den Füßen, erhebe mich und greife nach einer Wasserflasche, die auf dem Tisch steht. »Trink mal einen Schluck«, schlage ich vor und reiche ihm die geöffnete Flasche. »Und möchtest du dich lieber hinlegen?«

»Geht schon«, versichert Leo, und ich mustere ihn kritisch, ehe ich nicke und mir ebenfalls einen Stuhl heranziehe.

Ich sitze keine zwei Minuten, als ein aufgeregter Willem samt zwei Sanitätern im Schlepptau hereinschneit und draußen wohl die gesamte Gesellschaft in Aufregung versetzt haben muss.

Ich kümmere mich ein wenig um ihn, versuche, ihn zu beruhigen, während die Sanitäter Leo untersuchen, seine Vitalzeichen überprüfen und schließlich meinen, er sei so weit doch ganz gut beieinander. Ich bestehe dennoch darauf, dass er mit ins Krankenhaus kommt, und habe das Gefühl, sie würden seine Beschwerden erst so recht ernst nehmen, als ich erwähne, dass er Krebspatient in Nachsorge ist.

Einer der beiden telefoniert gerade mit dem Kollegen im Rettungswagen, als mich eine Serie von grellen Lichtblitzen den Kopf heben lässt. Ich fasse es kaum, als ich in die Kamera eines Reporters blicke, der seine Linse direkt auf uns gerichtet hält.

»Weg mit den Scheißkameras, Herrgott noch mal!« Willem ist aufgesprungen und schlägt ihm die Tür vor der Nase zu, noch ehe jemand anderes reagieren kann. Nie hätte ich gedacht, er könne derart aufbrausend werden, doch die Sorge um Leo scheint ihm gerade völlig zu Kopf zu steigen.

In Anbetracht der entstehenden Hektik dirigiert man Leo über einen der Hinterausgänge hinaus. Ich fahre mit im Rettungswagen, verspreche, Willem auf dem Laufenden zu halten und sofort anzurufen, wenn es Leo schlechter gehen sollte.

Wir fahren in die Charité, und meine Vorahnungen bestätigen sich, als wir vorerst in den überfüllten Wartebereich geschickt werden, da die Notaufnahme an diesem Freitagabend mal wieder aus allen Nähten zu platzen scheint.

Leo ist kein akuter Notfallpatient, wirklich wohl ist mir dennoch nicht, als ich neben ihm auf einem harten Plastikstuhl im Wartezimmer sitze und genau spüre, dass es ihm gerade alles andere als gut geht. Sein Blick ist matt, und er sieht schrecklich müde aus, kann sich kaum auf dem Stuhl halten und sinkt dankbar gegen meine Schulter, als ich nach seiner Hand taste und ihn leicht zu mir ziehe.

»Wie lang dauert's denn noch?«, murmelt er völlig erschöpft, und ich streichele beruhigend über seine Fingerknöchel.

»Du bist sicher gleich dran«, meine ich vage und höre ihn leise seufzen. »Ich geh mal nachfragen, wie viele noch vor dir kommen, okay?«, schlage ich vor, spüre, wie er nickt und den Kopf von meiner Schulter hebt.

Nach einem prüfenden Blick in sein kreidebleiches Gesicht stehe ich auf, verlasse das Wartezimmer und reihe mich draußen in die kleine Schlange, die sich vor der Anmeldung gebildet hat.

Als es plötzlich hinten beim Wartezimmer laut wird, drehe ich mich um. Ich höre die Hilfeschreie und sehe Schwestern und Ärzte in den Raum eilen. Mir wird eiskalt, als ich den Reanimationswagen erkenne, den sie heranholen, und meine Füße setzen sich wie automatisch in Bewegung. Mein mieses Bauchgefühl bestätigt sich, und ich muss mich an der Tür festhalten, als mir das Blut in die Beine sackt.

Es ist Leo … Natürlich ist es Leo, und ich kann den Blick nicht von den überkreuzten Händen des Arztes nehmen, die rhythmisch auf Leos Brustkorb drücken.

»Bitte, verlassen Sie alle den Raum.« Die Schwester, die gerade alle anderen Patienten und Angehörigen aus dem Raum schickt, steht nun auch vor mir, und ich erwache wieder aus meiner Schreckstarre.

»Nein, ich … Das ist mein Freund!«, bringe ich hervor und will an ihr vorbei, doch sie hält mich zurück.

»Es tut mir leid, warten Sie bitte draußen.«

»Es ging ihm gut, bis gerade eben ging's ihm doch noch gut!«

Meine Stimme überschlägt sich beinahe, und ich bin auf dem besten Weg, völlig durchzudrehen.

»Unsere Ärzte tun alles, was sie können.«

Angehörige beruhigen, mit unverbindlichen Sätzen vertrösten und bloß nichts versprechen – ich weiß doch genau, wie das läuft.

»Er war vor anderthalb Monaten zur Schilddrüsen- und Lymphknotenentfernung hier, hatte anschließend eine Chemo und war nicht bei seiner letzten Nachsorge. Seit ein paar Tagen war er wieder ständig müde, antriebslos, vorhin hatte er Kreislaufprobleme, Nierenlager beidseitig druckdolent mit in den Rücken ausstrahlenden Schmerzen, im Rettungswagen war er schon tachykard und hypoton, kaltschweißig und seit einer Weile total unruhig.«

Der Gesichtsausdruck der Schwester verändert sich, während ich alles an Informationen herunterrattere, was in diesem Moment auch nur im Entferntesten bei Leos Behandlung helfen könnte.

»Sind Sie Ärztin?«, hakt sie nach, und ich schüttele den Kopf.

»Nur Studentin.«

Kurz zögert sie, ringt sich dann ein Nicken ab. »Gut, ich informiere die Kollegen. Aber bitte, warten Sie draußen. Sie können jetzt nichts für ihn tun.« Sie hält einen Moment inne. »Wie heißt er?«

»Leo … Leonardo Wagner.«

Sie nickt noch einmal, nachdem ich ihr noch sein Geburtsdatum genannt habe, dreht sich dann wieder um und zieht die Tür hinter sich zu.

Ich sinke völlig verstört auf einen Stuhl an der Wand. Immer wieder quetscht sich eine der Schwestern aus dem Warteraum, um in einen angrenzenden Schockraum zu hasten, Medikamente oder andere Ärzte zu holen. Eine Notfalltrage wird hineingeschoben, doch sie kommt nicht wieder heraus, die seit Minuten herrschende Stille dröhnt ohrenbetäubend laut in meinem Kopf, und ich denke nicht im Geringsten daran, Willem anzurufen, obwohl ich es ihm versprochen habe.

Mein Herz setzt aus, als ich jemanden aus einem der Schockräume am Ende des Flurs kommen sehe, erkenne Jojo, ich wusste nicht, dass er heute arbeitet.

»Was zur Hölle …?«, beginnt er, als er mich sieht und ich vor seinen Augen in Tränen ausbreche.

»Sie reanimieren seit einer halben Ewigkeit«, bringe ich zwischen zwei Schluchzern hervor, während Jojo ebenfalls die gesamte Farbe aus dem Gesicht weicht. Nach einer kurzen, festen Umarmung schiebt er sich mit in den Raum.

Es geht nicht in meinen Kopf hinein, was dort drin gerade passiert, wo es Leo doch eigentlich gut ging. Die grenzenlose Verzweiflung frisst sich schmerzhaft durch meine Seele, ich spüre seinen Kopf auf meiner Schulter, als säße er da noch immer neben mir, zwar müde und blass, aber bei Bewusstsein und mit schlagendem Herzen. Ich will nicht wahrhaben, dass es in dieser Januarnacht zu Ende gehen soll nach allem, was er bereits überstanden hat, doch die Zeichen stehen denkbar schlecht.

Ich weiß nicht, wie viel Zeit vergangen ist, als Jojo wieder aus dem Wartezimmer kommt, mich in den Arm nimmt und mir mitteilt, dass Leo wieder da ist und sofort an die Dialyse gehängt wird, da alles darauf hinweist, dass seine Nieren versagt haben.

Er bringt mich aus der Notaufnahme, vermutlich, damit ich Leo nicht sehe, der nun nach oben auf die Intensivstation gebracht wird. Ich bin ein einziges Nervenbündel, kann in diesem Moment einfach nicht mehr und weine haltlos in seinen Kittel, als er mich im Arztzimmer in den Armen hält. Es dauert Ewigkeiten, bis ich mich wieder annähernd beruhigt habe und mir innerlich immer wieder sagen muss, dass es jetzt wieder okay ist, dass Leo lebt und der Schreck gerade eben mit ganz viel Glück nur ein gewaltiger Warnschuss vor den Bug war.

»Willst du zu ihm?«, fragt mich Jojo irgendwann und setzt daraufhin alles in Bewegung, um herauszufinden, was nun genau mit Leo ist.

Er schleppt mich mit zu einem Kollegen, der berichtet, sie hätten bereits ein CT mit Leo gefahren, auf den ersten Blick keine Metastasen entdecken können und auch seine Nieren als frei bewertet. Dass ihm bei der Reanimation drei Rippen gebrochen wurden, scheint das deutlich kleinere Übel, er liegt derzeit intensiv überwacht in einem Einzelzimmer und wird bereits dialysiert, doch war wieder ansprechbar und so weit orientiert. Nun werde ich dennoch zu ihm gelassen, zittere am ganzen Körper, als ich an sein Bett trete und den Blick über ihn wandern lasse. Er scheint so ziemlich alles an intensivmedizinischen Möglichkeiten erhalten zu haben, was die Station hergibt, hat zwar keinen Tubus mehr im Hals, aber eine Sauerstoffmaske auf dem Gesicht, in seiner Nase erkenne ich den zur Magensonde zugehörigen Kunststoffschlauch, und über seinen Port laufen gleich mehrere Infusionen, Schmerzmittel und kreislaufstabilisierende Medikamente. Leo öffnet tatsächlich die Augen, als ich nach seiner kalten Hand taste.

Sein Blick zuckt irritiert durch den weißen Raum, bleibt dann an mir kleben, und ich spüre geradezu, wie die Anspannung seinen Körper verlässt, als er mich erkennt. Er schließt erschöpft die Augen, drückt meine Finger und dreht den Kopf leicht in meine Richtung, während ich mir mit der freien Hand einen Stuhl heranziehe und mich zu ihm setze.

»Ich bin da, Leo, jetzt wird alles wieder gut«, flüstere ich gegen das Piepsen der Geräte, muss schon wieder heulen und sehe, wie er ein Nicken andeutet.

»Nicht weinen«, murmelt er, mit einer Stimme so schleppend, dass ich eine Gänsehaut bekomme.

»Du warst tot«, bricht es aus mir heraus. »Zwanzig Minuten lang haben sie versucht, dich zu reanimieren …«

»Jetzt bin ich doch da«, nuschelt er.

»Mach so was nie wieder«, verlange ich unter Tränen und lege den Kopf für einen Moment auf der Decke über seinem Bein ab, während ich mich noch immer nicht wieder beruhigen kann.

Leo schiebt seine Hand an meinen Kopf, lässt sie in meinem Nacken liegen, streichelt in Zeitlupe über meine Haut und schaut mich noch immer an, als ich mich irgendwann wieder aufrichte.

»Sind es Metastasen?«, will er wissen.

»Nein, zumindest sagen das die ersten Untersuchungen«, erkläre ich.

»Oh Gott ...« Die Tränen schimmern in seinen Augen, und ich kann seine Erleichterung geradezu spüren, finde sie seltsam surreal in dieser Situation, denn auch ohne Krebs hat er nun gerade genug andere Baustellen.

»Deine Nieren haben versagt, man vermutet wegen der Chemo-Medikamente. Du bekommst gerade eine Dialyse, und dann wird man abwarten und hoffen, dass sich die Nieren wieder erholen.«

Ich bin mir sicher, dass Leo die Tragweite dessen, was ich ihm gerade zu erklären versuche, nicht ansatzweise erfassen konnte, er wirkt in diesen Sekunden wieder fix und fertig, und ich lasse ihn schlafen. Sitze schweigend an seinem Bett, halte seine Hand und lausche in die Stille, die nur dann unterbrochen wird, wenn einer der Ärzte oder Pfleger hereinkommt, um Leos Vitalparameter zu kontrollieren und die Dialyse zu bewachen.

Mit einem dicken Kloß im Hals denke ich an den Abend auf der Fashion Week, der mir beinahe Jahre weit weg vorkommt, schüttele fassungslos den Kopf und kann nur begreifen, dass vor wenigen Stunden noch alles gut war, wenn ich an mir herunterschaue und sehe, dass ich noch immer meinen Jumpsuit trage.

Heute sollte Leos Tag sein, der Abend, der ihn für all die Mühen und den Schweiß der letzten Wochen entschädigen würde, und doch kam wieder einmal alles ganz anders als erwartet. Jetzt liegt er da, und zum wiederholten Male frage ich mich, was er dem Schicksal bloß getan hat, dass es ihn heute erneut mit voller Wucht niederstrecken musste.

NEUNUNDZWANZIG

Leonardo

»Hallo zusammen.« Ein verzagtes Lächeln in die Runde werfend betrete ich den Eingangsbereich des Dialysezentrums, rieche Desinfektionsmittel und alte Menschen, und fühle mich bis heute irgendwie fehl am Platz in dieser Einrichtung, auch wenn ich nun schon seit beinahe zwei Monaten dreimal wöchentlich herkomme.

»Leonardo, wie geht es dir?« Susanne, meine Lieblingsschwester, kommt sofort hinter dem Tresen am Empfangsbereich hervor und schüttelt mir zur Begrüßung die Hand. Sie alle kennen mich mittlerweile mit Vornamen, ich bin hier das Nesthäkchen, da ich den Altersdurchschnitt gewaltig senke.

»Kann mich nicht beschweren«, sage ich und sehe sie lächeln. »Ich bin nur hundemüde.«

»Dann schließen wir dich doch so schnell wie möglich an, damit du gleich schlafen kannst, was sagst du?«, meint Susanne und bedeutet mir, in das erste Zimmer zu meiner Linken zu gehen. Der Raum ist zu meinem Stammzimmer geworden, seit ich das erste Mal zur Nachtdialyse hier war und noch absolut keine Ahnung davon hatte, was mit mir passieren würde.

Unfassbar lange her scheint es, dass ich nach der Fashion Week in der Charité aufgewacht bin und nicht wusste, wie ich dorthin gekommen war. Alle Erinnerungen des Abends sind wie ausgelöscht, erst im Nachhinein habe ich von Mila und Willem erfahren, was passiert ist.

Ich weiß nicht, was mir mehr Angst macht – dass ich praktisch tot war oder absolut keine Erinnerungen mehr an diese Stunden habe, obwohl ich doch dabei war.

Mila an meinem Bett ist das Erste, woran ich mich wieder erinnere, zwar bruchteilhaft und verwaschen, aber deutlich genug, dass ich weiß, wie sie einfach nicht aufhören konnte zu weinen.

Während man anfangs noch davon gesprochen hatte, dass meine Nieren sich eventuell wieder erholen könnten, wurde mit der Zeit klar, dass die Schäden dauerhaft waren. Seitdem muss ich mehrmals pro Woche zur Dialyse und fühle mich in schlimmsten Momenten genauso perspektivlos wie all die Achtzigjährigen, mit denen ich stundenlang in einem Raum sitze, während mein Blut durch eine Maschine von den harnpflichtigen Substanzen befreit wird, weil meine Nieren das nicht mehr können.

Tumorfrei bin ich noch immer, seit nun fast drei Monaten, und ich nehme vorbildlich alle Nachsorgetermine wahr, da mir der Schrecken noch immer ziemlich in den Knochen steckt.

Manchmal kommt mir das alles wie ein einziger schlechter Scherz vor. Zwar sind die Ärzte guter Dinge, dass ich über kurz oder lang eine Spenderniere bekommen werde, doch als ich von den unmenschlich langen Wartezeiten gehört habe, habe ich die Hoffnung insgeheim wieder aufgegeben. Wenn ich nicht gerade als sogenanntes Full-House-Match mit absolut allen Gewebemerkmalen eines potenziellen Transplantationsorgans übereinstimme, heißt es, geduldig bleiben.

Ben, Charlie und sogar Jason haben sich testen lassen, und dennoch kam niemand aus meinem engeren Umfeld als passender Spender infrage, doch allein die Tatsache, dass sie bereit gewesen wären, mir eine Niere abzugeben, bedeutet mir unfassbar viel.

So gebe ich mich mit meinem neuen Schicksal zufrieden, zumindest rede ich mir das ein und versuche, darüber hinwegzusehen, dass mich die Dialyse in meinem Alltag doch erheblicher einschränkt, als ich anfangs gedacht hätte.

Dafür merke ich, wie meine Kräfte endlich zurückkehren, gehe seit einem Monat wieder zur Uni und habe das letzte Semester mit Ach und Krach bestanden. Dank eines Härtefallantrages kann ich mein Abschlussprojekt nun noch nachträglich einreichen und dennoch im sechsten Semester weiterstudieren. Ich bin extrem froh um die Normalität, die sich allmählich wieder in meinem Leben einstellt, wenn ich morgens neben Mila aufwache, sie nach dem gemeinsamen Frühstück an der Charité aussteigen lasse, ehe ich weiter in die UdK fahre. Nachmittags bin ich entweder mit Jason und Alessa im Label oder fahre zu Willem. Ivana springt gelegentlich ein, wenn Not am Mann ist, hat aber ihr Modedesignstudium tatsächlich abgebrochen und studiert nun Jura an der Humboldt.

Mila ist gut beschäftigt mit der Uni, und trotzdem hat es sich bei uns eingebürgert, dass wir uns, wann immer es möglich ist, zum gemeinsamen Mittagessen treffen. Die Zeit mit ihr ist Erholung pur nach allem, was unsere frische Beziehung die letzten Monate so sehr auf die Probe gestellt hat, und ich kann oft gar nicht in Worte fassen, wie dankbar ich ihr bin für alles, was sie für mich getan hat.

Ich unterdrücke ein Gähnen, als Susanne in mein Zimmer kommt.

»Sorry«, murmele ich, doch sie winkt ab und deutet zum Bett.

»Leg dich ruhig schon hin. Der Doktor schaut gleich vorbei, dann schließen wir dich an, bevor du uns noch im Sitzen einschläfst.«

»So weit wird's nicht kommen, keine Sorge«, erkläre ich und sehe sie lachen.

»Ich meine mich zu erinnern, das schon einmal aus deinem Mund gehört zu haben«, sagt Susanne, und ich senke etwas beschämt den Kopf.

Als sie mich nun allein lässt, mache ich mich so weit bettfertig, schlüpfe in Jogginghose und ein Shirt, ziehe meinen Mac aus dem Rucksack und mache es mir im Bett bequem. Susanne kommt kurz darauf mit Dialysenadel, Kochsalzlösung und Leukoplast zu mir, arbeitet so ruhig und routiniert wie immer, und ich schaue dennoch lieber nach oben an die Decke, während sie mir die Nadel unter die Haut schiebt.

»So, da war wieder jemand ganz tapfer heute«, teilt sie mir mit einem Schmunzeln mit. Wie immer darf ich gar nicht so genau darüber nachdenken, dass nun mein gesamtes Blut mehrmals über ein ausgeklügeltes Schlauchsystem durch eine Maschine läuft und anschließend wieder zurück in meinen Körper gepumpt wird. Ich hatte anfangs wirklich große Schwierigkeiten, überhaupt hinzusehen, und bin noch immer froh, dass ich während der ganzen Prozedur entweder sitze oder liege.

»Danke.« Ich ringe mir dennoch ein Lächeln ab und sehe Susanne nicken, während sie einen prüfenden Blick auf das Gerät wirft.

»Brauchst du noch etwas?«, fragt sie, und ich schüttele den Kopf, werde im gleichen Moment über einen eintreffenden FaceTime-Anruf von meinem Laptop benachrichtigt und muss lächeln, als ich sehe, dass es Mila ist.

»Dann lasse ich dich allein, du meldest dich wie immer, wenn was ist«, sagt Susanne, und ich nicke dankbar, bevor sie die Tür hinter sich zuzieht, während ich den Anruf annehme und Mila begrüße.

»Störe ich?«, will sie wissen, als ihr Gesicht leicht verpixelt vor mir auf dem Bildschirm erscheint.

»Überhaupt nicht, bin gerade angeschlossen worden«, erzähle ich und sehe Mila nicken.

»Wie geht's dir?«, fragt sie.

»Bin müde, aber sonst gut«, antworte ich und rutsche in eine etwas bequemere Position, nicht ohne dabei auf meinen Arm mit der Dialysenadel zu achten. »Ich war den ganzen Nachmittag im Label, das war schön, aber auch ein bisschen anstrengend. Irgendwie kann ich halt doch noch nicht wieder so wie früher.«

»Das ist ganz normal«, meint Mila, und ich nicke leicht. »Es verlangt ja auch niemand, dass du gleich wieder hundertzehn Prozent gibst.«

»Ich weiß.« Ich spiele leicht mit dem Ladekabel des Laptops herum und lasse Mila währenddessen nicht aus den Augen. »Und bei dir, alles gut? Wie war die Uni?«

»Ja, war schon in Ordnung. Das Seminar war langweilig, aber bei Dr. Weber habe ich wieder ziemlich viel gelernt. Ich kann mir die Mitarbeit an seiner Studie als Querschnittsfach anrechnen lassen und muss morgen dafür nicht zu dieser Infoveranstaltung.«

»Das ist ja cool.« Ich lächele sie an und freue mich wirklich für sie.

»Weißt du, was noch ziemlich cool ist?«, beginnt sie nun, und ich runzele leicht die Stirn, als ich den unsicheren Klang wahrnehme, den ihre Stimme plötzlich angenommen hat.

»Was denn?«

»Der Wetterbericht sagt für dieses Wochenende Sonne und zweiundzwanzig Grad in Amsterdam voraus …«

Ich brauche einen Moment, ehe ich begreife, worauf sie hinauswill. »Ist das so, ja?«, murmele ich und habe das Gefühl, es sei gestern gewesen, als ich ihr an Weihnachten auf Amrum die Reise nach Amsterdam geschenkt habe. »Was für ein Zufall, dass du nun auch noch morgen freihast.«

»Ja, oder?« Mila spielt sofort mit, und ich gehe in Gedanken meine Termine fürs Wochenende durch.

»Meinst du, Jason könnte auf dich verzichten?«, fragt sie vorsichtig, und ich nicke.

»Das wird er wohl müssen.«

»Das heißt, du hättest Zeit? Zur Dialyse musst du dann ja auch erst wieder Montagabend.«

»Habe ich«, bestätige ich und muss grinsen.

»Also buche ich uns Flüge?«

»Nein«, sage ich sofort, und Mila erstarrt. »Das mache ich.«

Sie lächelt. »Wie du meinst.«

*

Emilia

Leo schläft noch, als ich am Samstagmorgen in gewohnter Umgebung auf Willems Hausboot aufwache, die ersten Sonnenstrahlen durch die großen Glasscheiben in den offenen Wohnraum fallen sehe und nichts höre, außer dem leisen Platschen der Prinsengracht gegen den Bug des Bootes.

Leo grummelt leise, als ich mich tiefer in die weißen Laken kuschele, schließt seinen Arm im Schlaf fester um mich und wird wieder ruhiger, nachdem ich ihm einen Kuss auf die nackte Schulter gehaucht habe. Ich schließe erneut die Augen, lausche so bewusst in die Stille wie lange nicht mehr und nehme den Moment mit all meinen Sinnen wahr. Leos warme Haut an meiner, sein Herzschlag unter meiner Hand, die auf seinem Brustkorb liegt, sein ruhiger Atem, leise kitzelnd an meinem Ohr, und sein Geruch in meiner Nase.

Ich lächele und kann mein Glück in diesen Sekunden kaum fassen. Alles ist gut. Und manchmal kann ich es immer noch nicht glauben, dass wir nun hier sind, in Amsterdam, so wie er es mir versprochen hat.

Leo kämpft nach wie vor jeden Tag, doch er wird belohnt mit jedem Stück Normalität, das er allmählich zurückbekommt. Die Dialyse schlaucht ihn jedes Mal extrem, doch er versucht, sich nichts anmerken zu lassen, braucht noch immer viel mehr Schlaf als früher, aber das ist okay, wenn es ihm hilft, nach und nach wieder auf die Beine zu kommen.

Ich öffne die Augen, drehe den Kopf in seine Richtung und betrachte sein schlafendes Gesicht. Ich seufze schwer und versuche, all die dunklen Gedanken beiseitezuschieben. Leo liegt hier, und es geht ihm gut, mit jedem Tag ein bisschen besser. Das Wochenende Amsterdam mit ihm ist traumhaft schön, genau so, wie ich es mir gewünscht hatte.

Gestern waren wir mit gemieteten Fahrrädern die Innenstadt erkunden, saßen mit unserem Kaffee in der Sonne und haben abends, um die Tradition aufrechtzuerhalten, im gleichen Restaurant wie letzten Herbst gegessen.

Auf der Brücke jener Gracht haben wir eine Pause eingelegt, andächtig in die Stille gelauscht und die Lichter betrachtet, die sich in der glatten Wasseroberfläche gespiegelt haben. Leo hat schließlich gelacht, die Arme enger um mich gelegt und gefragt, ob er mich noch mal küssen dürfe, genau wie damals. Ganz oder gar nicht, und ich bin mir so sicher, dass er für immer mein *Ganz* bleiben wird.

Zurück auf dem Hausboot, war er völlig erledigt von dem langen Tag, ist bereits draußen, als wir noch einen Moment auf der Terrasse am Wasser saßen, mit dem Kopf an meiner Schulter eingeschlafen und war kaum wieder wach zu kriegen, als wir daraufhin ins Bett umzogen. Bis jetzt muss er durchgeschlafen haben, ich habe keine Ahnung, wie spät es ist, aber will es auch gar nicht wissen, sondern einfach hier liegen, in Leos Armen, nur wir zwei, weit weg vom Rest der Welt.

Ich schließe die Augen, als ich doch noch mal müde werde, höre draußen das leise Kreischen der Möwen und schmiege mein Gesicht enger an Leos Körper. Er seufzt leise, regt sich leicht, doch schläft weiter, und ich tue es ihm gleich, merke, wie ich falle, und lasse mich vom gleichmäßigen Heben und Senken seiner Brust zurück in den Schlaf wiegen.

Sekunden später, so zumindest kommt es mir vor, weckt mich ein sanftes Kitzeln an der Nasenspitze, und ich brauche einen Moment, ehe ich Leo erkenne, der sich da komplett angezogen neben mir mit dem Unterarm auf der Matratze abstützt und mich anlächelt.

»Guten Morgen.« Seine dunklen Augen funkeln leicht, haben ihren Glanz zurück und lassen mich nicht los, während ich ein Gähnen unterdrücke.

»Hmm?«, murmele ich.

»Es ist gleich halb zehn. Ich dachte, wir frühstücken und machen uns dann auf die Socken, was meinst du?«

»Noch fünf Minuten, okay?«, nuschele ich und sehe ihn grinsen.

»Die Pfannkuchen werden kalt«, flüstert er und drückt mir einen Kuss auf die Stirn, greift nach meinen Händen und streicht mir leicht über die Fingerknöchel.

»Du hast welche gemacht?«

»Frühstück in der Sonne auf Willems Terrasse, so wie du es dir gewünscht hast«, sagt er und lässt meine Hände los, als ich mich etwas aufsetze.

Durch die geöffnete Terrassentür erkenne ich tatsächlich den gedeckten Tisch.

»Aber, Mila, du weißt …«, murmelt er und fasst mich erneut in seinen Blick, »Pfannkuchen gibt's nur zu besonderen Anlässen.«

Ich habe während seiner Worte längst aufgehört zu denken, spüre, wie mein Mund trocken wird, und beuge mich etwas vor, als er mich küsst. So intensiv wie lange nicht mehr. Ich hebe die Hände und finde seinen Körper, sinke unter seinem Gewicht zurück in die Kissen und gebe mich hin, ihm und den Emotionen, die mich mitreißen, so haltlos, dass ich nicht mehr weiß, wie man richtig atmet.

Wenig später sitze ich ihm gegenüber in der Sonne, die wohlverdienten Pfannkuchen danach auf dem Teller.

Er lächelt mich an, so glücklich wie lange nicht, und ich strahle zurück, bin mir sicher, dass das gerade einer ist, ein Marmeladenglasmoment, vielleicht sogar einer der allerschönsten, die ich bisher mit ihm hatte.

Die morgendliche Stille wird durch ein nerviges Klingeln aus dem Inneren des Hausboots gestört. Ich wünschte, ich hätte mein Handy ausgeschaltet, so wie Leo gestern seines, als wir hier ankamen, und schiebe beim zweiten Klingeln doch seufzend meinen Stuhl zurück, um nachzusehen, wer so dringend etwas von mir will.

Jojos Name auf dem Display lässt mich ein seltsames Magengefühl bekommen.

»Ja?«

»Mila, gut, dass ich dich erreiche.«

»Was gibt's denn?«, frage ich und kann nicht verhindern, dass ich minimal genervt klinge.

»Ist Leo in deiner Nähe? Ich kann ihn auf seiner Nummer nicht erreichen.«

»Ist er, ja. Wieso?«, hake ich nach, doch bekomme keine zufriedenstellende Antwort.

»Gib ihn mir mal bitte«, fordert mein Bruder, und ich gehe die wenigen Schritte zu Leo, der mich irritiert anblinzelt.

Er nimmt mir das Telefon aus der Hand, und ich lasse mich ihm gegenüber wieder auf den Stuhl sinken.

»Jojo? Ja, ich bin's.«

Ich lausche den wenigen Worten, die die beiden wechseln, beobachte irritiert, wie Leo mit jeder Sekunde fassungsloser zu werden scheint, zu zittern beginnt, und starre ihn fragend an.

»Ja, okay, wir kommen. Wir nehmen den nächsten Flieger. Danke, Jojo, ja, ich versuch's. Ciao.«

Nun erst recht verwirrt, sehe ich ihn an, während Leo die Hand mit dem Telefon sinken lässt, völlig durcheinander ist und plötzlich Tränen in den Augen hat, als er mich anschaut.

»Was ist passiert?!«, frage ich und sehe ihn nach Worten ringen, schlucken, ehe auch mein Herz ins Stolpern gerät, als er wiederholt, was mein Bruder ihm eben überbracht haben muss.

»Wir müssen sofort zurück nach Berlin.« Er stockt, und als ihm nun tatsächlich die Tränen über die Wangen rollen, hört die Welt um uns herum auf, sich zu drehen.

»Die haben eine Niere für mich.«

DANKSAGUNG

Ich danke dir, Anna Hoffmann, für dein Vertrauen und diese fantastische zweite Chance, die Mila und Leo nur deinetwegen bekommen haben. Schon damals hat es mir alles bedeutet, wie sehr du an mich geglaubt hast, und daran hat sich auch heute nichts geändert. Ein großes Dankeschön an das gesamte Team von MIRA Taschenbuch und HarperCollins für die schöne Zusammenarbeit.

Vielen Dank an Alexander Kopainski für die großartigen Cover der Trilogie.

Mein Dank gilt meinem Agenten Klaus Gröner, der sich immer für mich einsetzt und mir den Rücken freihält.

Von Herzen danke ich meinen klugen und talentierten Autorenkolleginnen. Allen voran Gaby, Rebekka, Sophie, Kathinka – ich wäre so verloren ohne euch.

Ich danke meinen Freund:innen, die mich immer unterstützen, und meiner Familie, die bedingungslos hinter mir steht.

Nicht zuletzt danke ich allen Leser:innen, Blogger:innen und Buchhändler:innen, die Milas und Leos Geschichte eine Chance gegeben haben. Danke, dass ihr mit den beiden nach Berlin (und Amsterdam) gereist seid. Wenn ihr mögt, lesen wir uns im Juli 2021 wieder, wenn der zweite Teil der Reihe, *Feels Like Loss*, erscheint.

Eure Sarah

Instagram: @sarahsprinz
Website: www.sarahsprinz.de